KB068016

# 평면의 역사

## FLATNESS

# 평면의 역사

## 평평한 세계의 모든 것

B. W. 힉맨 지음 | 박우정 옮김

FLATNESS

소소의책

# | 차례 |

1924년 게릿 리트벨트가 네덜란드 위트레흐트에 건축한 슈뢰더 하우스. (사진·프랑크 덴 아우스턴)

# 제1장
# 당연한 듯 특별한 평평함의 세계

평면과 평면 질서가 변형된 모습이 만연해 있다.
우리의 행동과 사고에 너무나 깊게 뿌리박혀 있고 근간을 이루고 있어
평면을 당연한 것으로 생각하기 쉽다.
데이비드 서머스, 2003년[1]

이 글을 읽는 당신이 어디에 있든지 분명 평면이 지배하는 공간에 살고 있을 것이다. 이것은 현대 세계의 한 조건이다. 이 글 자체도 평평한 종이나 평면 디스플레이 위에 평평한 문자로 이루어졌다. 당신이 이 글을 읽고 있는 방도 평평한 바닥과 벽, 천장으로 이루어진 육면체일 것이다. 그 방에는 평직으로 짠 깔개나 카펫, 테이블, 책장, 캐비닛 등이 놓여 있을 것이고 기능성과 효율성 등에서 내부와 외부 요소가 모두 평면으로 된 그림이나 포스터, 지도 등으로 장식되어 있을 것이다. 아마도 당신은 인생의 3분의 1 정도를 드러눕거나 수평으로 몸을 뻗고 누워 생활할 것이다.

우리는 방을 나설 때, 당연히 발밑에 평평한 표면(계단이나 난간이라도)이 있을 것이라 가정하고 예기치 못한 웅덩이나 장난감 같은 위험이 도사리고 있을지 조심한다. 걸으면서도 휴대전화나 시계의 평

면 화면을 훑어본다. 집이나 직장을 나서서 자전거를 타거나 운전을 할 때도 평평한 도로나 철도, 골목길을 부드럽게 미끄러지듯이 달린다. 때로는 평평한 운동장에서 운동을 하거나 역시 평평한 주차장에 주차를 한다. 우리 중 다수는 평평한 스크린 위에서 갖가지 일상 활동을 수행할 것이다. 문자메시지를 주고받는 일부터 공과금을 납부하고, 책을 읽고, 뉴스와 날씨를 확인하고, 텔레비전과 비디오를 보는 것에 이르기까지 많은 일이 평면에서 일어난다. 미국의 경우만 해도 성인은 하루 중 열 시간을 이런 평평한 화면을 보면서 보낸다. 마드리드를 떠나 멕시코시티까지 비행기를 타고 여행할 때도 평평한 바닥에 발을 대고 의자에 앉아 평평한 화면으로 영화를 보거나 게임을 즐기다 보면, 마침내 평평한 활주로에 착륙한다. 그런데 이렇게 우리가 밟는 모든 평평한 표면은 자연 그대로 주어진 것이 아니다.

이러한 표면은 모두 계획되거나 설계된 것이다. 즉 현대사회에서 모든 일상 경험의 중심에는 '만들어'지거나 '인위적'인 평면이 존재한다. 하지만 미술사학자 데이비드 서머스David Summers가 주장하듯이, 우리는 어디에나 존재하는 평면성을 거의 알아채지 못하고 불가피한 것 또는 거의 자연스러운 것으로 인지한다. 평면flatness은 인류세(인간이 지구 형성에 주도적인 역할을 한 것으로 최근에 알려진 시기)의 근간이다. 인간의 경험은 자연계의 구조와 인간 역사의 큰 부분을 차지하는 공간성의 반대편에 서 있다. 예를 들어 부속 진입로와 광대한 주차장을 포함하여 오늘날 5,000만 킬로미터가 넘는 도로는 전 세계 사람들의 움직임을 지배하고 있다. 또한 100만 킬로미터에 이르는 철도는 평평하게 다져진 농경지와 건축학적으로 평면인 도시를 연

에스컬레이터는 평평한 플랫폼에 수직으로 선 채로 하나의 평평한 표면에서 다른 표면으로 이동하게 해준다. 엘리베이터 역시 마찬가지다. (베를린 중앙역, 2011년)

결한다. 다층 구조의 주차장이 등장하기 전인 1960년대와 1970년대에는 미국 주요 도시의 도심 구역 토지 공간의 3분의 2를 거리와 주차장이 차지하고 있었다. 이렇게 국지적으로 평평하게 다져진 경관의 대부분은 평평한 표면을 만들기 위한 산림 개간 작업이나 토공 작업의 산물이다. 지구는 새로운 피부를 부여받았는데, 주로 콘크리트와 아스팔트였다. 이 새로운 피부는 이전에 존재하던 아름다움을 파괴하고 자연스러운 변화 과정을 방해하도록 설계되어 평면성을 영구적인 상태로 만들었다.

　우리는 지구의 3분의 2 이상이 물로 덮여 있다는 사실을 자주 잊는 경향이 있다. 인간만이 이 세상을 지배하고 움직일 수 있다는 자만이 하늘을 찌르는 인류세 때조차도 해양 표면의 국소적인 평평함이나 전반적인 굴곡을 바꾸는 일은 하지 못했다. 물론 지구온난화에 인간이 기여한 덕분에 해수면은 다소 올라갔지만 말이다. 따라서 현대 세계의 평면성에 기여한 물리적 변형은 실로 이루 말할 수 없지만, 그러한 변형은 육지에 국한되어야 한다. 실제로 해양 표면의 평면성이 갖는 많은 이점은 육지의 활동에도 적용될 수 있다. 그중 가장 두드러지는 것은 낮은 수송비와 속도 및 편의성 향상을 들 수 있다.

우리는 규모와 시각의 차이 때문에 평면을 '모호'하게 인지한다. 바다에서 배는 평평한 대양 위에 떠 있다. 그런데 그것은 실제로는 곡선이지만 착각하여 평평하게 보일 뿐이다. 반면에 우주정거장에서 지구의 둥근 모습을 바라보면 평면성이라는 개념은 모두 사라진다. 이와 마찬가지로 우리가 개미나 기린의 시각에서 바라본다면 표면은 상당히 다른 경험으로 다가올 것이다. 사물은 규모와 시각에 따라 달라 보이기 때문에 평면의 공간적 개념이 은유적이고 철학적이며 종교적인 의미를 띨 때 물질세계와 마찬가지로 모호성이 존재한다는 것은 그리 놀라운 일이 아니다.

평면성은 이상적으로 요구되는 특질이지만 자주 간과되기도 한다. '평면'이라는 단어 자체에 긴장이 존재한다. 한편으로 '평면'은 매끄러움, 굴곡 없음, 수평, 예측성을 암시하는데, 이러한 속성은 모두 이동성과 활동을 용이하게 하는 유용한 특성이며 사회적 효용과 경제적 효용에 모두 기여한다. 동시에 '평면'은 단조로움, 단일성, 동질성, 공<sup>空</sup>, 부재, 결핍, 평범, 무미건조, 결함, 지루함, 무료함, 심지어 죽음 등과 같은 뜻을 포함한다. 또한 모더니즘에서는 사회적 경험 및 개인적 경험의 저하를 나타내기도 한다. 이는 문화생활의 영리화 및 상업화와 관련된 평준화를 의미한다.

평평한 풍경은 특징 없음, 지루함, 흥밋거리가 없음, 우울함으로 폄하되기 쉽다. 그 이유는 지금 시대의 인간이 가치 있게 여기는 것, 즉 자연적인 아름다움과 웅장함 등과 같은 것의 반대 개념을 나타내기 때문이다. 이와 반대로 인간은 변화를 두려워하고 안정을 원한다. 그 누구도 굴곡과 방해물을 원치 않는다. 따라서 평평한 길은 걷거나 운전하기에 좋으며, 평평한 운동장은 스포츠에서 공정한 게임을 허용하고, 평평한 부지는 안전하고 굳건한 건물과 구조물을 짓기에 좋다. 이런 것들이 폭풍이나 전쟁 등으로 '납작하게 허물어진다면' 참으로 난감한 일이 아닐 수 없다.

영어에서 '평평한'이라는 단어가 사용된 숙어를 보면 따분함feel flat도 있지만 분별력 있는level-headed, 공명정대한even-handed 등도 있는데, 모두 긍정과 부정의 의미를 지니고 있다. 소설의 경우 평면적 인물은 똑같은 모습을 보여주며, 신뢰할 수 있고, 예측 가능하다. 복잡한 성격으로 발전한다는 것은 있을 수 없다. 평면적 감정은 감정의 결여 또는 감정의 억압을 나타낸다. 한 일화로 버락 오바마Barack Obama 대통령이 이러한 성격이라고 정적들이 주장한 적이 있다. 그들은 특정 상황에서는 감정을 드러내지 않는 것보다 분노하거나 슬퍼하는 것이 더 어울리는 처세라고 오바마를 비난했다. 부와 소득이 비교적 공평하게 분배되는 사회가 평등하고 균등한 사회라고 인식된다. 그러한 사회는 때로는 세금마저 균등하지만, 그다지 바람직하다고 말할 수는 없다. 재정 상태가 매우 나빴을 때 폭삭 망했다고 한다. 거품이 빠진 맥주와 샴페인은 누구도 좋아하지 않는다. 밋밋한 음계도 좋은 음악을 만들지는 못한다. 전력을 다해 일하면 지치지만, 엎어지는 것은 실패를 뜻한다.

역사적으로 편평족, 빈약한 가슴, 납작한 얼굴, 낮은 코, 지능이 낮은 사람들은 조롱의 대상이었다. 그러나 어떤 문화에서는 과거에 그러한 신체적 특징이 아름다움의 상징으로 여겨지기도 했다. 예를 들어 동아시아 여성의 경우 납작한 얼굴이나 변형된 두개골 등이 전통적인 미美로 여겨졌다. 날씬한 배는 특히 서양에서 이상적으로 여겨지지만 과거에는 넉넉한 살집을 선호했다. 영국에서 'flat as witch's tit(마녀의 젖꼭지처럼 편평한)'이라는 표현은 여성에게 임신할 수 있는 능력이 없음을 뜻했지만 평평한 경관을 부정적으로 표현하는 데에도 사용되었다. '이집트'를 나타내는 타원형 상형문자는 '풍요로운 검은 땅의 단면'을 뜻하는데, 이는 굴곡진 가장자리 세계와 구분되었다.² 현대 세계에서 flatline(나아질 줄 모르다)은 성장과 발전의 부재不在 또는 심장박동의 부재와 임박한 죽음을 뜻한다. 그러나 지진계에서 평평했던 선에 변동이 생긴다면 오히려 문제일 수 있다.

지금까지 평평함flat을 상반된 방식으로 사용하는 여러 사례를 살펴보았다. 평면의 개념은 문자 그대로 또는 은유적으로 사용되어 실제 세계와 가상 세계의 근본적인 측면을 설명해주고 있다. 그러나 평면의 긍정적인 특징은 대부분 일상생활의 실용성, 물리적 세계의 공학과 관련되어 있는 것처럼 보인다. 개념적 은유conceptual metaphor로서 평면은 확실히 더 부정적이고, 그렇지 않더라도 최소한 중립적이다. 리처드 트림Richard Trim은 은유의 진화에 관한 자신의 연구에서 '평평함'을 개념화conceptualization의 가장 기본적인 범주의 예로 간주하고 "평면의 일반적 개념은 흥미로운 점이 없는 경멸적 특성과 관련되어 있다. 이것은 굴곡지고 산이 많은 지형보다 단조로워 보이는 평평한 땅을 생각해보면 이해하기가 쉽다"고 주장했다. 본질적으로 그는 '평평함'을 '무미건조한' 것으로 생각했다. 트림은 '평면'이 흥미 또는 열정으로 발전하여 완전히 다른 또는 반대되는 뜻으로 진화(아이러니와는 구별되는)하기는 어려울 것이라고 주장했다.[3]

이처럼 다양한 뜻으로 쓰이는 것처럼 보이지만, 평면성은 사실 일관되게 공간을 가리키는 개념이며, 그 근본적인 의미의 범위도 같다. 긍정적이든 부정적이든, 글자 그대로의 뜻이건 은유적으로 쓰이건, 평면성의 근본 요소는 '불변성'이다. 이것은 흥미롭지 못한 무미건조함과 다르다. 평면성의 은유적 쓰임새와 글자 그대로의 의미는 오히려 서로 겹치면서 상호작용하여 불변성이라는 그 뜻의 본질을 공유하는데, 다양한 맥락에서 사용되면서도 일관성을 보인다. 그러므로 일상적인 의사소통에서나 보다 차원 높은 개념적 은유에서나 평면성은 언어학에서 말하는 용어의 이식성portability에 있어 '불변성의 원칙'에 해당한다.

대부분의 현대 언어들에는 영어의 명사 'flatness'에 해당되는 단어가 있고 일부 식민지화된 문화, 특히 아프리카의 경우 평면성이라는 단어는 영어에서 차용되었다. 더욱 넓은 의미에서 불변성의 개념은 납작하다being flat는 상태와 깊이 관련되어 있다. 『옥스퍼드 영어사전』에 따르면 '평면성'은 15세기에 처음으로 영어에 등장했고, 납작한 또는 평평한 성질을 지칭했다. 하지만 이 단어의 뿌리는 좀 더 깊다. 근대 영어에서 형용사 '평평한flat'은 인도유럽어족에서 파생되었을 것으로 판단되며, 고대 그리스어[옥스퍼드 학자인 우드하우스S. C. Woodhouse는 flat(평평한), level(평평한), smooth(매끈한), insipid(무미한), plane(평평한)뿐만 아니라 'flatness'에 대응하는 단어를 발견했다]와 산스크리트어의 'pṛthu[broad(넓은)]'와도 연관되어 있다.[4] Plane(평평한)과 관련된 단어들은 고대 프랑스어, 독일어, 네덜란드어, 덴마크어, 스웨덴어, 고대 영어에서 'plat' 또는 'platt'의 형태로 분포되어 있다. 이들은 12세기까지 '수평 평면'이라는 의미로, 14세기에는 '평평한 땅'이라는 의미로 사용되었다. 영어에서 'plat'은 'bluntness(뭉뚝함)'라는 의미로 사용되었고, 'flat' 또는 'level'과 동의어로서 먼 지역에서도 살아남아 20세기까지 이어졌다. 트림에 따르면 영어에서 평면flatness의 은유는 1200년 무렵부터 1500년 무렵까지 거의 묻혀 있다가 그 이후부터 현대까지 활발하게 사용되었다.

프랑스어에서 'plat'은 platitude(평범한, 진부한)의 접두사로서 17세기에 처음 사용되었는데 dullness(진부함, 지루함) 또는 banality(평범함, 따분함, 시시함)라는 뜻이었다. 영어에는 18세기에 도입되었고, 그 뜻은 사소한 표현을 포함하는 데까지 확대되었지만 mundane(재미없는, 일상적인) 이상으로 발전하지는 못했다. 또한 'plat'은 넓게 보면 plate(판)을 의미하고 'platen(압반)', 'platter(접시)'라는 단어를 직접 파생한다. 'platform(플랫폼)'은 서거나 무엇을 세우기에 적절한 표면이며, 프랑스어에는 18세기에 'plateau(고원, 안정기)'가 나타났다. 스페인어에서 'flat'은 'plano(비행기)'와 'aplastado(짓눌린)'로 번역된다. 독일어에서는 'flatness'가 'Ebenheit(평탄)' 또는 'Plattheit(단조)'라는 뜻으로 쓰이며 물리적 평평함과 낮음이라는 뜻을 공유한다. 이외에도 dullness(둔감), insipidity(평범), vacuity(공허)라는 뜻이 있다. 인도네시아어의 'kebosanan'에는 이러한 성질을 모두 담고 있는데, 'flatness'에 'tedium(지루함)', 'boredom(무료함)'을 결합한 것이다.

다양하고 수많은 'flatness'의 의미와 용법은 언어에서 공간성의 기본 역할을 반영한다. 범주 및 분류체계는 in/out(내/외), left/right(좌/우), north/south(북/남), seaside/mountainside(바다 방향/산 방향), upper/lower(위/아래), superior/inferior(우수한/열등한) 등 다양하다. 일부 문화에서는 기본 방향이라는 절대적인 기준틀을 사용하는 반면 다른 문화에서는 비교 틀을 차용한다.[5] 이러한 차이는 매우 크며 사회적 관행과 관련되어 있지만 어느 곳에서든 공간적 인용은 근원적 모습을 띤다. 즉 물체의 방향성에 뿌리를 두며, 중력의 당김을 통해 감지될 수 있다. 이는 특별히 놀라운 것은 아니며 실제로 불가피하지만, 공간 그 자체(시간, 수와 마찬가지로)는 직접 인지할 수 있는 것이 아니다. 어쩌면 매우 당연하게 받아들이는 것들 중 하나이다. 공간이 없는 상황에 존재하는 우주를 상상하기가 어려운 것과 마찬가지로 우리가 절대적으로 '빈 공간'을 인지하기는 어렵다. 분명 모든 사물은 그들만의 위치를 가진다. 모든 사물은 공간에서 위치가 있다. 평면성은 공간과 장소의 두 가지 성질을 띤다. 한편으로는 정신의 추상적 구조이지만 모든 곳에 편재한다.

수학의 세계에서, 서구에서는 비유클리드non-Euclidean 기하학이 우주가 빈 용기容器라는 개념을 거부하고 곡률을 인정하기 시작하기까지 오랜 시간이 걸렸다. 이미 중국에서는 오래전부터 이해해온 개념이었지만 말이다. emptiness(비어 있음)는 불교 철학에서 부재不在와 부정否定을 의미하지만, 환상에 불과한 세상의 외관과 역설, 일상의 구체적인 현실을 이루는 불가사의를 의미한다. 또한 '비어 있음'은 자아를 비우고 비아非我를 이루며 만트라를 소리 내어 외우고 반복하는 등의 실천과 관련되어 있다. 이러한 의미에서 '비어 있음'은 존재 방식, 즉 살아 있고 알고 실천하는 방식의 일환이다. 그러나 환상에 불과한 세상의 특징이 세상의 형태를 설명하는 데 사용되는 개념들로 확장될 경우 부정否定은 여기에서 더 나아갈 수 있다. 이러한 방식으로 '비어 있음'에 대한 불교의 개념은 장 폴 사르트르Jean Paul Sartre가 주창한 서양에서의 무無의 철학과 깊이 관련되어 있다. 경계가 없는 빈 공간을 대개 '비어 있음'(특징도 없고 측정할 수도 없는)으로 생각하지만 무(무존재)가 존재를 대체하는 개념이 아니라는 것이 평면의 의미이다.[6]

공간에 대한 인식은 사물과 표면의 배치에 대한 인식이다. 즉 서로에 대한, 그리고 기본 표면(특히 지면)과의 관계에 의존한다. 우리가 공간을 돌아다닐 때 이러한 관계 역학이 변화하고 이로써 지형의 그림을 구축할 수 있다. 우리는 자극과 랜드마크가 없는 빈 공간은 시각적이든 촉각적이든 인식할 수 없다.[7] 그런 의미에서 평면은 내용과 공간적 단서의 부재인 비어 있음과 관련되어 있다. 그러나 평면의 경우 공간적 인식이 불가능한 것은 아니다. 오히려 수직적 공간 단서가 없다는 주장이 더 적절할 수 있다. 따라서 사막 또는 소금 호수와 같은 경관의 '비어 있음'은 물리적 내용의 수직성 및 동질성의 부족으로 정의된다.

현대에는 평평한 경관에 대한 열망이 줄어들었는데도 세계의 인구는 울퉁불퉁한 산세 지형보다는 평평함에 가까운 해안가와 도시 정착지로 집중되고 있다. 인간은 지구물리학적 환경을 재조성하려 할 때, 평평한 표면에 따르는 실질적인 이익을 향유하려고 땅을 평평하게 만든다. 과거에 인간이 점유한 장소의 단서를 찾으려 할 때, 고고학자들은 선과 직각을 가장 먼저 살펴본다. 고전 설화에 따

Arifippus Philosophus Socraticus, naufragio cum ejectus ad Rhodienfiu litus animadvertiffet Geometrica fchemata defcripta, exclamaviffe ad comites ita dicitur, Bene fperemus, Hominum enim veftigia video.
Vitruv. Archited. lib. 6. Præf.

delin. M.Burghers Sculpsit Univ. Oxon.

난파한 아리스티포스는 고대 그리스의 모래밭에 그려진 평면 도형을 보고 문명인의 존재를 알아차렸다. (데이비드 그레고리 편저, 『에우클레이데스의 저작 모음』의 권두 삽화, 1703년, 판화)

르면 모래 위에 그려진 기하학적 도형을 보고 난파한 고대인이 철학자의 존재를 알았듯이, 이러한 특질은 자연의 산물이라기보다 인간의 흔적이기 때문이다.[8] 한편 과학과 의학의 필수 요소인 현대의 디지털 이미지 분석은 여러 요소를 천천히 축소하여 국부적인 특성을 강화하거나 배경의 강도를 '플랫 필드flat field' 보정하는 것이 매우 중요하다.[9] 여기에서 '배경'의 평평함은 자연 체계의 공간적 부적합을 드러내주기 위해 과장된다.

왜 평면은 일상생활에서는 이상적이지만, 자연경관에서는 그다지 매력적이지 않으면서 은유적으로 부정적 의미를 띠는 것일까? 개방되고 평평한 장소들이 가장 위험한 서식지인 산과 숲을 대체한 이유는 무엇일까? 확실히 이렇게 평평한 장소에서 1,000년 동안 살아온 사람들은 자신들의 고장을 다르게 이해할 것이다. 그들은 지역적 차이와 상대성에 대해 잘 인식하고 있다. 즉 부족(결여) 또는 부재의 개념보다는 풍요로움을 인식하고 땅을 성스럽게 여긴다. 그들은 땅에 속해 있다. 땅의 요소는 자연적 특징의 분류체계가 아니라 각각을 명명함으로써 경관에 새겨진 개별적이고 고유한 것에 대한 존중에서 파생한 것이다. 자연계의 복잡성을 일반화하고 단순화하기 위해 범주화하고 분류하고 체계화하려는 욕구는 세계에 질서를 부여하기 위한 계획의 일부로, 그리고 지적 활동일 뿐 아니라 제국주의와 세계화에서 뚜렷하게 나타나는 정치권력의 행사로 이해될 수 있다. 경관을 유형으로 범주화하는 것은 이렇게 세상을 보는 방식에서 중요한 요소가 된다. 이러한 범주화에는 물리적 평면성의 추상화와 획일적 체계의 실행까지 포함된다.[10]

절대적 평면은 자연에서 매우 드물고 추상적인 개념으로 나타날 수 있기 때문에 공간적 개념을 증명하기란 매우 어렵다. 평면plane 의 개념은 자연 질서나 단순한 관습의 모습이라기보다는 개념 형성 conceptual invention을 제시하고, 경관이라는 바로 그 사실과 자연 및 문화와의 관계인 공간의 본성에 관한 근본적인 질문을 제기한다. 이것은 또한 이 세상에서 경험된 것으로 그림, 소리, 예술, 음악의 재현으로서의 부재absence와 비어 있음emptiness의 의미에 관한 질문을 제기한다.

추상화하고 단순화함에도 불구하고 평면은 매우 실질적이며 우리의 일상생활 곳곳에 널리 퍼져 있다. 평면은 우리가 서 있는 곳, 건물을 세우는 토대이며, 현대 세계의 근간을 이룬다. 건축부터 문자문화의 발전에 이르기까지 모든 것에 필요하다. 표면을 쓰지 않은 텍스트란 없으며, 페이지가 없으면 읽을 수도 없다. 캔버스가 없으면 그림을 그릴 수 없고, 스크린이 없으면 영화를 볼 수 없다. 평평한 표면은 과학과 기술의 개념적 비전에 반드시 필요하다. 평면이 없다면 현대의 삶은 물리적으로든 개념적으로든 상상할 수조차 없다.

현대의 삶에서 평면의 중심적 역할을 설명해주는 것은 무엇인가? 이 문제에 답하기 위해 나는 서로 대조되는 세 가지 관점에서 평면을 살펴볼 것이다. 이 책의 첫 번째 부분(제2~4장)에서는 우리를 둘러싼 이 세상에서 인간이 평면을 인식하게 된 방식에 대해 살펴본다. 두 번째 부분(제5~7장)에서는 우리가 평면을 창조하게 된 방식에 대해 살펴본다. 세 번째 부분(제8장)에서는 평면이 재현되는 방식에 관해 설명한다. 인식의 문제는 적어도 두 가지 형태를 갖고 있다. 첫째는 우리가 자연계, 특히 경관에서 보는 평면을 이해하는 방식이고, 둘째는 추상적 공간개념으로서 평면을 이해하는 방식이다. 이들은 차원성과 측정의 문제이다. 이 책의 두 번째 부분(평면의 창조)은 두 가지 주요한 구성 요소를 가진다. 그중 하나는 어떻게, 그리고 왜 인간은 자연계의 평면화에 그토록 많은 노력을 쏟아부었을까 하는 것이고 다른 하나는 어떻게, 그리고 왜 인간은 인공적으로 평평한 사물의 제조에 사로잡히게 되었을까 하는 것이다. 이 책의 마지막 부분에서는 왜 평평한 표면이 지도 제작과 예술, 음악, 문학 등 정보와 그림의 표현에서 지배적이 되었을까 하는 문제에 대해 질문한다.

우리는 이들 질문에 대해 생각해본 적이 없다. 아마도 그러한 문제의식의 부재는 단순한 일상의 불가피성(실현 가능성에 뿌리박히고 설명이 필요치 않은 어떤 것)으로서 우리가 보는 것과 3차원의 우주에서 근본적인 공간개념의 명백한 직관적 상태 간의 복잡한 관계에서 비롯할 것이다. 평면의 중요한 의미는 공간을 구성하는 힘을 정의하는 개념의 기능적 단면과 추상적 단면이 날실과 씨실처럼 잘 짜였다는 데 있다. 그러나 문자 그대로의 의미와 은유적 의미에서 평면의 우세성은 현대의 인간이 경험한 창조에 버금간다. 그 영향은 실로 엄청나다. 평면은 우리가 무심코 바라보는 모든 곳에 존재한다. 그곳은 바로 지금 우리가 살고 있는 곳으로, 원래의 자연적 모습과 땅의 질감을 잃어버린 콘크리트와 아스팔트로 뒤덮여 납작해진 경관이다. 계획된 도심 주거지 건축이다. 평평한 운동장과 컴퓨터 게임 화면이다. 우리의 시각적 삶을 지배하는 픽셀 또는 프린트로 뒤덮인 평평한 정보의 표면이다. 평면은 자연이 가지고 있는 지형의 다양성에 대한 추상적이고 인공적인 공간의 승리이다. 평면의 일부는 보는 사람에 따라 아름다움을 느끼기도 한다. 또 다른 일부는 차마 눈으로 보기 괴로울 수도 있다. 평면은 문명화의 상징이기도 하고, 살아 숨 쉬는 지구에 대한 인간의 불경함의 표시이기도 하다.

# 제2장

# 평면은 어떻게 받아들여질까?

커다란 종이를 상상해보라. 그 위에 직선과 삼각형, 사각형, 오각형, 육각형,
그 외 다른 도형들이 그려져 있다. 이들 도형은 한자리에 고정되지 않고
표면 위에 혹은 표면 안에서 자유롭게 움직인다. 그러나 위로 솟거나
아래로 가라앉지는 못한다. 마치 그림자와도 같다……

에드윈 애벗, 1884년[1]

평면은 몇 차원일까? 우리는 평면을 완벽한 2차원 표면이라고
생각하지만, 3차원으로 인식되는 공간인 하나의 우주를 품고 있다.
세상을 3차원으로 보는 시각은 직관적이라고 할 수 있으며, 이는 감
각과 상상에 뿌리를 두고 있다. 실제로 고대 철학자들은 공간개념을
본질적으로 타고나는 것이라고 믿었으며 현대 신경과학의 한 분파
도 이에 동의한다.[2] 그러나 이와 반대로 '실증주의적' 철학자들은 공
간(과 시간)의 개념은 경험과 귀납적 실험에서 도출된다고 추정하
기도 했다. 최근의 연구들, 예를 들어 아마존의 원주민 공동체에 관
한 연구에 따르면 인간은 자연스럽게 기본(유클리드) 기하학적 개념
을 사용한다고 한다.[3] 이 논쟁은 단순한 선천적/후천적 이분법이 제
시하는 것보다 훨씬 더 복잡하고 어려운 문제이지만, 그 결과는 차
원성에 대해서는 대동소이하다. 따라서 다른 차원은 제외하고 측정

가능한 길이, 폭, 높이를 가지는 공간 체계는 오랜 역사에 뿌리를 두고 있으며 여전히 일상생활에서뿐만 아니라 과학에서도 받아들여지고 있는 근대과학 이전의 확신처럼 보인다.

## 우리 앞에 놓인 시간과 공간

그러한 확신에도 불구하고 우리가 어떻게 3차원 모델을 받아들이게 되었는지는 결코 분명하다고 말할 수 없다. 일부에서는 상징적 논리, 기하학 및 삼각법을 뒷받침하는 추상적 개념의 은유를 포함한 인간의 생각은 감각운동 경험에 뿌리를 둔다고 주장한다.[4] 프랑스의 수학자 앙리 푸앵카레Henri Poincaré(1854~1912)는 1907년에 일찍이 인지심리학 관점에서 이 질문을 탐구했다. 그는 공간이 본질적으로 의미가 없으며 거리의 모든 척도는 상대적인 것이지만, '이해할 수 없는 거리, 방향 및 직진도의 개념'에 대한 인간의 직관은 매우 강하기 때문에 우리가 3차원 공간에서 기능하게 할 수 있는 '무의식의 깊은 곳에서 신경 충동의 복잡한 체계'로부터 야기되었음이 틀림없다고 주장했다. 어떤 모델이라도 인위적일 수 있다. 다만 인간의 정신은 자연선택을 통해 인류 종種에 가장 도움이 되는 기하학을 선택한 것일 뿐이다.[5]

분명히 인체는 공간개념의 핵심 원천이지만, 평면 모델로 설명하기에는 문제가 있다. 인체의 구성 요소는 불완전한 회전대칭일 뿐만 아니라 일반적으로 원통형이다. 이것은 다른 많은 동물이나 식물도 마찬가지다. 척추동물에서 왼쪽/오른쪽 대칭은 거의 깨지지 않

는 진화의 법칙이지만 평평한 신체 부위는 거의 찾아볼 수 없다.[6]

가장 중요한 것은 인체의 구조가 지상 표면의 기울기와 상관없이 중력에 반하는 직립 자세를 유지하기 위해 진화했다는 사실이다. 기준점으로서 지상 표면의 우선순위 역시 중요하다. 즉 인간은 지하 또는 바닷속 혹은 바다 위가 아니라 땅 위에서 살도록 진화해왔고 중력으로 지탱된다. 우리는 이 표면의 중요성과, 우리 발밑의 땅과 우리를 둘러싸고 있으며 우리가 숨 쉴 수 있는 대기의 첨예한 차이를 잘 알고 있지만 우리 발밑, 심지어 불과 몇 미터 아래에 무엇이 있는지는 심각할 정도로 아는 바가 없다. 지구에 대한 우리의 인식은 매우 피상적이다. 따라서 공간개념의 발달에서 가장 중심이 되는 표면으로서 지상 표면을 인식해야 할 충분한 이유가 있다.

인간은 동물 중에서 유일하게 두 발로 걷는 포유류다. 그리고 이 사실은 인간의 진화에서 가장 중요하며, 직립 능력에도 크게 기여했다. 우리가 똑바로 설 때 신체의 축은 정확히 지구 중심을 향한다. 우리가 똑바로 서 있는 곳(우리의 발이 평평하고 안정하게 느끼는 표면)의 접선接線은 언제나 축과 직각을 이룬다. 그러나 우리는 계속 서서 인생을 보내지 않는다. 오늘날에는 많은 시간을 앉아서 보내지만, 과거에 사냥을 하거나 농사를 지을 때는 다른 여러 자세도 가능했다. 더욱 중요한 사실은, 인간은 인생의 3분의 1을 자면서 보낸다는 것이다. 그 시간만큼은 분명히 수평으로 누워 있을 것이다. 땅 위에서 자는 데는 언제나 평평한 표면이 가장 안전하다. 아기침대, 요람, 해먹 등은 사례에서 벗어나지만 현대의 매트나 침대는 수평의 신체에 맞춰 평평하게 제작된다. 역사를 통해 잠은 어둠과 연관된다. 어둠은 자연의 힘에 복종하는 시간, 꿈과 두려움의 시간이다. 대부분의 문화에서 사람이 죽으면 수평으로 뉘어 영면에 들게 한다.

우리가 서 있든, 앉아 있든, 누워 있든 간에 중력은 공간 방향성의 기본 원칙이 되어준다. 또한 거짓된 공간적 단서에 의해 진로를 벗어나거나 잘못 유도되었을 경우 맞닥뜨릴 수 있는 위험에 대한 생리학적 경고 시스템을 제공한다. 박쥐나 나무늘보가 보는 세상은 인간이 보는 세상과 완전히 다를 것이다. 물론 인간의 경우 거꾸로 매달린다는 것은 결코 매력적인 일이 아니다. 떨어지는 것은 위험할 수 있지만, 똑바로 서는 것은 보이지 않는 평면에서 수직성을 추상적으로 인식하기 위한 조건을 만든다. 인간은 서서 걸을 수 있게 되자마자 사지로 기어 다니는 것을 포기했지만(어쩔 수 없는 경우를 제외하고), 어린아이들은 차원성의 복잡함을 이해하지 못한다. 특히 아이들은 신체의 위와 아래가 뒤집힌 이미지(위/아래, 수직적)를 거울 이미지(좌/우, 수평적) 변화보다 쉽게 이해한다.

이푸 투안Yi-Fu Tuan은, 어린 아기는 앉았을 때와 누웠을 때 상당히 다른 수평선을 본다고 주장한다. '서다standing'는 많은 것을 나타내는데, 그 단어 자체가 신장身長 및 신분과 관련되어 있으며 성인에게는 '우세한 높이'와 '수직성'을 나타내기도 한다. 이러한 시점은 높고/낮은, 우세한/열등한 것 사이의 차이를 만들기에 충분하다. 신은 천국에 산다. 메카는 지구 위 그 어느 곳보다 하늘과 가깝다. 일상의 언어에서 '수평'은 보이는 것과 보이지 않는 것을 구별 지으며, 그 모양은 다양하다. 그 지점은 하늘과 땅이 만나는 곳이다. 그러나 엄밀히 말하면 '수평'이라는 단어는 방해물이 부재할 때 볼 수 있는 지구 표면의 구球를 의미하며, '수평'이 되기 위해서는 평면과 평행을 이루어야 하고, 따라서 평평하고 일정해야 한다. 먼 수평선은 평평하며, 사이사이의 지형은 해부된다. 오직 바다 또는 대평원에서만 시야를 방해받지 않고 지평선과 지형이 만나게 된다.[7]

수평성horizontality은 일반적인 운동면이기 때문에 더욱 이해하기 어렵다. 수직적 공간(예컨대 위)은 평면 위 어디에 위치하든 모두 같다. 반면에 수평적 공간(예컨대 왼쪽, 앞)은 우리가 어디에 있느냐에 따라, 그리고 이동할 때마다 달라진다. 아이들은 수평과 관련된 말을 습득하기 전에 수직 관계를 설명하는 단어를 배우며, 다수의 수평적 프레임으로 그림을 그린다. 더욱 넓게 생각할 때, 공간적 정보는 유아기의 포괄적 개념 학습에 매우 중요하다. '표면' 개념을 포함하여 소수의 '타고난 공간적 구성 요소'를 학습하는데, 이는 초기 단계의 언어를 가능하게 하고 이후 좀 더 추상적인 개념 체계의 학습에 기여하게 된다.[8]

인체의 대칭은 세계의 3차원적 이미지에 일조하지만, 이 대칭은 불완전하며 추상적 표현으로서의 평면을 수립하는 데 필요한 요소들이 결여되어 있다. 현대에 들어와서야 해부학자들은 기하학과 측지학의 기초가 되는 우주계cosmic plane에 상응하는 '인체 면body plane'의 개념을 사용했다. 인체의 삼면 또는 축을 횡단면transverse plane(위/아래), 관상면frontal plane(앞/뒤), 시상면lateral plane(좌/우)으로 나누지만, 결국 수직과 수평의 두 가지 차원으로 수렴된다. 그중 수직면만 여러 활동에 걸쳐 공통적인데, 수직만이 중력으로 규정되는 유일한 차원이기 때문이다. 심리학자 데이비드 R. 올슨David R. Olson과 엘렌 비알리스톡Ellen Bialystok은 그 "어떤 차원도 수평면을 제대로 설명할 수 없다"고 주장한다.[9] 모든 경우에 바탕이 되는 표면은 차원성을 인식하는 방법에서 매우 중요하다. 일반적으로 인간은 비교적 평평하고 안정

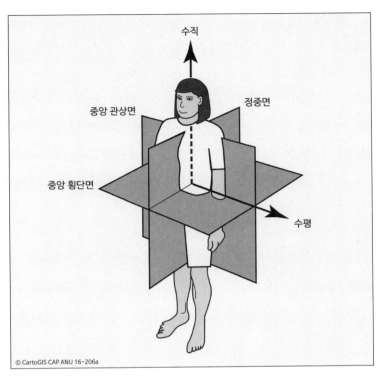

수직

정중면

중앙 관상면

중앙 횡단면

수평

© CartoGIS CAP ANU 16-206a

인체 면.

적인 표면 위에 서 있다고 가정한다. 인간의 걷기 궤적에 관한 연구
가 있다. 이 연구에서 평평하고 개방된 곳을 걷게 했는데, 그 결과 방
향점이 없는 곳(구름 뒤로 태양이 숨었을 때)에서는 사람들이 작은 원의 궤
적으로 걸었다. 반면에 태양이 비치는 곳에서는 거의 완벽하게 직선
으로 걸었다.[10] 더 복잡한 지형은 측정할 수 없는 변수를 너무 많이
포함하고 있다. 거친 표면이나 경사면(움푹하거나 볼록한 표면)에 서 있는
경우 현기증이나 광장공포증과 같은 다른 느낌이나 인식을 경험할
수도 있다. 로봇의 경우도 마찬가지인데, 바닥에 고정되지 않고 바
닥이 평평한 경우 부드럽게 움직이며 가장 잘 작동한다.

똑바로 서는stand upright 능력은 두 가지 요소에 의해 좌우된다. 서 있는 표면의 실제 기울기와, 기울기 경사에 대한 우리의 인식이다. 수평이고 평평하며 단단한 표면은 서 있기에 좋다. 이것은 걷기, 달리기, 춤추기에도 마찬가지다. 발바닥과 뒤꿈치 그 자체는 두 개의 비교적 부드럽고 평평한 표면으로 구성되고, 그 편평성은 신발을 신음으로써 강조된다. 신발은 우리가 서 있는 표면의 어떠한 굴곡이라도 고르게 하여 인위적으로 평평한 바닥이나 뒤꿈치를 유지하게 한다. 과장된 하이힐이나 발레리나의 토슈즈는 반대되는 효과를 내지만, 이들은 매우 불편한 것으로 인식되고 실제로 부상으로 이어지기 쉽다. 맨발일 때 인간은 에너지를 덜 소모하게 된다. 걸을 때마다 중력중심을 높이는 데 필요한 반작용의 기계적 작업이 중력중심이 다시 떨어지면 일부 회복되기 때문이다. 기울기가 가팔라지면 걷거나 뛰기, 심지어 서 있기도 힘들다. 기어오를 수는 있지만, 잡거나 지탱할 수 있는 굴곡이 있는 표면이어야 한다. 30도 이상의 매끄러운 경사는 걷기에 적당하지 않은 것으로 인식된다. 그러나 공학의 발전으로 해결책은 있다. 계단이나 에스컬레이터, 사다리를 이용하는 것인데, 이들 장치의 각 단段은 보통 평평한 표면으로 이루어져 있다.[11]

동일한 원칙을 다른 활동에도 적용할 수 있다. 특히 인간에 의해 통제되는 차량의 움직임을 들 수 있는데, 주차장과 같은 좁은 공간에서 표면은 평평(최대 8도)해야 하며, 진입로의 경우는 최대 10도를 넘지 않아야 한다. 그러나 개방도로에서는 차가 더 가파른 길(최대 20도)도 올라갈 수 있다. 톱니바퀴형 선로의 도움을 받으면 철로는 더욱더 가파른 길(최대 25도)도 가능하다. 이러한 한계를 초과하면 사고가 증가한다. 차량은 전복되고 브레이크는 제대로 작동되지 않는다. 가파른 경사를 오르는 경우 구불구불한 도로를 따라 올라가지만 이러한 수단도 한계는 있다.

지상에 똑바로 서 있는 것은 잠재적인 위험에 대한 인식을 넘어, 우리가 보거나 만질 수 없는 순수한 공간 내에 위치한 추상적인 수직면과 수평면을 부지불식간에 인지하는 것이 된다. 우리는 이러한 직립 상태를 머리에 위치한 감각기관의 도움으로 유지한다. 수직축과 직각을 이루는 정도가 다소 다를지라도 인식된 외부 세계의 수평선과 일치하는 선이 귀와 눈을 관통한다. 뇌는 공간에서 3차원적 운동의 추정치를 유지하며, 시각기관과 전정기관(내이內耳의 공간에 위치한다)에서 지속적으로 갱신되는 기하학적으로 일정한 데이터를 받고 우리가 똑바른 상태와 공간 방향성을 유지하도록 근육과 관절에 메시지를 보낸다. 잠잘 때는 평평한 표면 위 또는 해먹이나 아기침대처럼 안전한 경계가 있는 곳이 바람직하다.[12]

신체 중에서도 가장 둥근 모양인 눈은 공간 분해능을 가능하게 하는 이동성에 의존한다. 눈에는 고정된 회전축이 없지만, 인간은 기하학과 측지학의 경우처럼 과학의 힘을 빌려 여러 구球의 속성과 인체의 대칭과 유사한 면plane을 눈으로 볼 수 있는 극과 적도, 위도와 경도, 자오선 등의 시스템을 만들었다. 위/아래, 왼쪽/오른쪽과 같은 이분법은 전반적인 신체의 구조에 의해 지시되는 무수한 시선視線, line of sight을 개념적으로 단순화한다. 눈의 움직임은 본능적으로 높이와 폭을 측정한다. 하지만 눈이 뒤에 달린 것이 아니기 때문에 깊이에 대한 시각적 인식은 2차원 이미지에서 기하학적 단서에 의존한다. 만약 우리의 눈이 소처럼 양 측면에 달렸다면 공간적 인식은 더 커지겠지만 깊이에 대한 인식은 열악해질 것이고, 앞으로 나아가기가 쉽지 않을 것이다. 인간 생리학의 이러한 사실은 시간에 대한 인간의 개념에도 기여해왔다. 앞을 내다보면서, 또 앞으로 나아가면서 인간은 현재의 한 장소를 점유한다. 과거는 우리의 뒤에 있고, 우리는 다음에 올 수 있는 것의 단서를 찾기 위해 가시적 공간을 스캐닝하면서 다가올 미래를 기대한다.

생리학과는 별개로 시야는 광추光錐(천체물리학에서, 시공간상의 국소적 지점에서 찰나의 시간에 발생한 어떤 사건의 결과 방출된 빛이 시공간을 따라 이동할 수 있는 모든 방향의 경로를 나타낸 것 - 옮긴이)의 유무에 따라 제한된다. 사물을 보기 위해서는 조명이 있어야 한다. 빛은 조명의 결과에 따라 분산되어, 사물의 완전한 시각 정보를 담은 '물체파物體波'를 생성한다. 이 물체파는 진폭(밝기)과 위상(물체의 모양)을 가지며, 공간적 특징의 인식은 이미지 강도의 변화에 따라 달라진다. 눈의 구조는 빛에 대한 감도와 공간 분해능의 균형을 맞춘다.[13]

두 눈을 가진 인간은 평평한 막으로 된 신경조직인 망막의 여러 위치에 투사되는 이미지를 수신한다. 그러나 이러한 이미지는 보이지 않는다. 이때 눈으로 접수되는 두 개의 평평한 이미지가 3차원 사진으로 변환되는 것은 뇌에서 이루어지며, 이를 통해 입체적인 거리와 구체적인 모양을 가진 표면을 인식할 수 있다. 그러나 우리의 눈은 수평으로 상쇄되기 때문에 차이는 대부분 수평적으로 나타나며, 수직적 불일치는 깊이의 인상을 만드는 데 그리 큰 역할을 못한다. 따라서 우리는 눈이 앞을 똑바로 쳐다보는 – 머리를 똑바로 들고 수평을 맞추는 – '기본 자세'를 취할 때 가장 잘 볼 수 있다(대응성 문제는 해결되고).[14] 학생들에게는 "야외에서 평평한 표면(인지 문헌에서 접지면이라고 부르는) 위에 서서 먼 수평선을 바라본다"고 가정하면서 시야視野에서 높이의 개념을 이해하라고 권한다. 그러나 시야의 높이는 거리에 대한 제한된 신호이며 물체가 '수평 접지면' 위에 존재하는 곳에서 가장 잘 작동된다. 다만 문제는 시각적 공간의 인식이 유클리드 기하학의 법칙을 정확하게 따르지 않고 대안 모형들 역시 부적합하다는 것이다.[15]

경관을 포함하여 장면의 시각적 인식은 매우 선택적이고 추상적이다. 생생한 이미지의 세부 사항은 '무주의 맹시inattentional blindnes'를 통해 재빨리 상실된다. 반면에 좀 더 추상적인 속성은 유지된다. 평평한 경관을 보면 이러한 사실을 잘 알 수 있다. 두 개의 동등한 수평면, 즉 하단은 지면, 상단은 푸른 하늘로 구분되는 이미지를 그려보라. 여기서 세부 사항은 필요치 않으며, 이미지는 기억된다. 동일한 법칙이 가상 환경의 탐색에도 적용된다. 단, 이미지가 4도 정도 기울어진다면 공간 기억은 향상된다. 비스듬한 조감도가 수직 경관보다 더 자연스럽게 보이는 것은 이러한 이유 때문이며, 언어에서 위/아래 지시 대상물의 역할을 반영한다. 기울기(시선과 면의 접선과의 각도)는 시각visual angle으로 변화하는 현상적 데이터의 인식을 결정한다. 평평한 표면과 많은 다른 표면의 경우 거리에 따라 원근 변화도는 감소하지만 밀도 변화도는 증가한다. 타일이 깔린 광장의 저쪽 건너편을 바라본다고 상상해보자. 타일은 위로 갈수록 점점 좁아지고 조밀해지는 것처럼 보인다. 이는 편평성의 정도를 규칙성 있는 등급으로 나타낼 수 있다는 뜻이다.[16] 이러한 생리학적 사실은 감각과 인체의 구조에 뿌리를 둔 개념으로서, 그리고 이 개념의 명백한 자연스러움에 대한 설명으로서 평평함에 대한 확고한 토대를 마련해준다.

평평함의 개념에 대한 또 다른 기원을 자연계의 지형에서 찾을 수 있다. 인간은 가파른 경사에서 똑바로 서 있기가 어렵다는 것을 깨달은 것처럼 모래, 자갈, 토양과 같은 자연 물질도 불안정성이 증가하고, 아무리 단단한 암석이라도 수직 절벽에서 떨어진다는 사실을 확인했을 것이다. 그러나 선사시대 전반에 걸쳐 완벽하게 평평한 육지 표면은 드물었다. 바다, 호수, 연못과 같은 물이 가능성 있는 표면을 제공하고, 더불어 잔잔한 물은 반사까지 되어 거울과 카메라의 전형이 되어주었다. 그러나 물 표면의 수평성을 인식하기에는 엄밀히 말해 직관적이지 않으며, 물(액체)은 어떠한 경우에도 기하학적 도형을 그릴 만한 표면을 제공하지 않는다.[17] 실제로 직선은 혼란스럽고 어지러운 자연 질서와 대조적으로 문화의 요소라고 주장되어 왔다. 직선은 고대의 영적 경관에 알쏭달쏭하게 내재되어 있지만 근대성과 제국주의에 의해 좀 더 확연히 드러났다. 인간의 문화는 기하학적 지형을 창조하지만, 자연경관은 본질적으로 '무작위적' 이다.[18]

3차원 모델의 흥미로운 경험적 원천을 인간의 활동에서 찾아볼 수 있다. 특히 벽돌이나 레고 등으로 요소를 추가하여 사물을 건축하거나, 오렌지를 조각내고 재단기로 종이를 자르는 등 요소를 분할하여 나누는 등의 활동이 이에 포함된다. 다른 이론들은 운동, 방향, 힘, 인과관계에 대한 인식과 관련되어 있다.[19] 모든 종류의 측정은 우리가 물질세계에서 경험하는 방식에 달려 있지만, 좌표계를 세우거나 상대적 거리와 운동의 실제 세계에서 파생된, 사실은 우리가 경험할 수 없는 절대공간을 가정함으로써 가능하다.[20] 수학자 제임스 프랭클린James Fannklin은 다음과 같이 주장했다.

인간의 척도를 기준으로 우리가 사는 공간에는 어떤 두 지점을 연결하는 연속적인 직선 경로(측정의 한계까지 계속되는 연속적이고 직선인 경로)가 있다. 우리가 사는 공간의 실제에 대한 주장은 모든 가능한 기하학에 대한 어떠한 주장과도 무관하다.[21]

더욱 넓게 보면, 평면의 공간적 개념은 포괄적 일반화와 역동적으로 전개된 계층적 범주 체계에 기반을 둔 대규모 개념에 속한다. 예를 들어 질량의 개념은 무거운 것부터 가벼운 것에 이르는 등급의 개념으로 이해할 수 있다. 하지만 그램, 킬로그램, 톤과 같은 미터법 단위로 좀 더 추상적으로 이해할 수 있다. 부피, 거리, 높이 등의 개념에도 동일하게 적용된다. 이들 개념은 모두 측정할 수 있지만 단순히 상대주의적 또는 전통주의적 조건으로만 측정할 수 있는 것은 아니며 측정 단위가 다를 수 있다. 평면은 기울기의 개념이고, 실제 기울기의 정도는 진정한 평면으로부터의 편차로서 이해되고 측정된다. 이는 중력이 적용되지 않는 상황보다 중력이 매우 약한 곳에서 무중력이 발생하는 것과 같은 방식이다. 엄격한 2차원적 의미에서 '평면'은 측정 가능한 편차가 없기 때문에 '경사 없음'의 조건을 가진다. 따라서 평면의 개념은 2차원 평면기하학의 추상적 세계와 측정 가능한 기울기의 실제 세계 모두에 존재한다. 3차원 모델의 기본 보편성은 면과 평면 개념과 함께 여러 문화에 걸쳐 나타난다. 이 모델은 여러 인풋, 특히 촉각을 통합하여 비맹인뿐만 아니라 맹인을

뒷면 : 머레이 프레데릭스의 「빙하Icesheet #2464」.(2013년, 디지털 피그먼트 프린트, 120×150cm) 프레데릭스는 이 그린란드의 예와 같은 최소한의 시각 정보를 제공하는 환경에서 제기되는 사진상의 어려움을 포착했다.

위한 '기준틀'로서 작용한다. 이것이 실행된 것이 점자책과 건널목의 오목 표시인데, 이들은 평면의 편차로서 감지된다. 이는 또한 현상학(데카르트의 GPS보다는 주관적인 '거주'의 경험과 더욱 관련되어 있는 하이데거의 '세계 내 존재being-in-the-world' 포함)을 강조하는 근대과학 발생 이전의 경험과 기본적인 지리학적 개념의 기원과도 잘 들어맞으며, 이는 전체를 이해하기 위해 부분을 탐구하는 방식으로 가능하다.[22]

물리학과 과학철학의 세계, 그리고 상상의 세계에서만 3차원 모델이 부적절한 것처럼 보인다. 물리학에서 세계의 차원성은 21세기의 지식 분야가 직면한 가장 근본적인 문제 중 하나로 인식되며 다차원 공간, 숨겨진 차원 및 평행 우주의 이미지는 대중적 인기가 있다.[23] 일반적으로 4차원은 시간개념으로 정의되지만, 이것이 정확히 무엇을 의미하는지는 아직 밝혀지지 않았다. 이 용어는 운동의 개념(아인슈타인 바로 전)과 비유클리드 기하학 모두에 적용된다. 특히 영향력 있는 학자로는 헤르만 민코프스키Hermann Minkowski(1864~1909)가 대표적이다. 그는 특수상대성이론에 의해 확장되고 축소되는 (4차원) 공간과 그 좌표계 전부를 시각화했다. 또한 단일 공간을 가정하기보다는 3차원 공간이 무수히 많은 면을 포함하는 것과 같은 방식으로 무수히 많은 수의 공간개념을 발전시켰다. 이 모델은 민코프스키 시공간으로 알려졌다.[24]

4차원이 2차원 세계라는 것을 상상하기 어렵듯이 평평한 땅에서 미지의 3차원은 시간처럼 예측하기 쉽다. 일반적으로 공간과 시간이 우리 우주의 구조에서 기본 개념으로 인식되지만 이들은 이해하기가 어렵다. 우리는 시간과 공간을 만지거나 볼 수 없지만 이들은 우리가 물리적 세계를 인지하기 위한 절대적 기반이다. 이 둘 중

공간은 가장 중요하다. 시간 없이 공간을 상상할 수는 있지만 그 반대는 상상하기 어렵다. 이는 공간이 없는 물질의 개념을 상상하는 것보다 물질이나 내용 없이 공간을 상상하는 것이 더 쉬운 것과 마찬가지다. 모든 사물은 어딘가에 있어야 한다. 그렇지 않은가? 이 우주에서 물질계는 별개의 존재이며 우리의 인식은 이 모든 요소를 정확하게 포착한다. 그렇지 않고 물질계가 실제로 존재하지 않는다면 우리의 인식이란 뇌의 신경 공간 매핑mapping 시스템으로부터 우리의 마음속에 만들어지는 일종의 가상현실일 수 있다. 이러한 개념은 극단적이며 각각의 가설은 문제가 있다.

앨버트 아인슈타인Albert Einstein(1879~1955)이 절대공간의 뉴턴 모형을 뒤집었다. 훨씬 이전에 임마누엘 칸트Immanuel Kant(1724~1804)는 인식된 공간은 실제라기보다 이해의 산물이지만, 믿는 공간은 실체로서 경험되고 그 안에서 우리가 보는 모든 물체의 용기容器 역할을 한다고 믿었다. 칸트는 『순수이성비판Critique of Pure Reason』(1781)에서 공간에 우선순위를 두고 "공간의 원래 모습은 선험적 직관이지 개념이 아니다"라고 주장했다.[25] 아인슈타인은 사물은 다른 시각을 가진 관찰자에 의해 다르게 보일 뿐만 아니라 (1916년에 발표한 일반 상대성이론에서) 중력은 시공간의 곡률이라고 주장했다. 따라서 그는 공간의 모습은 절대적인 것이 아니며, 중력이 큰 물체는 주변의 공간을 구부릴 수 있다는 것을 증명했다. 이것은 공간 안의 물체 궤도가 아니라 공간 자체의 궤적을 의미한다. 따라서 우주는 정적인 것이 아니라 팽창하거나 수축하는 것이다. 이것은 평면과 평면의 본질적 불변성의 의미를 완전히 뒤집는 개념이었다.

직관적이든 과학적이든 경험한 '실제' 세계는 시간이 앞으로 나아가는 것처럼 보이는 세계이며, 그 세계는 모호하지 않은 3차원의 세계이고, '숫자'(까다로운 '0' 포함)는 단일 체계를 따르는 것처럼 보인다. 이는 전부는 아니더라도 대부분의 문화에서 사실인 듯하다.[26] 측정을 가치 있게 하고, 추상적 평면에 중요한 임무를 부여하는 것은 이러한 차원의 모델이다.

## 어떻게 측정해야 할까?

추상과학으로서 초기 형태의 기하학은 면, 즉 완전히 편평한 표면을 상상하는 능력에서 시작되었다. 이러한 상상은 지구가 평평하다거나 둥글다고 믿는 것과 아무런 상관이 없었다. 실제로 지구가 둥글다고 일찍이 깨달았던(그래도 여전히 지구가 우주의 중심이라고 믿고 있기는 했지만) 사람들이 직면한 가장 큰 과제는 면과 구 사이의 관계를 수립하는 것이었다. 여기서 실질적인 난제는 어떻게 지구를 측정하고, 지구 표면의 점을 어떻게 면으로 투사하는가였다. 이것은 지도 제작의 문제였다. 그리하여 기하학은 세계를 측정하고 합리적인 이론적 담론을 통해 우주의 조화와 질서를 이해하기 위한 노력의 하나로 그 출발을 알렸다. 측지학과 관련된 과학은 추상적인 평면의 편평성보다 곡선 형태로 된 지구 표면의 실제 측량과 지도 제작에 관한 것이다. 결국 기하학이 추상적인 수학적 세계에서 발전했다 하더라도, 이러한 지도 제작과 측정의 개념이 근본적인 기초가 되고 영향을 미쳤다.

고대 세계에서 이론적 기하학 또는 추상적 기하학의 발전은 상당히 의미 있는 지적 성취로서 시간의 시험을 견디어낸 것이다. 기하학은 경외와 경이의 대상으로서 우주의 아름다움에 경탄을 보낼 충분한 이유를 제시했지만, 연역적 증명과 순수한 공간 추론을 통해 형식적인 증거를 얻기 위한 논리의 사용에서도 주목받을 만했다. 이러한 성과는 고유한 특질, 수량, 위치에 중점을 둔 여러 지식보다는 보편적인 공간 관계의 체계로서 이해되는 이론기하학의 발전을 요구했다. 확실히 유클리드 기하학은 차원과 공간개념의 법칙에서 발전했지만 단순히 '일상적 지각에 함축된 인지구조의 설명'으로 말하는 것은 옳지 않다.[27] 유클리드 기하학은 의인관적 모형보다는 우주와 그 요소의 관찰에 대한 수학적 접근을 요구하며, 이는 실용과 경험에서 철학과 이론으로 진화하는 과정, 즉 면의 역사에서 매우 중요한 과도기를 거쳐야만 했다.

유클리드의 『원론Elements』(기원전 300?)에서 수립된 평면기하학의 고전 모형은 수치 측정보다 공간적 특질과 더 관련이 깊다. 유클리드는 공간을 '모든 방향으로 무한하며 무한하게 나눌 수 있고 편평한' 것으로 이해했다. 그의 기하학은 공간 시각화 또는 정신 모델, 그리고 이상화에 의존했다. 유클리드는 점과 선의 정의에서 시작하여 점차 고차원적 물체를 만들기 위한 방향으로 이동했다. 그는 공간을 균질하고 합동을 요구하는 무한한 것으로 이해하고 사각형·원·삼각형의 기본적인 평면구조를 만들었다. 이는 측정의 일종이 아니라 시각적 작업이다. 따라서 삼각형의 내각을 모두 합치면 180도가 된다고 발표하기보다 유클리드는 내각은 두 개의 직각과 같다고 주장했다. 이는 매우 중요한 의미를 내포한다.[28]

유클리드는 3차원적 입체 세계로 이동하면서, 이들을 전개도라

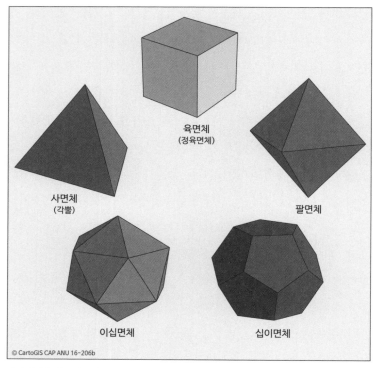

육면체
(정육면체)

사면체
(각뿔)

팔면체

이십면체

십이면체

© CartoGIS CAP ANU 16-206b

다섯 개의 플라톤 다면체.

는 것으로 설명했다. 예를 들어 구는 반구가 지름 주변을 회전하는
것으로 정의한다. 평면 개념에서 더욱 중요한 것은, 다섯 개의 플라
톤 다면체 또는 정다면체는 완전 대칭을 이룰 뿐만 아니라 직선 모
서리와 예리한 꼭짓점이 있는 균일한 평면으로 구성되어 있다는 점
이다. 사면체(각뿔), 팔면체, 이십면체는 모두 (평면)삼각형의 면을
가진다. 육면체(정육면체)는 사각형의 면을, 십이면체는 오각형의 면
을 가진다. 플라톤은 사면체, 팔면체, 이십면체, 육면체가 각각 불,
공기, 물, 흙에 대응한다고 생각했다. 그리고 지구에 대응하는 십이
면체(천구)를 열두 개의 오각형 조각으로 짜 맞춰 기운 가죽 공에 비

유했으며, 이를 '제5원소'로 불렀다.[29] 본질적으로 결정체와 유기 세포는 중력이 아닌 표면장력으로 결정되는 엄격한 기하학적 법칙에 따라 3차원 공간에서 가장 효율적으로 세분된 단위이다. 비누 거품은 구형이다. 이것을 더 넓게 보면, 지구 표면의 모양은 좀 더 무질서하고 기하학적으로 완전하지도 않으며, 평면은 고사하고 정육면체의 완벽한 대칭도 찾아볼 수 없다.

입체도형의 기하학은 지구 표면을 측정하는 자매 과학인 측지학에서 가장 실용적으로 적용할 수 있는 분야다. 측지학은 고대 그리스의 수학자이자 천문학자인 에라토스테네스Eratosthenes(기원전 275?~기원전 194?)와 밀접하게 관련되어 있다. 그는 『지구 크기 측정법 Measurement of the Earth』에서 지구의 원주 재는 방법을 설명했다. 그는 '표면의 불규칙함'을 인정했지만, 지구는 구형이며 태양의 빛은 평행하다는 가정하에서 측정했다. 또한 에라토스테네스는 평행선과 자오선을 기반으로 한 세계지도를 제작했다. 이는 그가 구한 지구의 원주를 비롯하여 기하학으로 모든 평행선의 길이를 사용할 수 있음을 의미했다. 이러한 업적은 측지법과 더불어 지도 제작법 덕분에 가능했다. 하지만 수 세기 동안 위도가 경도보다 더 정확하게 측정되었다는 사실은 놀라운 것이 아니다. 이는 이슬람 전통의 측지학에서도 마찬가지다. 이슬람의 측지학은 고대에 수립된 방법을 바탕으로 또다시 수립되었는데, 언제나 지구가 구형임을 전제했다.[30]

세계 곳곳의 나라에서 수학 함수와 공간 관계에 관한 매우 복잡한 지식이 발전했다. 예를 들어 천체의 움직임을 관찰하고 기록하기 위해 세워진 고대 건축물과 구조물에서, 그리고 항해 지도에서 그러한 것들을 발견할 수 있다. 거의 같은 시기에 생존했던 중국의 사상가들도 유클리드 체계에서의 원소들을 분명히 이해했지만 중국의 수학은 대수학 쪽으로 발전했다. 더 넓게는 기하학적 도형(유클리드에 게 알려지지 않은 프랙털을 포함해서)을 여러 문화의 직물, 도자기, 그 외 공 예품에서 확인할 수 있다.[31] 고고학적 증거들은 해석하기 어렵고 논 란의 여지가 있지만 이들 대부분은 기하학적 지식의 실질적 사용, 그리고 측정 문제에 대한 해결책을 포함하여 물질문화의 여러 영역 에서 특질로서 평면의 중요한 역할을 시사한다. 그러나 이들 증거에 는 유클리드의 평면기하학에서 찾을 수 있는 체계적이고 이론적인 발전은 결여되어 있다.

추상적이기는 하지만 경험적·물리적 세계와 일치하는 유클리 드 체계는 2차원의 평면과 3차원의 입체도형으로 축소되었다. 평면 의 개념에서 가장 중요한 것은 유클리드의 제5공리이다. 이는 "직선 밖의 한 점을 지나 그 직선에 평행한 직선은 단 하나가 존재한다"는 명제로 설명된다. '평행선 공준parallel postulate'이라고도 불리며, 직선 의 본질과 공간에 곡률이 없으므로 본질적으로 평평하다는 개념에 서 시작했다.[32]

유클리드 기하학은 우리가 세상을 추상적으로 묘사하고 측정 하는 방식을 규정하며, 전 세계의 학교에서 가르치는 체계가 되었 다. 유클리드 기하학의 존속 여부는 추상적 구조로서의 체계에 대한 분명한 믿음과 우리가 우리 자신의 규모로 경험하는 공간에서 실현 되는 방식으로부터 파생된다. 본질적인 평면성은 실제로 학생들과 도 잘 어울린다. 평평한 표면의 책상 앞에 앉아 평평한 석판 또는 종 이 위에 도형을 그리고, 평평한 칠판에서 필사하며, 그들의 발은 평 평한 바닥에 고정된다. 또한 그들은 전자 기기의 평면 스크린을 들여다보거나 모래 위에 선을 그린다. 마찬가지로 우리 일상에서도 접평면tangent plane의 개념은 작은 규모이지만 평평한 거리 지도를 실제 (구형) 세계에 가까운 근사치로 사용하여 지구 표면을 가늠할 수 있게 한다. 우리는 더 넓은 지역으로 확장될 때 왜 그것이 기능을 멈추는지 굳이 궁금해하지 않는다. 우리는 평면으로부터의 편차 또는 유클리드 공간(평면곡선)의 직선으로부터의 편차 관점에서 곡률을 생각한다.

이러한 이론적이고 실용적인 가정은 비유클리드 기하학이 발견된 18세기 말까지 유효하게 받아들여졌다. 비유클리드 기하학은 니콜라이 로바쳅스키Nikolai Lobachevsky(1792~1856), 요한 볼리아이Johann Bolyai(1802~1860), 베른하르트 리만Bernhard Riemann(1826~1866) 등 여러 수학자에 의해 밝혀졌는데, 이들은 모두 시조 격인 카를 프리드리히 가우스Carl Friedrich Gauss(1777~1855)와 연관되어 있었다. 가우스가 처음 열정을 쏟은 건 정수론Number Theory이었고, 그는 열여덟 살 때 (유클리드) 컴퍼스와 자만 사용하여 그 유명한 정십칠면체를 그렸다. 원을 나누는 문제에 대한 가우스의 관심은 천문학과 이론측지학에 반영되었고, 토지측량에도 실질적으로 기여했다. 1815년에 그는 하노버 왕국의 전국 토지측량을 감독하도록 고용되었고, 이후 수년간 삼각측량 프로젝트에 몰두했다. 이 작업은 매우 힘겨웠는데, 일부 해안 지역은 '완전히 평평하고 실질적으로 해수면'과 같았고 또 다른 지역은 '평평하고 거대한 숲으로 둘러싸여' 있었기 때문이다. 특히 뤼네부르크 히스Lüneburg Heath가 그러했다. 삼각측량은 한 지점에서 다른 지점까지 긴 거리가 필요하고, 완벽한 삼각형을 만들려면 시야를 가로막는 나무를 제거해야 했다. 이 때문에 농부들과 협상까지

해야 했다. 이러한 어려움을 해결하기 위해 가우스는 회광기heliotrope를 발명했다. 회광기는 작은 거울을 사용하여 먼 거리에서 볼 수 있는 햇빛을 반사하는 기구이다. 그는 좌표를 계산하기 위해 측지 공식을 개발하고 주요 작업을 계획했지만, 측지학 분야에서는 거의 출판되지 않았다.[33]

가우스는 자신이 측지학의 발전에 기여한 바를 그리 중요하게 생각하지 않았지만, 그의 업적은 실로 대단한 것이었다. 그는 혁신적인 접근법으로 기하학과 휘어진 공간의 일반 이론을 다루었고, 지도 제작법의 기본적이고 실질적인 문제, 즉 구(지구)를 평면에 어떻게 투영할 것인가 하는 문제를 해결하는 데 지대한 공헌을 했다. 이것은 '등각'사상'conformal' mapping 이론(가우스가 1843년에 만든 용어로, 한 표면에서 다른 표면까지 점들의 투영에서 완벽한 유사성이 나타난다)에 잘 나타나 있으며, 유클리드의 평행선 공준 상태에 대한 관심을 재조명했다. 1816년까지만 해도 가우스는 평행선 공준이 적용되지 않는 '반유클리드anti-Euclidean' 기하학이 존재한다고 확신했고, '초월 삼각법transcendental trigonometry'(이후 '쌍곡기하학'으로 알려졌다)의 일관된 모델을 개발했다. 1828년에 그는 "아무리 유연하고 확장 불가능한 표면이 변형된다 하더라도 한 점에서의 주곡률은 언제나 같다"는 기본 정리를 수립했다.[34]

가우스의 표면에 대한 이론의 본질은 내재적 기하학과 외재적 기하학을 구분하는 데 있다. 토머스 F. 밴초프Thomas F. Banchoff는 가우스가 "지능이 있는 편형동물이 단단한 물체의 표면 위를 미끄러지듯 돌아다니면서 발견함직한 기하학을 상상하여 이 개념을 도출하게 되었다"고 주장했다.[35] 가우스가 사망한 지 15년 후인 1870년에 헤르만 폰 헬름홀츠Hermann von Helmholtz(1821~1894)가 이 개념을 한층 발전시켰다. 독일의 학자인 그는 시각 공간 인지와 생리학 연구에 많은 업적을 남겼다. 헬름홀츠는 '추론하는 2차원적 존재'는 기하학을 해결할 능력이 있지만 2차원 중 1차원만 가능하다고 주장했다.[36] 이들은 표면의 내재적 기하학만 연구할 수 있다. 왜냐하면 이들은 표면 위에 만들어진 각도와 길이의 측정치만 사용할 수 있기 때문이다. 그러나 이 기하학은 그들이 살고 있는 표면의 모양에 따라 달라지는 것으로, 그들이 이것을 직접 인식할 수는 없다.

이러한 존재(아마도 편형동물)가 2차원의 평면에 살고 있다면, 이들은 평행선 공준에 따라 삼각형의 세 각을 합하면 180도가 되는 유클리드 기하학을 개발했을 것이다. 다른 한편으로 편형동물이 구(이들에게는 표면이 평면으로 느껴지겠지만)에서 살았다면 이들은 거대한 삼각형의 세 각은 180도가 넘는다고 생각했을 것이다. 그러나 두 경우 모두 기하학적 속성은 내재적이다. 따라서 들판이나 농장의 크기와 같은 매우 국지적인 규모에서는 유클리드 기하학이 정확하게 들어맞고 측정은 실용적인 목적에서 전적으로 신뢰할 만하다. 그러나 공간에서 바라본다면 이러한 원칙은 완전히 틀리다. 편형동물의 세계에서 바라다볼 때 공간에서 본 시각은 표면의 외재적 기하학을 나타낸다. 이러한 새로운 접근의 기본은 평행선 공준을 거부하고, 그것을 부정으로 대체하는 '쌍곡선의 공리'라는 새로운 공리를 유지한다.[37]

이러한 사고는 새로운 개념의 기하학을 제시한다. 즉 "규칙이 다른 표면 위에서는 다르지만, 동일한 표면의 휘어짐(확장되지 않은 채)으로써 반드시 변하지는 않는다"는 것이다. 이러한 새로운 사고방

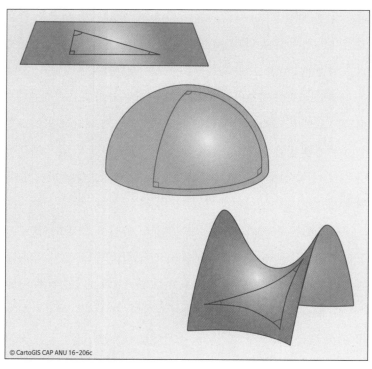

© CartoGIS CAP ANU 16-206c

평면의 삼각형(유클리드 기하학), 반구(타원기하학), 안장(쌍곡기하학).

식은 평면이 규모와 시각의 문제, 즉 작은 원의 굴곡은 커다란 원의 굴곡보다 매우 급격하다는 개념과 직접적으로 연결된다. 맨발의 남자가 볼베어링 위에 고통스럽게 서 있다면 그는 자신이 서 있는 곳이 평평하다고 생각하지 않을 것이다. 그러나 그가 거대하고 매끄러운 행성 위를 걷고 있다면 표면이 평면이라고 생각할 것이다. 이론적으로 '기복이 적은 땅에 사는 사람'은 삼각형을 그리고 각도를 구하여 그가 살고 있는 표면이 어떤 종류(평면, 구, 안장)인지 구분할 수 있다. 지구의 곡률에 대한 현실적인 측량사의 관점을 지녔던 가우스는 이 실험을 세 개의 산 정상(호헨하겐, 브로켄, 인젤베르크)을 결합하는 삼각형의 각을 구하는 데 적용했다. 그러나 그가 가진 측정 도구의 범위 내에서 세 각을 더해 180도가 되는 것을 발견하고 공간은 내재적으로 평평하다고 결론지었다.[38]

놀랍게도 가우스의 '곡률 측정'은 표면의 평면 위뿐만 아니라 원통과 원뿔에서도 0이다. 가우스는 직접 이 '괄목할 만한' 정리를 밝혀냈다. 그는 "휘어진 표면 또는 그 일부는 다른 표면 위에 전개될 수 있다면 모든 점에서의 곡률 측정은 전개 후 변하지 않는다"고 주장했다. 또한 "평면에서 전개될 수 있는 휘어진 표면 위의 곡률 측정은 어디에서든 0과 같다"[39]는 것이다. 따라서 평평한 종이는 종이의 표면에 그려진 도형의 크기 또는 점 사이의 거리를 변화시키지 않으면서 원통이나 원뿔 모양으로 만들어질 수 있다. 이것은 마치 신문 인쇄용지의 두루마리처럼 여러 번 굴린 평평한 종이도 마찬가지다. 한편 구는 양의 곡률을 가지기도 하지만, 의구擬球 또는 안장 표면(예를 들어 모래시계)은 음의 곡률이다. 훗날 리만과 푸앵카레 같은 수학자들은 길이와 평면 거리의 개념에서 우리를 해방시켰지만, 평면과 관련하여 상상력을 포착한 것은 가우스의 업적이었다.

비유클리드 기하학의 복잡한 표면은 시각화하기 어렵다. 이것은 4차원을 시각화하거나 2차원 세계의 관점에서 생각하는 것만큼 어렵다. 거의 불가능할 수도 있다. 그러나 이러한 개념들은 형이상학적인 고차원적 비전과 환상에 대한 주장을 가능하게 했다. 그중 일부는 공상이고, 또 다른 일부는 새 기하학에 단단히 뿌리를 두고 있다. 그중 잘 알려진 것이 에드윈 A. 애벗Edwin A. Abbott의 『플랫랜드: 다차원 세계의 이야기Flatland: A Romance in Many Dimensions』이다. 이 책은 1884년 런던에서 출판되었지만 애벗은 10년 전에 원고를 완성했다.

이때는 가우스와 헬름홀츠가 그린 2차원 세계의 그림과 기하학 도형이 대중 과학의 주류를 이루었다.[40]

『플랫랜드』는 '스퀘어(사각형)'라는 주인공이 이야기를 끌고 나간다. 스퀘어 씨는 플랫랜더들(모두 2차원 인물이다)이 거대한 평면이라고 생각하는 곳에 살고 있다(이들에게는 '평면plane'이라는 단어는 없고 단지 플랫랜드라고만 부른다). 대부분의 플랫랜더는 그들의 세계를 당연시하며 살아가지만, 호기심이 많은 스퀘어 씨는 친구인 오각형, 육각형과 함께 몇 주 동안 동쪽으로 걸어간다면 시작점에 다시 돌아오는지 확인하고 싶었다. 그는 많은 모험을 한 후, 플랫랜드가 평면plane이 아니라 사실은 구('초구hypercircle') 또는 원환체(도넛 모양)라는 가설에 이르렀다. 가설은 더욱 발전되었고, 드디어 이 문제를 종결해야 할 시간이 되었다. 그는 표면을 종합적으로 측량(가우스의 이론적/실용적 접점을 떠올리게 한다)하려고 했지만, 측량사가 시작점으로 되돌아왔을 때 세상이 거울 이미지로 뒤집혔다는 것을 발견했다. 애벗은 뫼비우스의 띠Möbius strip를 등장시키려 반전된 퍼즐을 사용했다. 결국 플랫랜더들은 플랫랜드가 두 개의 지역, 즉 원환체를 닮은 지역과 뫼비우스의 띠를 닮은 지역(이 두 지역은 원통과 구의 속성을 모두 갖는 '평평한 원 평면'으로 정의될 수 있다)으로 이루어져 있음을 깨달았다.[41]

이러한 해결 방법은 모든 제안된 대안과 함께 가우스가 정의한 표면의 내재적 기하학에 속한다. 그러나 스퀘어 씨는 스페이스 랜드(3차원)를 방문한 스피어 씨와 만나게 된다. 그는 잠시 날아올라 플랫랜드를 내려다보게 되고, 그제야 평평한 세계의 놀라운 외재적 기하학을 보게 된다. 스피어 씨는 스퀘어 씨에게 그가 평면 위에 살고 있다는 이야기를 들려준다.

"네가 생각하는 플랫랜드는 내가 유체라고 부르는 광대하고 평평한 표면이야. 그것은 너와 너의 국민이 위로 올라가지도 않고 떨어지지도 않으면서 움직이는 정상의 위 또는 안에 있지."[42]

스퀘어 씨가 플랫랜더 친구들에게 자신이 본 것을 설명하자 친구들은 3차원 세계의 개념을 조롱했고 스퀘어 씨를 미치광이로 취급하여 감옥에 가두고 말았다.

목회자이자 교장으로서 애벗이 『플랫랜드』에서 하고 싶었던 이야기는 이전에 알려지지 않았던 더 높은 차원의 존재와, 더 높은 영역의 영적 존재의 가능성에 대해 개방적 사고를 갖자는 것이었다. 가우스와 헬름홀츠의 경우 3차원 세계에 사는 거주자들에게 4차원 우주를 시각화하는 것은 3차원을 시각화하려는 스퀘어 씨의 도전과 비슷하다는 것을 보여주려고 했다. 애벗은 '무차원의 심연Abyss of No dimension'이라는 악몽에도 불구하고 라인랜드(2차원)와 포인트랜드(무차원)에서 기하학의 이미지를 구축하여 문제를 강조하려고 했다.[43]

17세기의 '수평파Levellers'는 천지창조에 존재했던 사회적 평등으로 돌아가자고 주장하며 애벗을 비판했지만 '플랫랜드'를 영국 계급제의 비판으로 보는 것이 역설적일 수도 있다. 애벗의 '플랫랜드'는 평등의 세계라기보다 도형의 모양새로 계급이 결정되는 평면도형이 사는 곳이다. 면이 증가할수록 계급이 증가한다. 여자는 직선으로 묘사되며 각과 합리성이 없다. 한편 면을 가진 남자는 너무 많아서 가장 높은 계급인 원circular 계층 혹은 성직자 계층에 속하는 원(가우스의 십칠면체와 유사)과 거의 구분되지 않는다. 그 사이에 노동자는 이등변삼각형, 중산층은 정삼각형, 신사는 사각형(『플랫랜드』의 저자와 같다), 낮은 신분의 남자 귀족은 육각형 등으로 묘사되었다. 따라

서 애벗은 이 모양의 계층과 2차원의 평면은 유일하게 가능한 조건
이 아니라는 것과, 이 세계는 다차원적으로 재현될 수 있다고 주장
한다.[44]

그런데 애벗의 주된 목표는 초자연적인 힘과 연결하려는 것
이었다. 그는 과학이 종교적 신념을 지지할 수 있다는 것뿐만 아니
라 이러한 지식의 진보와 유사하다는 자연적 신앙의 역사를 발전
시켰다. 애벗은 기적에 의지하지 않고 신의 신비에 대한 이해를 도
모하려 했다. 그의 종교 개념은 내재적 상대주의에 의해 크게 약화
되었지만, 현대 기독교 신학에서 보다 광범위한 차원의 개념을 찾
아볼 수 있다. 『플랫랜드』는 이후 많은 책에 영향을 주었고 유사한
개념의 책들이 출간되었다. 디오니스 버거Dionys Burger의 『스피어랜
드Sphereland』(1965), A. K. 듀드니A. K. Dewdney의 2차원적『플래니버스The
Planiverse』(1983), 이언 스튜어트Ian Stewart의 『플래터랜드Flatterland』(2001)
등 수학과 관련된 책들뿐만 아니라 영화로도 제작되었다. 우주학자
들과 코미디언까지도『플랫랜드』를 인용했다.[45]

비유클리드 기하학을 이해하려면 '점'과 '선'의 원래 정의와 평
면의 개념을 다시 생각할 필요가 있었다. 비유클리드 기하학은 복잡
한 곡선으로서 이해되는 표면과, 특히 극소 표면에 대한 좀 더 일반
적인 이론의 발전도 가져왔다. 수학에서 극소 표면은 국부적으로 면
적을 최소화하며 0의 '평균 곡률'을 가진다. 그 대표적인 예를 표면
장력이라는 강력한 물리적 힘으로 생성되는 비누막에서 찾아볼 수
있다. 철사 고리를 비눗물에 담갔다가 빼면 비누막에 평면이나 휜
극소 표면이 생기는데, 이때 비누막의 모양은 고리 모양에 따라 결
정된다. 1980년경에는 평면, 카테노이드, 헬리코이드의 단 세 가지

극소 표면이 발견되었지만 현재는 컴퓨터의 발달로 인하여 극소 표면의 필요조건을 만족하는 다양한 위상학적 형상이 증가했다. 건축과 같은 분야에서 이러한 극소 표면을 응용해 상당한 결실을 맺었고, 이는 평면에서 원이 가장 큰 표면적을 감싼다는 실용적 고대 지식이 빛을 발한 사례라 할 수 있다.[46]

이러한 비유클리드 기하학의 특징들 덕분에 평면의 개념을 유연하게 볼 수 있게 되었다. 평면을 수평뿐만 아니라 수직 및 경사면에서도 볼 수 있음은 물론 3차원 공간이나, 심지어 일그러진 모양에서도 평면을 확인할 수 있다.[47]

## 완벽한 평면은 존재하지 않는다

모든 종류의 평면을 측정하는 기본 원칙은 통계이다. 이러한 측정은 인공적인 또는 자연적인 물질 표면뿐만 아니라 공간에 반드시 분포되었다고 볼 수 없는 일련의 통계 데이터에도 적용된다. 예를 들어 사람 모집단에서 수집된 데이터는 선 그래프 또는 막대그래프 등을 사용한 도수 분포로 표시될 수 있으며, 그 모양은 지구의 움직임과 소리부터 도시의 윤곽 및 톱이나 골함석과 같은 생산 재료에 이르기까지 여러 곡선 또는 일정한 표면과 비교되고 측정된다. 일반적으로 평평한 선 또는 직선은 불변성을 의미하며, 편차를 측정할 수 있는 기준이 된다.

도수 분포는 그래프에서 직(평평한)선과 x축 및 y축에 대해 점으로 나타난다. 적용된 측정은 일종의 기술記述 통계로 간주되며 평균과 중간, 대칭과 왜도(데이터가 좌 또는 우로 치우치는 정도 및 '꼬리'의 길이) 등과 같은 중심경향치와 함께 사용된다. 특히 공학에서 플랫니스flatness, 슈퍼플랫니스superflatness, 하이퍼플랫니스hyperflatness는 도수 분포의 모양을 통계 수치로 나타낸 것이다. 이러한 개념은 처음에 콘크리트 바닥 등과 같은 물질적 표면에만 사용되었지만, 나중에는 예술이나 문화 비평 같은 부문에서도 사용되었다. 또 다른 통계 측정으로 알려진 첨도kurtosis는 인식된 경관 편평도의 개념과 더 가깝다. 20세기 전반에 걸쳐 흔히 사용되었던 첨도는 데이터가 정규 분포에 비해 최고점이 있는지 또는 평평한지를 측정하는 데 사용되었다. 첨도의 창시자인 칼 피어슨Karl Pearson은 이를 '평정분포의 정도'라고 불렀지만 'platykurtosis(플래티커토시스)'라는 단어도 종종 사용했다. 이는 'plat'과 'flat'을 거의 같은 것으로 보았던 고대 용법에 따른 것이다. 첨도와 뾰족함peakedness 사이의 통계학적 연관성을 포기해야 하는 충분한 이유가 있었지만 이 방법은 지구과학 교재에 여전히 남아 있다.[48]

이러한 통계적 개념을 적용한 중요한 분야가 소리의 분석이다. 예를 들어 연설, 새 지저귐 또는 전자음악 등의 음향 스펙트럼을 각 주파수의 진동량(크기와 높이에 따라 달라지는)의 관점에서 기록한다. 그런 다음 데이터를 스펙트럼 전반에 걸친 기대 패턴과 비교하고 차이의 정도를 측정한다. 가장 일반적인 방법은 '스펙트럼 평탄도'인데, 이는 시퀀스 간의 일치 여부를 확인하고 오디오 핑거프린팅을 지원하는 데 사용된다. 또한 '백색 소음'에도 적용된다. 백색 소음이란 일정한 스펙트럼 밀도의 무작위적 음향신호를 말하며 '쉬, 쉬' 하는 치찰음을 예로 들 수 있다. 본질적으로 스펙트럼 평탄도 측정은 데이터가 얼마나 일정하게 또는 무작위로 분포되어 있는지를 정량화한다. 크기가 일정(계속되는 웅웅 소리)하거나 완전히 무작위(백색 소음)인 경우에 측정값은 1과 같지만 극단적(시퀀스에서 하나의 두드러지는 최고 저점이 있는 경우)인 경우에는 0이 된다.[49] 이 방법은 통계적 평탄도의 최적 이론과 불변항으로서 평탄도의 정의를 모두 따른다. 평탄도를 측정하는 데 또 한 가지 중요한 것은 소리에 지형학적 특질을 부여함으로써 '음경音景'의 개념을 열었다는 것이다.

표면정밀공학에서 절대적 평면성은 자연에 존재하지 않으며

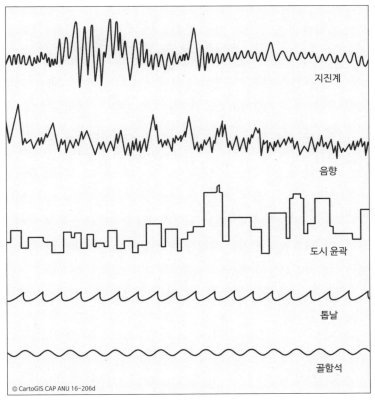

직선의 편차 : 지진계, 음향, 도시 윤곽, 톱날, 골함석.

획득할 수 없는 것으로 가정한다. 오히려 평면성은 허용 오차와 인식의 정도 문제이다. 공학에서 거의 완벽에 가까운 평면성 또는 '절대 평면성'의 측정과 모니터링은 중요한 관심 분야로서 의학, 광학, 건설에서 중요한 부분을 차지한다. 예를 들어 망원경, 싱크로트론, 렌즈에 들어가는 거울 유리의 마감이나 강판, 탄소 패널, 기계 공구대, 화강암, 주철 표면 평판 등의 전해 연마에도 사용된다. 의료 기술 분야의 경우 경미한 양의 변동에도 목숨을 위협할 수 있기 때문에 변동의 허용 오차는 매우 작지만, 관개를 위한 레벨 측량의 경우 어느 정도의 거칠기(조도)는 허용된다. 철강 압연 공장의 허용 오차는 의료 과학과 관개의 중간 정도에 위치한다.[50] 규정과 표준은 '허용 오차 범위' 내 변동의 허용 한계를 제어할 수 있도록 수립된다.[51]

평평한 것과 평평하지 않은 것의 정의는 허용 가능한 변형에 대한 판단에 따라 달라지며, 이러한 판단은 논쟁과 조율을 필요로 한다. 이를 위해 편평도는 '관심 표면 사이에 놓인 완벽하게 평행한 두 평면 사이의 최대 거리'로 정의한다. 따라서 편평도는 절대 최대값 또는 완벽한 평면으로부터 표면의 평균 편차로서 계산된다(다중 방정식의 오차는 오차의 제곱의 합으로 제한된다는 가우스의 최소 제곱법을 사용하여). 주로 이상적인 평면에서 편차를 측정하기 전에 표면을 격자로 분할하거나, 각 점에서 기울기를 구해 지정한 제로 고도값과 비교하여 높이 차를 확인하는 방법을 사용한다. 이때 삼각측량법을 사용하기도 한다.[52] 전반적으로 다른 물질에 적용하는 기본 방법과 이미지 사이에 상당한 유사성이 보이기도 하지만 일반적으로 기본 경관 모델을 다시 진행하기도 한다.

예를 들어 종이의 거칠기는 프로필로메트리(표면에 스타일러스를 움

카펫의 미세 표면은 종이 표면의 상대 거칠기에서 발견되는 것과 유사한 모습을 보여준다.

직여 불규칙성으로 야기되는 수직 이동상을 기록)를 사용하고, '곡선의 정상에 서 밑부분까지의' 평균, 중간, 최대 높이, 총 '정상 수,' '평균 정상 간 격' 등과 같은 지수를 계산한다. 신문 인쇄용지의 '인쇄성'은 프로필 로메트리로 측정한 표면 거칠기로 일부 결정된다. 또는 벤슨Bendtsen 거칠기 시험을 사용하기도 하는데, 이 시험은 유리판과 금속판 사이 에 고정시킨 종이를 통해 흐르는 공기의 양으로 측정된다.[53]

    일부 분야에서 최근까지도 일반적으로 사용되는 기법들은 더 욱 임의적이다. 건물 건축을 예로 들면 표면(콘크리트 바닥이나 벽)에 금 속 막대를 놓는 직선 자 방식을 사용하여 표면 아래의 최대 편차를 측정한다. 그런 다음에 이 값을 선택한 점의 허용 오차와 비교한다. 그러나 여기에서 직선 자를 정확히 어디에 놓아야 할지에 대해서는 명확한 규칙이 없다. 각 측정값을 재는 데 걸린 시간은 점들의 분포 가 희박하다는 뜻이다. 이 방법에서 편차의 정도는 전적으로 직선

자의 길이에 달렸다. 글로벌 평활도 측정에는 2~3미터, 국소적 평활도에는 0.2~0.3미터의 직선 자를 사용한다. 이 두 측정은 모두 중요하다. 즉 바닥이 전체적으로는 평평하지만 불규칙한 부분들이 있어 걷기에 불편하거나 심지어 위험할 수 있기 때문이다. 이와 비슷한 기술이 강판의 평활도 측정에 적용되었고, 1840년대에 조지프 휘트워스Joseph Whitworth가 처음 주창했던 표준화 게이지가 사용되었다. 여기서 또한 경관 비유, 즉 '곡선의 정상에서 밑부분까지의peak-to-valley' 또는 '등측uphill', '강측downhill'이 사용된다.[54]

과학이 발달함에 따라 컴퓨터와 레이저를 사용하면 비교적 적은 비용으로 더욱 정밀하게 평활도를 측정할 수 있다. 그러나 1980년 이전까지 컴퓨터의 능력은 비교적 제한적이었으며, 데이터 분석에 많은 시간이 소요되었다. 먼저 기포관 수준기와 콜리메이터collimator(광

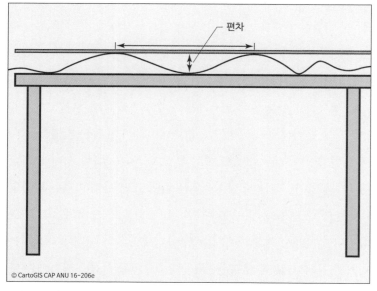

편차

© CartoGIS CAP ANU 16-206e

철강 제품에서의 평활도 측정.

원을 얻기 위한 장치로, 가우스가 고안해내어 천문학에 처음 사용된 시준기) 등을 사용하여 개별적인 격자좌표에 대한 데이터를 수집해야 한다. 그런 다음에 카드 또는 테이프를 펀칭하여 분석을 위한 입력을 작성한다. 이때 완벽한 평면으로부터 시작점을 확인하기 위해 포트란용으로 작성된 'FLATEST' 같은 프로그램을 사용한다.[55] 속도가 빠른 현대의 컴퓨터도 문제의 일부만 해결할 뿐이다. 평활도 측정에 좀 더 중요한 역할을 하는 것은 레이저이다.

지상파 레이저 스캐닝은 혁신적인 측량을 가능하게 하고, 특히 자동화된 경우에는 매니페스트manifested 편평도 또는 '표면 규칙성' 측정을 위해 표본점에 의존하는 방법보다 더 안정적으로 치수를 측정할 수 있다. 이 새로운 방법에서는 스캐너가 주변 공간을 레이저 광원으로 스위핑하여 고밀도에서 3차원 측정점을 수집(초당 거의 100만 점)하는데, '플랫flat'뿐만 아니라 '슈퍼플랫super flat'으로 표면을 분류할 수 있다. 심지어 압연 테이블에서 매우 빠른 속도로 움직이는 철 강도 두 개의 평행한 레이저 투사선 사이로 진동을 기록하여 이러한 방식으로 측정할 수 있다. 지상파 레이저 스캐닝은 다양한 분야에서 응용된다. 특히 건축과 건설 부문의 경우 구조물의 붕괴와 인명 손실을 막기 위해 정확한 측정이 필요하다. 그러나 허용 오차는 과학이나 의학 기술보다 훨씬 크다.[56]

윤곽 측정의 다른 기법(이들은 대형 물체에 적용할 때에는 여전히 비싸다)에는 간선법(표면 불규칙성을 확인하는 전자기 방법, 레이저를 사용하는 홀로그래픽 간섭법과 일치한다)과 편향법(평행시준광파를 사용하여 최고 수준의 확실성을 획득한다)을 포함한다. 평활도의 절대 측정은 빛 전파의 직진성과 기준각에 보정한 반사의 기본 법칙을 활용한다. 가장 정교한 기술을 사용하여 불확실성을 나노미터(10억 분의 1미터) 이하로 줄일 수 있다. 물론 이것은 표면 자체의 실제 평활도가 아니라 편차를 측정하는 능력을 말한다. 그러나 이렇게 초미세 수준까지 조율하더라도 내부의 기준 평면(예를 들어 레이저빔, 평평한 테이블, 기계식 레일 등에 의존한 것)이 평평하지 않다는 것이 드러날 때 문제가 발생한다.[57] 궁극적으로 모든 편평도 측정은 비교 측정이다. 완벽한 평면은 상상을 위한 것으로, 자연적이든 인공적이든 우리가 일상적으로 경험하는 부피가 큰 표면의 현실에는 존재하지 않는다.

## 평야와 바다는 얼마나 평평할까?

평면의 개념과 마찬가지로 규모의 문제는 지형도의 핵심이다. 지구의 측지학은 구의 완벽한 원형을 모델로 삼고 있는 반면에 작은 지역의 측정은 (완벽한) 접평면을 사용한다. 이들 두 모델은 자연의 근사치를 내지만 특정한 규모일 때만 적용된다. 따라서 지구의 측지학은 바다 밑의 표면을 포함하여 지구의 모양(및 중력장)과 관련되어 있다. 큰 지역 또는 국가 단위(표면을 타원체라고 생각할 수 있는)의 측지 측량에서는 곡률과 중력을 고려해야만 한다. 한편 비교적 적은 지역에서 평면을 측정하는 경우 이러한 방법으로 수립된 기준점에 제한을 받을지라도 수평 평면은 일반적으로 적절한 표준이며, 따라서 더 큰 곡률의 한가운데에 국소 평면이 있다고 가정한다.

지구의 측지학은 경관의 평면성과 거의 관련이 없는 듯 보이지만 초기에 지구 반경을 측정하기 위한 시도와 그에 따른 곡률 측정은 높은 산에서 먼 지평선을 바라봄으로써 이루어졌다. 예를 들어 11세기 초 이슬람의 수학자이자 천문학자였던 알 비루니al-Bīrūnī는 펀자브에서 '그 평평함이 바다의 매끄러운 표면 역할을 하는 너른 평야를 향해 있는 산봉우리'를 발견했다. 이로써 수평선까지 경사각의 관측이 가능했다. 그의 계산에는 굴절을 감안하지 않은 것을 포함하여 다양한 유형의 측정 오류가 있었다. 기본 원리는 경관의 평평함이 있기에 가능한 가시성뿐만 아니라 추상적인 기하 평면에 의해 결정되었다.[58] 알 비루니는 평평한 지표면에 추상적 평면기하학을 적용함으로써 얻는 이점을 증명해 보였다.

유사한 종류의 공간적 추상은 일찍이 알려졌던 메소포타미아의 지도에서도 중요한 요소였다. 토지의 기복에는 거의 관심이 없고 농사 단위의 경계 수립과 관개의 감시에 관심이 많았던 메소포타미아는 이러한 지적地籍상의 계획이 필요했는데, 그 이유는 평평한 강

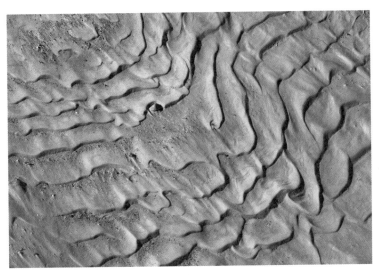

맥 클라크 보존지구(심프슨 사막)의 이류泥流.(오스트레일리아 노던 주, 2015년)

안 평야의 홍수 때문이었다. 이들 평야가 자주 침수되었고, 그로 인해 자연적으로 평평한 높이가 만들어지고 땅의 표시물을 뒤엎었다. 이러한 방식의 사고에 필수적인 혁신적 아이디어는 토지의 모델이 점과 선(이들 자체가 추상적 개념이다), 거리에 따라 측정될 수 있는 추상 평면이라는 개념이었다.

토지측량은 수직 평면과 수평 평면의 각도와 거리 측정으로 이루어진다. 어떤 지점의 수직은 구심추로 확인할 수 있으며, 구심추의 시작점부터 땅의 중심까지 잰다. 수평은 수직과 90도를 이루는 선을 말한다. 수직과 수평은 지구 표면의 어떠한 점에서도 다르지만, 지적도와 같은 작은 토지 단위의 경우 이러한 차이는 무시할 수 있다. 실제로 수직은 참된 벡터이지만 물리적인 토지 표면 위에서 직접 수평을 잴 수는 없으며, 일반적으로 1미터 위에서 측정한다.

17세기부터 기포관 수준기 삼각대 위에 평평한 판을 장착한 평판을 사용하여 간단한 측량을 수행했다. 측량은 평판 위로 펼쳐진 종이 위에 각도를 조준하고 비율에 따라 측정하여 직접 그렸다. 평판이 움직이고 위아래로 기울어질 때마다 동일하게 수평이 유지되고 다른 수평선이 나타난다. 기본 가정은 측량되는 토지가 평평하다는 것이다. 지반면 위의 여러 높이는 양수표에 나타나고 앙각은 일반적으로 수준기로 알려진 도구를 사용하여 잴 수 있다. 19세기 초에는 조준선을 만드는 데 경위의經緯儀를 사용했고 측정값을 기록했다. 이를 측량사가 사무실에서 종이 위에 평평한 지도로 변환했다. 경위의를 설치할 때는 경위의의 회전축이 수평 원의 평면과 직각이 되어야 한다. 어떤 기술을 사용하든지, 경위의의 '수평'은 매우 중요하다. 경위의와 수준기의 전자 버전은 1960년대에 많이 사용되었지

만 원칙은 그대로 남아 있다.[59]

위성의 센서를 사용하여 우주에서 지구를 보는 능력은 표면 고도를 측정하는 새로운 지평을 열었다. 항공촬영에 적용되는 것과 같은 기본 원리를 적용하여, 고급 우주선 열 방출 및 반사 복사계ASTER, Advanced Spaceborne Thermal Emission and Reflection Radiometer에서 생성된 데이터로부터 밴드에서 디지털 이미지를 생성하여 디지털 표고 모델DEMS,

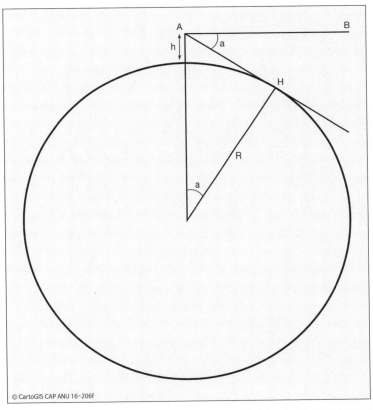

© CartoGIS CAP ANU 16-206f

알 비루니의 지구 반경 측정. 선분 AB는 접평면이고, 산의 정상과 맞닿는다. 선분 AH는 수평선에서 지구의 원과 닿아 있는 접평면이다. H는 수평, h는 산의 정상, a는 수평과의 경사각으로 지구 중심의 각과 동일하다. R은 반경이다. 이 두 개의 접평면 외에도 산 높이 h의 측정은 산의 바닥과 측정점을 통과하는 상상의 면에 의존한다. 알 비루니는 두 개의 고도를 선택했다.

Digital Elevation Models을 구축한다. 이러한 방법은 많은 이점이 있는데, 특히 단순성과 많은 DEM 제품을 무료로 사용할 수 있다는 사실 때문이다. 그러나 해상도와 공간 범위가 낮아서 지역적으로 분석하기에는 적합하지만 소규모 연구에 사용하기에는 한계가 있다. 게다가 디지털 기술이 지형 분석에서 큰 진보를 이루었다 하더라도 이들은 여전히 사각 그리드square-gridded 데이터 또는 삼각 표고 데이터에 의존하며 다양한 규모의 오차뿐 아니라 불확실성의 오차를 드러낸다.[60]

　문제의 가장 중요한 측면 중 하나를 지형학적 기울기 분석에서 찾을 수 있다. 관측과 평활화 오차는, 예를 들어 홍수와 정착 계획의 예측에 심각한 영향을 미친다. 다행히 평면의 경우 기울기 경사 측정의 오류는 평평한 지역(1도 이하)에서 최소가 되는데 수문학에서 가장 문제가 생기며, 산 지역(경사가 35도 이상)과 좁은 곡상에서 최대가 된다. 안타깝게도 곡상은 흔히 꽤 평평하지만 주변 사면과 구분하기가 어렵다. 특히 등고선이 희박한 곳의 지도에서 구분하기가 어렵기 때문에 DEMS에서 파생되는 특정 '편평도 지수'를 필요로 한다.[61]

　설계 표면과 마찬가지로 토지 평면도의 측정은 영토 또는 지도를 사각 또는 기준점 그리드로 분할하는 것부터 시작한다. 어윈 라이즈Erwin Raisz는 1948년에 이 방법을 사용하여 '평지비平地比 지도'를 제작했다. 그는 합의된 경사 아래에 해당하는 각 사각형(또는 지형도) 안 지역의 비율(퍼센트)을 계산한 후 값을 점으로 찍고 등치선을 만들었다. 라이즈는 이들 지도가 농부에게 가장 가치 있을 것으로 간주하고, 두 개의 범주로만 구분했다. 하나는 '경작하기에 충분히 평평한 토지'이고, 다른 하나는 '경사지'이다. 대안 방법으로는 격자 사각형 가장자리 주변의 등고선 교차점의 수를 계산하여 '등사等斜' 지도를 제작하고, 기본도에 그려진 직선을 따라 등고선 교차점의 수를 계산하여 '평균 경사' 지도를 제작한다. 이러한 계산은 위성 이미지가 발달되기 훨씬 이전인 1960년대에 시작된 전자 컴퓨터의 도움으로 작업이 더 쉬워지면서 더욱 인기가 높아졌고, 지형의 원시적 디지털 지도를 제작하는 데 사용되었다. 일반적으로 이러한 초기 지형 지도의 경우 대부분 고도가 동일한 지역은 공백으로 남겨졌고, 경사와 볼록한 정도를 계산할 수 없었다. 이들은 '평평한' 지역이었고 비어 있음과 불변성이 특징이었다.[62]

지형학자들은 경사보다는 기복량relative relief, local relief을 측정함으로써 종종 정확도가 떨어졌다. 기복량은 토지 단위에서 최저점과 최고점 간의 차이를 의미한다. 이 측정을 등고선 지도에서 직접 수행할 수 있다. 예를 들어 1940년대의 한 시스템은 15미터 이하의 기복량은 '평평한 평야', 15~45미터 이하는 '완만한 평야', 45~90미터 이하는 '기복이 있는 평야', 90~150미터 이하는 '거친 개석 평야'라고 불렀다. 이와 유사하게 '플로어플레인floorplain'은 하계망에서 하천 표면 위로 15미터 이하로 솟아 있는 지형을 말한다. 지형학자 아서 N. 스트랄러Arthur N. Strahler는 경사와 표고를 결합했지만 이는 주관적인 관점에서였다. 그는 평야를 단순히 '표면이 거의 평평하거나 완만한 경사가 지고, 표고가 낮은 지대'로 정의했다.[63]

지리학자의 가장 큰 난제는 적은 수의 유형과 분류를 사용하여 지형을 객관적으로 나타내는, 대륙 또는 전 세계와 같은 매우 큰 지형의 지도를 만드는 일이었다. 여기에 평면은 분류 시스템에서 비교적 최근에 포함된 개념이다. 지도 제작자 에드윈 H. 해먼드Edwin H. Hammond가 1950년대에 해결책을 제시하고 여덟 가지 지형 유형을 발견했는데, 그중 첫 번째를 '거의 평평한 평야'로·이름 붙였다. 이러한 분류체계에서 해먼드는 가장 중요한 특징이 기복량, 종단면, '편평성'이라고 결론지었다. 그는 '편평성'이 '일부 선택된 경계값보다 적은 경사도를 가지는 주어진 지역의 일부로서 놀랍도록 유용한 방법으로 표현'될 수 있다는 것을 발견했다. 이 목적을 위해 해먼드는 '거의 평평한 땅'을 8퍼센트 또는 4.6도보다 적은 완만한 경사로 보았다. 이 북아메리카 지역의 지도에서 '완만한 경사와 불규칙한 평야'와 함께 '거의 평평한 평야'는 거대한 대륙의 중부 지역을 거의 대부분 차지하고 있었고, 이는 플로리다 주의 90퍼센트였다. 해먼드는 남아메리카 지도도 제작했다. 이 지도에서는 거대한 하곡에서만 '거의 평평한 평야'가 보였다.[64]

1960년대에 해먼드는 '평야'를 90미터 이하에서 '낮은 기복이 합쳐진 완만한 경사의 땅이 지배적인 지역'으로 정의한 자연지리학 문헌을 썼다. 좀 더 극단적인 '평평한 평야'의 분류에서는 30미터 이하의 기복량을 가진 지역의 80퍼센트 이상을 '완만한 경사'로 정의했다. 아마도 '완만한 경사'는 초기 작업에서 해먼드가 발전시킨 일반적인 측정과 부합하려는 의도였을 것이다. 다양한 '토지 표면 유형'을 보여주는 세계지도에서는 일반화로 인해 플로리다가 100퍼센트 '평평한 평야'로 나타난다. 이러한 '평야'와 '평평한 평야'의 측정이 여전히 통용되고 있다.[65]

이러한 분류는 경사가 토양의 형성에 중요한 역할을 했다고 믿는 토양학자들도 사로잡았다. 예를 들어 K. M. 클레이턴K. M. Clayton은 유용한 비교 표본을 취합했는데, 여기에는 '평평한flat'과 '평평한 또는 거의 평평한almost flat'은 1도 이하의 경사이며, '평평한level'으로 설명되는 경우는 0.5도 이하의 경사를 말한다. 좀 더 일반적인 분류로는 2도 이하는 모두 '매우 완만한 평평함'으로 정의하여 일반적인 침식 경관에서 '평평한flat' 지역으로 간주되는 것에 대응하고, 농업을 포함하여 실용적 목적의 '제한 없는' 범주로 분류되었다. 이러한 정의는 꽤 일반적으로 받아들여졌다.[66]

토양학에서는 지형학자 윌리엄 모리스 데이비스William Morris Davis(1850~1934)의 전통을 따라 '일반적' 지형은 평평하지도 가파르지도 않은 높낮이가 있는 것으로 가정하고 경사 기울기에 초점을 맞춘다. 이러한 원칙에서 평평한 지역은 '일반적이지 않은 것'으로 설명되는데, 이는 일련의 지층을 희생하여 점토반의 점토로서 일부 '수평'의 지나친 발달을 부추긴다.[67] 이는 근간이 되는 기복 위로 토양이 평평하게 다듬어진 충적토, 풍적토, 경작지에서 생겨난 평평한 지역도 동일하게 적용되며 물질과 구조의 균일성과 평평함과의 연관성을 뒷받침해준다. 반면 40도 이상의 경사지에는 토양이 형성되기가 더 어렵기 때문에 산비탈과 절벽이 종종 건조한 평지처럼 척박해진다.

경사각의 세계적인 분포는 무작위도 아니며 정상적으로 분포된 것도 아니다. 오히려 45도와 40도, 5도와 2도의 양극단에서 군집을 이루며 50도 이상을 절벽으로, 2도 이하를 평지로 부른다. 좀 더 넓게 보면 5도 이하의 각을 가진 표면은 '합리적인 경계 수치'로서 평평한 것으로 분류되지만 객관적인 기준은 부족하다. 경관은 또한 다른 수준의 지역 범위에서 확인 가능한(측정 가능한) 불연속성을 포함한다.[68]

미국 주州의 평면성을 비교한 통계 연구에서 지리학자 제롬 E. 돕슨Jerome E. Dobson과 조슈아 S. 캠벨Joshua S. Campbell은 땅을 보는 행위, 그리고 대중적 인지와 측정된 지형 간의 대비에 초점을 맞추었다. 이 문제를 연구하기 위해 돕슨과 캠벨은 '가까운 거리에서 인간의 인지를 모방하는 편평성의 구체적인 측정'을 구하고 있다. 이들은 조위 가시성 모델에서 측정을 도출했다. 조위 가시성 모델은 1.83미터 높이에 선 관측자가 5,310미터에서 수평선을 바라보도록 되어 있다. 이들은 지상에서 90미터 칸cell으로부터 시작하여, 광선을 따라 5,310미터까지 지속적으로, 또는 광선이 이 거리에 닿기 전에 지형의 더 높은 칸을 교차하는 경우 그 각을 측정하여 각 중심으로부터 16라디안을 투영했다. 16개 광선에 대한 결과를 절사점으로서 0.32도 각을 사용하여 '평평한 또는 평평하지 않은' 범주로 분류했다. 이 각을 선택한 이유는 '그레이트플레인스Great Plains 경관에 대한 개인적 경험'에 근거한 것이다. 이들 측정으로부터 돕슨과 캠벨은 각 광선을 평평한(1)과 평평하지 않은(0)으로 분류하는 '편평도 지수'를 계산하고, 각 칸에 0부터 16까지의 점수를 부여하여 더했다. 그 결과 이들은 '평평하지 않은(0~4), 평평한(5~8), 더 평평한(9~12), 가장 평평한(13~16)'의 네 가지로 분류했다. 16점인 칸은 모든 방향에서 평평했다.[69]

돕슨과 캠벨의 모델에서와 같이 평지를 가로지르는 경험은 대양을 항해하는 경험과 비교할 수 있다. 규모의 문제는 인지에서 매우 중요한 요소다. 따라서 바다의 표면은 '물방아용 저수지'의 평평함부터 '포효하는 40도대Roaring Forties'의 '산 같은' 파도까지 다양하지만, 대양의 파도는 물마루에서 파고까지 10미터 높이를 넘는 경우가 거의 없다. 산 같은 파도는 일시적이고 해저의 산과 계곡은 숨겨져 있다. 따라서 지구의 수면은 실제로는 매우 완만(국부적으로 평평)

하고 전체 면적의 71퍼센트를 차지한다. 매우 극적으로 보이는 육지의 산과 계곡일지라도 지구 표면에서 보면 굴곡이 거의 없다. 지구의 적도 반경은 6,378킬로미터이지만 가장 높은 지점은 8,848미터, 바다에 숨겨진 가장 깊은 지점은 1만 1,040미터밖에 되지 않아 그 차이는 고작 20킬로미터 이하이다. 이러한 기본적인 지표는 지구의 전반적인 형태를 구성하는 중력의 힘과 얼마나 크게 변동하든지 간에 비교적 보잘것없는 지질학적 힘의 증거이다. 중력은 일상에서 매우 약하게 나타나지만(예를 들어 공중으로 쉽게 공을 던질 수 있듯이) 누적 효과를 가지며 지름 500킬로미터 이상의 물체 모양을 결정한

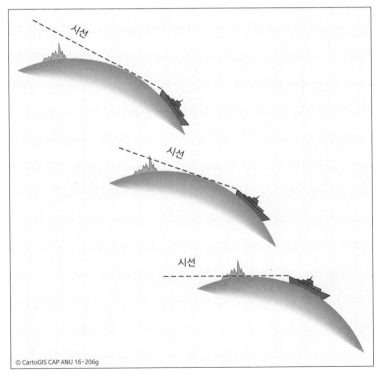

© CartoGIS CAP ANU 16-206g

바다에서의 가시성.

다.[70] 그 결과는 구형의 우주이다.

　이것이 얼마나 사실에 가깝든지 간에 대부분의 사람이 살고 있는 땅 위의 일상에서 우리는 여전히 국부적인 경관을 평평한 것으로 인식하고 이것을 국가, 심지어 대륙으로까지 확장한다. 그 결과 우리가 공간에 대해 갖는 가짜 인식과 완벽한 평면을 수립하려는 우리의 능력 간에 충돌이 일어난다. 평면은 '산' 또는 '계곡'이라고 이름 붙일 수 있는 지형적 특징이라기보다는 특질이다. 게다가 산, 계곡, 절벽, 평야, 강, 폭포, 바다는 모두 크고 계속되는 표면, 지구, 대기 외층에 속해 있기 때문에 이러한 '특징'을 확인하고 측정하기 어렵다.[71]

　평면성은 특히 존재론적 문제를 제시한다. 우리가 평야와 산에 '평야'와 '산'이라고 이름 붙이는 것이 유용하다고 동의하는 한 평야와 산이 실제로 존재한다고 말할 수 있는지 여부는 중요하지 않다. 평면이 없거나 결여되어 있다고 이해되는 경우 진짜 존재를 거부하고 단순한 공백, 즉 '비어 있음'으로 나타날 것이다. 그러나 객체로서가 아닌 속성으로서 이해하면 평면성은 물리적 세계와 이 세계에 살고 있음을 인식하는 방식으로 유용하고 측정 가능한 영역이다. 이들 인식은 또한 삶의 의미와 우주의 기원에 대한 인간의 사고에 상당한 영향을 미쳤다. 평면성은 모양을 갖추어야 하는가, 아니면 원시적인가?

# 제3장
# 지구는 정말로 둥글까?

평원에서 보면 땅이 하늘과 선명한 검은 선을 이루며
너무나 규칙적인 형태로 만나서 구약성서의 언덕과 골짜기보다
기하학에 관심이 더 많은 어느 창조자가 그려놓은 것처럼 보인다.
질 커 콘웨이, 1989년[1]

우주 전체에 걸쳐 어떤 천체의 지형학에서 가장 중요한 요소는 표면 중력이다. 표면 중력은 그 천체의 질량과 직접적인 함수관계가 있다. 따라서 아주 장기적으로 보면 항상 구형, 우리가 육안이나 망원경으로 볼 수 있는 무언가를 향하는 경향이 압도적이다. 우리가 가장 큰 천체들(질량이 가장 큰)의 표면에 서 있을 수 있다면 드넓게 펼쳐진 평면이 눈에 들어올 것이다. 그러나 우주탐사선에서 가까이 살펴보면 구멍이 숭숭 나 있고 울퉁불퉁해서 표면이 훨씬 더 다채로워 보일 것이다. 이런 다양한 형태는 많은 지역적 요인이 작용해서 나타나며 평면으로 향하는 장기적인 움직임과 천체가 필연적으로 지니는 구형을 일시적으로 무시한다. 우주에서 보면 지구는 거의 완벽하게 둥글고 매끄러운, 단단하고 독립적인 물체로 굳건히 자리 잡고 있다. 그러나 이것은 최근 들어서야 나타난 독특한 시각이다. 인류

역사의 대부분 기간에 인간은 하늘을 올려다보며 우리가 사는 지구를 이해하려고 애썼다.

## 창조 신화에 나타난 세상의 모습

인간이 처음 자기가 사는 세상의 형태를 깊이 생각하고 그 기원을 궁금해하기 시작했을 때 대개 세상이 평평하다고 가정했던 것으로 보인다. 이렇게 믿었다는 직접적인 증거는 없지만 아직 남아 있는 수많은 창조 신화와 더불어 더 많은 고대 사상을 시사해주는 민족지학적 증거들에서 이러한 추론이 가능하다. 인도에 관해 알려진 최초의 자료(기원전 2000년 말에 나온 경전 베다)는 우주가 원래 세 부분으로 이루어진 통일체인데 신이 지구, 우주, 하늘로 나누었다고 보았다. 그러나 고대와 중세 초기(5~9세기) 인도에서 편찬된 산스크리트어 문헌들은 지구를 달걀 모양의 우주 중심에 위치한 '평평한 원판'이라는 설명을 제시했다. 이 모형에서 지구는 지름이 약 50억 킬로미터에 이르렀고 갖가지 존재가 바글거렸다. 이런 이미지와 함께 인도의 천문학자들은 지구가 중심인 우주를 '과학적으로' 상상했지만 신화와 엄격하게 분리되지 않은 착상이었다.[2]

중앙아프리카의 신화들은 지구가 "깔개처럼 펴지고 있다"고 언급하거나, 언덕이나 골짜기가 만들어지기 전에는 평평하다고 가정했다. 이와 비슷하게, 성서의 시편 작자는 야훼가 "땅을 물 위에 폈다"(시편 136장 6절)고 썼다. 코란에는 "우리가 땅을 (융단처럼) 펼쳤다. 그 위에 산을 단단하고 움직일 수 없게 놓았다"라는 구절이 나온다. 융단의 이미지가 반복적으로 사용되고 영구적인 산들은 땅을 고정시키는 추 혹은 못 역할을 했다. 그리고 "그대가 다양한 길을 다닐 수 있도록 땅을 평평하게 고른 분은 신이었다".[3]

어떤 사람들은 창세기가 에덴동산의 완벽한 풍경을 모래땅의 오아시스나 풀이 우거진 융단 혹은 잔디밭으로 본다고 주장한다. 에덴동산이 하늘에 더 가까운 고원이나 강들이 흘러나올 수 있는 장대한 산에 가깝다고 생각하는 사람들도 있다. 많은 학자가 고대 수메르인들의 지형학과 신화, 그리고 호메로스의 『오디세이』에 나오는 엘리시온 평야와의 연속성을 지적한다. 중세의 작가들은 산 모형이 더 설득력 있다고 생각했다. 13세기에 알렉산더 네캄Alexander Neckan은 "지상낙원은 달에 닿는 산꼭대기에 있었기 때문에 홍수를 피했다"고 주장했다. 14세기에 단테의 『신곡』은 지구 표면에서 가장 높은 지점인 연옥Purgatory의 산꼭대기에 지상낙원을 두었다. 지도 제작자들은 세계지도를 만들면서 천국의 위치를 어렵지 않게 찾았다. 일반적으로 '동방'의 어딘가였고 때로는 섬에 위치했다. 기독교 신학에서 낙원은 하늘과 점점 더 가까운 위쪽(더 높은 면)으로 올라가다가 결국 영혼이 올라가거나 날아가야 하는 기독교의 천국 개념에 정착했다. 18세기까지도 지상낙원이 실제로 존재한다고 믿었던 사람들은 대개 대홍수가 미치지 못한 높은 산들의 가장 높은 곳에 있다고 생각했다. 심지어 천국이 브라질에 있을 수 있고, 신이 그곳에서 인간을 창조했으며, 거기에는 대홍수가 발생하지 않았다고 생각하기도 했다.[4]

지구의 표면을 평평하다고 이해하면 다음과 같은 어려운 질문에 부딪힌다. 지구는 어떻게 안정성을 유지했을까? 또 일출과 일몰,

별들의 움직임을 어떻게 설명할 수 있을까? 하늘이 신화 작자들을 사로잡은 것은 날씨가 맑은 날에 (지금은 대부분의 장소에서 보기 드물지만) 하늘을 쳐다보는 사람들에게 별들이 쏟아질 듯 밝게 빛나고 꽤 가까이 있는 듯하지만 그래도 닿을 수 없는 미지의 존재였다는 점이 한몫을 했다. 반면에 지평선에서 땅과 하늘이 만나는 것처럼 보이는 현상이 착각이라는 것은 땅을 조금만 돌아다녀보아도 알 수 있었다. 그러자 둥글게 펼쳐진 듯 보이는 창공과 근본적으로 평평해 보이는 땅 역시 착각일 수 있다는 가능성이 생겨났다. 많은 문화에서 택한 솔깃한 해결책은 지구가 바다에 떠 있는 원반이고 단단한 반구로 덮여 있다고 상상하는 것이었다. 이런 지구 중심 모형에서 평평한 땅은 안정적으로 고정되어 있고 천체들이 하늘을 가로질러 이동했다. 이 모형의 주된 목적은 진짜 미스터리인 지구와 하늘 간을 설명하는 것이었다. 이것은 신 혹은 공간의 기원에 관한 문제가 아니라 인지된 우주에 관한 수수께끼였다. 물질이 생기려면 창조 행위가 필요하지만 공간은 그냥 한없이 그 자리에 있다. 공간은 창조되어야 하는 무언가가 아니라 기정사실로 취급된다. 이러한 이해는 평면 개념이 당연시되는 데 기여했다.[5]

우주의 기원에 관한 어떤 이론들은 물질들이 카오스 상태로 먼저 존재했다고 추정한다. 이런 상태에서 하늘이 먼저 땅에서 분리되어야 했고, 땅은 때로는 단단하지만 대개 바다와 늪으로 완전히 덮인 물기 많은 표면이라서 당연히 평평했다. 혹은 하늘과 땅이 지평선까지 뻗은 한 쌍의 거대한 원반 모양과 비슷할 수도 있었다. 또한 분리가 여러 번 일어났을 수 있다. 예를 들어 바빌론의 신화에서는 땅의 상층(인간이 거주), 중간층, 저층에서 분리가 이루어졌고 이 층들은 하늘의 층들과 상응했다. 다른 창조 신화들은 우주적이다. 신이 무에서 우주를 창조하기 전에 텅 빈 공간이 존재했다는 것이다. 그러나 이 신화들에서도 창조는 아버지 하늘과 어머니 대지의 분리 혹은 결합으로 시작되었다. 혹은 하늘로부터 한 존재가 물로 뛰어들어 원시의 물에서 지구를 끌어올려 섬처럼 떠 있게 했을 수 있다.[6] 때로는 다양한 신화 모형들이 결합되었고, 그 과정에서 신들이 탄생하거나 창조될 수 있었다. 어떤 사회에는 서로 다른 정치적 혹은 종교적 목적으로 지어낸 다수의 창조 신화가 있었다.

중앙아메리카의 초기 마야인들은 자신들의 세계 전체를 신성시하여 지형부터 숫자, 조상에 이르기까지 수많은 것에 신이 존재한다고 생각했다. 마야인들의 '개념적 코스모그램'(우주론을 묘사하는 평면의 기하학 도형 - 옮긴이)을 지배한 역법曆法이 이런 믿음을 주도했다. 마야인들의 코스모그램에는 천공에 13층, 지하에 9층의 세계가 존재하는데 각 층이 신으로 인격화되고 면으로 구조화되어 있다. 우림에 사는 사람들답게 이 면들은 대개 거대하고 성스러운 나무를 오르는 모양으로 도식화되고, 이곳에는 역법의 '공간화'에 의해 시간뿐만 아니라 공간까지 지배하는 존재와 힘들이 거주한다. 천공의 상층부와, 죽음과 밤의 지하 세계 사이에는 '거대한 수평면인 땅'이 위치하며 땅 표면은 괴물 신이나 거대한 호수를 떠다니는 거북이로 표현되기도 한다.[7]

어느 곳이든 사람들은 자신들이 사물의 중심에 위치한다고 생각했다. 대부분의 사람은 상당히 제한된 영토, 작은 세계에서 살았다. 넓은 영토를 가진 국가의 국민들(중국인 포함)조차 오랫동안 자민족 중심주의를 유지했다. 따라서 지평선은 원으로 가장 잘 표현되었

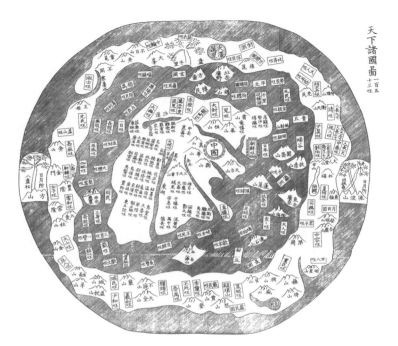

「천하제국도」.(조선, 1750년경)

고, 마찬가지로 원이 우주의 형태를 나타냈다.[8] 계절의 순환은 절기를 구분하고 기본 방향을 확인하는 데 도움이 되었지만, 지역적 수준에서 보면 이런 개념은 중요하지 않았다. 그러한 이해가 지구가 구형이라는 개념과 필연적으로 이어지지는 않았기 때문에 평평한 지구 모형이 아주 오랫동안 이의 없이 받아들여졌다.

진보적 사상가들로 여겨지는 그리스인들은 기원전 6세기까지 이 모형을 고수했다. 그리고 이 모형은 초기 추상기하학이 등장했어도 살아남았다. 그리하여 그리스인들에게 물리학의 창시자로 인정받는 밀레토스의 탈레스Thales of Miletus(기원전 625년경)는 지구가 물에서 생겨나서 물로 돌아간다고 믿었다. 아리스토텔레스에 따르면 탈레스는 물을 영원한 것(따라서 신으로 가득 찬 신성한 것)이라고 보았고 지구가 바다 위를 떠다니는 통나무처럼 물 위에 떠 있다고 생각했다. 하지만 탈레스의 제자들은 지구, 그리고 달과 별을 공기로 둘러싸인 평평한 천체로 보았고, 이 천체들은 자연히 아래로 떨어지지만 납작한 나뭇잎들처럼 "평평함 때문에 위로 올라갈 수 있다"고 생각했다. 이것은 지구가 중심을 차지하지 않은, 바뀌기 쉬운 우주론이었다. 탈레스가 기하학의 기초를 쌓으면서 이집트의 토지측량법에 의존했던 것처럼 일부 개념들은 메소포타미아인들과 유대인에게서 빌려왔을 수 있다.[9]

지구가 평평하지 않고 구형이라는 사실을 관찰할 만한 현실적이고 효과적인 근거들이 있다. 바다에서 배와 섬들이 수평선 너머로 사라질 때 돛대 꼭대기와 산봉우리가 가장 마지막까지 보인다. 그리고 바다의 평평한 수면과 드넓은 초원은 각각 수평선과 지평선에서 곡선을 이루는 듯 보인다. 산이 높을수록 시야가 더 넓어진다. 이 문제의 해답을 찾는 것은 창조론에서 크게 어렵지 않았다. 창조론자들은 생명의 등장이라는 골치 아픈 문제에 항상 훨씬 더 많은 관심을 두었다. 사실 원과 구는 모든 기하학적 도형에서 가장 완벽한 형태(단순하고 완전한 평면을 뛰어넘는)로 보였기 때문에 창조주가 우주의 모든 요소와 그 움직임에 이 형태들을 적용했다고 믿으면 이치에 맞아 보였다. 어쨌거나 구는 부피당 표면적이 절대적으로 최소일 뿐 아니라 그 자체가 공간을 에워싸고 있다는 점과 놀라운 안정성 면에서도 독특한 형태다. 구는 지구뿐 아니라 빗방울이나 단세포생물의 형태이기도 하다.

기원전 350년경에 플라톤은 지구는 신이 창조했으며 흙, 물, 공기, 불, 영혼으로 이루어진 지적인 개체로 모든 형태 중에서 가장 완벽하고 아름다운 구형을 띠고 있다고 말했다. 천문학적 문제(천체들의 움직임을 어떻게 설명할 것인가)는 움직이지 않는 구형의 지구가 우주의 중심에 있고 그 주위를 둘러싼 일련의 동심구들 위에 모든 천체가 놓여 하늘 축의 둘레를 매일 돈다고 설명함으로써 썩 만족스럽지는 않지만 해결되었다. 아리스토텔레스학파는 관찰된 사실들을 설명하기 위해 이 동심구의 수를 50개 이상으로 늘렸다. 에라토스테네스 시대에 지구의 크기는 굉장히 정확하게 계산되었지만 우주의 크기와 형태는 여전히 수수께끼로 남았다.[10]

고대 중국에서는 상충되는 세 가지 모형이 공존했는데, 각각 서로 다른 우주론 학파와 관련되어 있다. 아마도 중국에서 가장 오래된 우주관은 하늘이 '뒤집어놓은 그릇' 모양의 지구를 덮어 양자가 동심구적인 두 개의 반구를 이룬다고 이해한 개천설蓋天說일 것이다. 이 모형에서는 둥근 하늘이 바다 가장자리에 떠서 회전한다. 혼란스럽게도 이 학파는 '하늘은 펼친 우산처럼 둥근 반면에 땅은 장기판처럼 사각형'이라고 주장했다. 그러나 혼천설渾天說(천구) 학파는 하늘이 땅을 둘러싸고 일주운동을 한다고 보았고 땅이 평평하고 네모난 모양이 아닌 구형이라고 분명하게 지적했다. 기원전 15세기 그리스인들의 생각과 비슷한 이 이론은 중국에서 지배적인 우주관이 되었다. 1~2세기에 등장한 세 번째 이론은 우주를 무한한 빈 공간으로 시각화했고 천체들이 어떤 동심구와도 연결되지 않고 우주 속에 떠 있다고 보았다. 이 이론은 진보적인 개념이었지만 도교의 태허太虛 개념과 연결되어 있다. 이 모형에서는 소위 중심적 위치라는 지구가 광대한 우주에서 점점 무無로 줄어든다.[11]

## 평탄해 보이는 우주

많은 우주 모형은 공간 동질성이 우리의 시야를 넘어 영원히 확장한다고 가정한다. 오늘날 가장 널리 받아들여지는 우주 모형은 천문학적 관측을 바탕으로 우주를 "평탄하거나 평탄함에 매우 가깝다"고 본다. 그러나 이 맥락에서 평탄함이란 우주가 2차원 혹은 평평한 표면을 가지고 있다는 뜻이 아니라 우주 전체의 규칙이 동일하다는 의미다. 기본적인 불변 원칙은 유지되지만, 이 문제를 다른 식으로 생각해볼 필요가 있다. 아인슈타인이 보여준 것처럼 중력의 불균등 때문에 지역적인 작은 차이는 존재하지만 이 모형에서는 '평면기하학'으로 설명되는 '평탄한 우주', 유클리드 기하학의 규칙들이 적용될 수 있는 우주에 관해 이야기하는 것이 가능하다. 여기에서 우주의 상수 공간 곡률 k의 값은 0이며, 이는 우주가 모든 지점에서 똑같아 보여야 하기 때문에(그리고 가장자리가 없기 때문에) 무한하다는 의미다.[12]

그러나 비유클리드 기하학은 k의 값이 평탄한 우주의 0이 아니라 양수나 음수일 수 있다고 나타낸다. k가 양수일 경우 구면기하학을 따른다. 구면기하학에서는 등방성(어느 지점에서나 동일해 보임) 가설이 적용되고 가장자리는 없지만 표면의 면적이 한정되어 있다. 이 표면에서 우리는 항상 출발 지점으로 되돌아올 것이다. 삼각형 내각의 합이 180도를 넘고, 경선들이 직선이며 적도에서는 평행하지만 극에서 만난다. 이러한 유한한 체계는 '닫힌 우주'라고 불린다. 이 모형을 처음 제시한 사람은 프랑스의 수학자 앙리 푸앵카레다. 푸앵카레는 '곧은 선'들이 직선으로 나아가지 않고 비유클리드 '평면들'

이 교차할 수 있는 우주를 생각할 수 있다고 주장했다. 최근 마이크로파 우주탐색기에서 도출한 데이터가 이러한 '푸앵카레의 십이면체 우주론'을 뒷받침해주지만 사물이 규모에 따라 다르게 보인다. 그리고 우리가 '작은 닫힌 우주'에서 살고 있는지, 혹은 셀 수 없이 많은 거품 중에서 하나의 팽창하는 거품을 차지한 것뿐인지라는 의문이 남는다. 혹은 k가 음수라면 쌍곡기하학(말안장 모양)이 적용된다. 쌍곡기하학에서는 공간이 '음의 곡률'을 가지고 평행선이 수렴하지 않고 발산하며 삼각형 내각의 합이 180도보다 작아 '열린 우주'가 만들어진다.[13]

k의 값이라는 문제 외에도 시간에 따른 이 값들의 안정성 문제도 있다. 우주의 현재 에너지 밀도는 '고르다'(물질이 지배하는 우주 모형에 부합한다)고 관찰되는 반면에 빅뱅 이론은 우주 진화의 평면 모형에서 점차 벗어날 것을 요구하여 그 기하학이 불안정함을 암시한다. 따라서 우주론의 '평탄성 문제'는 다음과 같이 묻는다. 왜 우주의 초기 에너지 밀도가 그렇게 정교하게 조정되어 임계값 k=0과 같거나 거의 동일한가? 한 가지 가능한 해답은 관찰로 알게 된 평면기하학에 따라 우주가 창조되었고 그것이 내내 지속된다는 것이다. 1980년대에 처음 제기된 '팽창inflation' 이론은 또 다른 해답을 제시한다. 이 모형에서는 초기의 우주가 엄청나게 가속화된 팽창 시기를 겪고, 기하학이 평면에 매우 가까워져 k가 0에 육박했을 때에야 끝난다. 그러나 평탄성 문제는 여전히 남아 있다.[14]

시간이라는 문제는 많은 고대사회의 우주론과도 관련되어 있다. 이 우주론들에서는 '수평 우주'와 생명 자체가 '끊임없는 시간의 흐름'의 일부로만 이해될 수 있다. 예를 들어 인류학자 미겔 레온 포르티야Miguel León-Portilla에 따르면 마야인들은 시간과 공간을 '동질적 실체'로 여기거나 적어도 "시간에서 분리된 공간은 상상조차 할 수 없다"고 믿었다. 시간이 없으면 어떤 것도 의미가 없고 '원시의 암흑'으로 되돌아가게 될 것이다. 이 모형들에서 시간은 천체의 운동과 평평한 지구에 투영된 변화에 따라 공간에서 표시된다. 풍경을 신성하거나 초자연적인 지형으로 채우는 것은 시간의 흐름이다.[15] 이 모형들은 16세기와 17세기에 서구에서 발달한 태양 중심 체계나 천공에 투입했을 때도 절대적으로 보이는 아이작 뉴턴의 포스 벡터force vectors에 의해서도 크게 방해를 받지 않는다. 더 동요를 일으킨 문제는 시간과 공간이 동일한 것일 수 있다는 개념이었다.

물리학에서 아인슈타인은 단일화된 4차원의 시공간, 즉 모든 장소와 모든 시간을 나타내는 사건들의 '블록'만 존재하는 블록 우주block universe 개념을 탄생시켰다. 이 우주에는 과거나 미래, 위나 아래가 없다. 모든 것이 동시에 일어난다. 우리가 인지하는 것과는 철저하게 다른 세계다. 따라서 물리학자들이 이 4차원 세계의 실재나 그 모습에 동의하지 못하는 것도 놀라운 일이 아니다. 물리학에서는 물질세계에 대한 3차원적 묘사와 4차원적 묘사 모두 학문적으로 일치하고 호환하여 사용할 수 있다. 관찰 가능한 세계는 '평평한 3D 공간'이 아니지만 과거에서 오는 빛을 포함하고 있기 때문이다. 우리는 먼 곳을 볼 때 과거를 보고 있다. 이것이 우리가 관찰 가능한 우주다. 예를 들어 우리가 보는 태양은 약 8분 전의 태양이다. 태양이 갑자기 폭발해 존재하지 않게 되더라도 우리는 우리의 현재에서 태양을 볼 것이다. 여기에 뉴턴 물리학의 절대현재absolute present가 있다. 절대현재 내에서 우리가 세계를 3차원 형태로 관찰할 수 있는 '광원뿔light cone'은 시간이 0이고 세계가 '본질적으로 평평한 평면 초극면flat hypersurface'을 형성한다. 그러나 우리가 이러한 '평면기하학'을 버리고 가우스 곡률Gaussian curvature을 허용한다면 광원뿔의 초극면이 4차원으로 휘고 관찰 가능한 세계가 '본질적으로 곡선'을 이룬다.[16]

관찰 가능한 우주 내에서 대부분의 은하는 본질적으로 단 두 개의 유형, 즉 탄생 신화와 고대 과학에서 발견되는 대표적인 모형들과 일치하는 원반과 구의 유형에 속한다는 것이 놀랍다. 첫 번째 유형의 은하는 나선 팔로 이루어진 납작한 원반 같은 모양이다. 그보다 더 많은 것이 타원형 은하인데, 그중 많은 은하가 구형에 가깝다. 이런 형태에 대한 지식은 18세기 말에 천체 관측을 통해 처음 정립되었지만, 우리 은하가 독특하기보다는 전형적인 형태이고 태양계가 그 중심에 있지 않다는 것은 1952년이 되어서야 입증되었다. 이제 우리는 우리 은하가 가시적인 우주의 무수한 은하 중 하나일 뿐이고 지름은 약 10만 광년이지만 두께는 1,000광년에 불과한 평평한 원반 모양으로 특징지어지는 '은하면'이라는 것을 알고 있다. 우리 은하의 평평함은 태양계와 형태를 공유한다.[17]

우주의 '평평함'에 관해 생각할 때 규모의 문제로 돌아가면 유용하다. 국지적 관점에서 보면 바로 우리 주변의 세계는 한결같거나 무질서해 보이고 매끄럽거나 거칠어 보일 수 있다. '우주 원리cosmological principle'는 거시적으로 보면 우주의 모든 곳이 흡사해 보인다고 주장한다. 우주가 매우 동질적이고 등방이라는 것이다.[18] 이 원리는 평탄성 문제에 대해 팽창우주론이 제시하는 해답과 깔끔하게 맞아떨어진다. 또한 우리가 거칠게 부딪치는 국지적인 파도나 지구의 만곡부가 아니라 바다의 잔잔한 일부분만 볼 수 있을 때는 해수면이 평평해 보이는 것처럼 우리가 관찰할 수 있는 우주가 평평해 보인다는 개념과도 잘 맞는다. 관찰 규모에 따라 육지 표면에도 같은 원칙이 적용된다.

## 지구평면설

지구가 우주의 중심이 아니라 우주를 구성하는 수많은 구형 천체 중 하나일 뿐이라는 사실이 발견되었어도 지구평면설은 사라지지 않았다. 이 이론들 중 일부는 종교 사상과 창조 신화에 뿌리를 두고 있었지만 일반적으로 과학과 객관적 관찰에서 증거를 찾으려 했다. 현대의 창조론자들은 진화 모형에 맞서 생명을 설명하는 문제에 계속 초점을 맞추느라 땅의 형태에 대해서는 많은 관심을 기울이지 않았고 지구평면설을 거의 채택하지 않았다. 마찬가지로 현대의 기후변화 회의론자들도 세계가 평평하다고 주장하지 않는다. 연관성은 없지만 창조론자들과 기후변화 회의론자들은 당연한 것을 받아들이지 않으려는 고집 때문에 비유적으로 '지구평면론자'라고 불리곤 한다. 이러한 비유가 가능한 것은 이 믿음이 미개할 뿐 아니라 공간의 기본 개념이 평면론에 내재된 심한 무지와 명청함을 확인하는 데 효과적이기 때문이다.

고대에 지구가 구형으로 인식되고 오랜 세월이 지난 뒤에도 중세의 '지식인들' 사이에 지구가 평평하다는 개념이 남아 있었다는 주장이 가끔 제기된다. '저속한' 의견이 '아치형 하늘이 드리운 평평한 땅이라는 분명한 사실'을 부정하기는 힘들었던 한편, 사람이 사는 세계는 구형이 아니라 그저 절반으로 나뉜 구의 윗부분이며 바닥이 평평하다는 주장이 가끔씩 나왔다. 일부 역사학자들도 약 300년부터 1300년까지 고전적 해답에서 후퇴한 현상을 확인하고 이를 기독교적 무지와 연결시켰다. 이 신화의 중심에는 지구평면설이 틀렸음을 증명하려고 항해에 나섰다고 이야기되는 크리스토퍼 콜럼버스가 있다. 그러나 지금은 이런 설이 중세(적어도 7세기) 지식인들의 지리학 지식을 정확하게 설명하지 않으며 소수 기인들의 글을 지나치게 강조한 9세기의 역사가들이 꾸며낸 것이라는 생각이 받아들여지고 있다.[19] 유럽, 중국, 태평양의 섬들에서 장거리 여행에 나선 사람들은 수평선을 향해 출발할 때 자신들이 무엇(바다가 얼마나 큰지, 땅이 얼마나 큰지)을 만날지 알지 못했지만, 지구 가장자리에서 아래로 떨어지거나 무한히 펼쳐진 평평한 바다를 항해할 것이라는 이론들에 의해 설득된 경우는 드물었던 게 분명하다.

중세 시대 내내 라틴어와 그리스어로 된 우주론 문헌은 주로 유럽의 학자들과 성직자들만 보았고 이론적 논쟁(지구가 네모라는 개념 포함)이 13세기까지 지속되었다. 자국어로 된 글(연애소설과 연대기)을 읽을 줄 아는 사람들은 세계를 T-O 지도처럼 세 부분으로 나뉜 평평한 원으로 상상했다. O 안의 T에 의해 생기는 세 부분을 아시아, 아프리카, 유럽이 차지했고 원의 바깥 띠는 바다였다. 글을 못 읽고 들을 줄만 아는 사람들은 대부분 세계가 평평하다고 상상했다.[20] 여행을 다니지 않는 전 세계의 많은 사람이 경험적으로 세계가 평평하다고 생각했다고 주장할 수도 있다. 지구가 구형이라는 증거가 명명백백해졌을 때도 의심하는 사람들은 여전히 있었다.

종교 사상은 지구평면설이 존속되는 데 중요한 역할을 했다.

19세기에 과학적 지식의 타당성, 특히 성경과 모순되는 것처럼 보이는 부분에 관한 더 광범위한 논쟁의 일부분으로 지구평면설을 둘러싼 논란이 되살아났고 점점 더 전문화되는 활동으로서의 과학의 지위에 이의가 제기되었다. 영국에서는 성경에 대한 글자 그대로의 해석을 둘러싼 논쟁에 과학자들을 끌어들인 새뮤얼 로보텀Samuel Rowbotham(1816~1884)으로부터 근대 운동이 시작되었다. 로보텀은 패럴랙스Parallax라는 가명으로 쓴 『의심하는 천문학 : 지구는 구체가 아니다!Zetetic Astronomy: Earth not a Globe!』(1865)에서 지구가 북극이 중심에 있고 끝없는 얼음벽으로 둘러싸인 움직이지 않는 평평한 원반이라고 주장했다. 로보텀은 지구가 볼록하다는 주장을 부인하기 위해 평평한 펜스Fens 지역에 있는 올드 베드퍼드 운하Old Bedford Canal의 직선 구간 10킬로미터를 따라 수행한 실험(베드퍼드 높이 실험)과 수학적 계산을 바탕으로 우주 모형을 제시했다. 로보텀은 또한 창세기의 자구적 해석을 받아들여 지구가 6일 만에 창조되었고 지구의 나이는 6,000년이 되지 않았으며 곧 불길에 휩싸일 것이라고 믿었다.[21]

패럴랙스는 영국을 돌아다니며 대중 강연을 펼쳤는데, 종종 조롱을 당하고 마을에서 쫓겨나기도 했다. 하지만 제자와 유명세도 얻었다. 1870년대에는 과학계에서 이 문제에 관심 있는 사람들, 특히 앨프리드 러셀 월리스Alfred Russel Wallace가 대중 논쟁에 뛰어들었고, 심지어 수면이 볼록하다는 쪽에 내기를 걸기도 했다. 지구평면론자들이 패했지만 그들은 '과학'을 인정하려 하지 않고 자기들의 입장을 고수했다. 지구평면론자들은 의심을 '자유로운 탐구'로 이해했고 엘리트 과학의 권위에 의문을 제기하는 것이 중요하다고 강조했다. 근본적으로 이들의 목표는 새로운 과학적 지식, 특히 천문학, 지

올랜도 퍼거슨의 「네모나고 정지된 지구의 지도」.(핫스프링스, 사우스다코타, 1893년) '지구구형설이나 움직이는 지구, 지구를 지탱하는 것이 없다는 이론이 부적합함을 알려주는 성서 구절 400개. 이 지도는 세계의 성서지도이다'라는 부제가 달려 있다.

질학, 생물학에 맞서 성서의 글자 그대로의 진실을 수호하는 것이었다. 그래서 자신들도 정말로 그렇게 믿지 않으면서 이러한 공격을 극단으로 몰고 가기 위해 지구평면설을 받아들였다. 조직적인 지구평면주의는 1893년 영국에서 성서의 진실을 거부하는 과학의 '신성모독'을 겨냥한 보편적 의심 학회Universal Zetetic Society가 설립되면서 시작되었다. 1884년에 새로운 수학 이면의 과학을 받아들이면서도 차원적 이해에 이의를 제기했던 애벗의 『플랫랜드』를 탄생시킨 것도 이와 같은 지적 분위기였다.

　　20세기 들어 지구가 평평하다는 주장의 지지자들은 성서의 창조론적 해석을 확신하던 데서 점차 과학에 의문을 제기하는 쪽으로 바뀌었다. 회의론자들은 더 많은 실험을 했고 반박을 당하면 대개 사기와 음모라고 주장했다. 많은 사람이 뉴턴뿐 아니라 아인슈타인까지 들먹이며 중력의 실재를 거부했다. 어떤 사람들은 공간이 4차원으로 되어 있다고 주장하면서도 비유클리드 기하학의 세계에 입문하기보다는 이 차원들을 '길이, 너비, 깊이, 높이'로 확인했다. 1920년대에도 지구평면론자들은 여전히 "지구의 곡면이 관찰된 적이 없으며 유명한 비행사들이 곡면이 존재하지 않는다고 단언했다"고 주장했다.[22]

　1930년대 들어 지구평면설에 대한 지지가 영국에서 기독교 근본주의가 융성한 미국으로 옮겨갔다. 천국뿐 아니라 지옥이 존재한다는 믿음이 중력, 진화, 현대 천문학 이론에 대한 거부와 성서에서 지구가 평평하다고 명확하게 언급한 구절을 찾는 (헛된) 노력과 병행되었다. 우주 모형은 패럴랙스가 묘사한 것과 여전히 흡사했다. 큰 호수들에서 다시 실험들이 이루어졌고, 오스트레일리아 사람들은 지구에서 떨어지지 않고 똑바로 서 있을 수 있다는 사실 같아 보이는 새로운 설이 전해졌다.[23]

　우주탐사는 지구평면설에 결정적인 타격을 주었지만 이 역시 새로운 음모론을 부채질했다. 1956년 런던에 기반을 둔 '국제 평평한 지구 연구 학회IFERS, International Flat Earth Research Society'가 설립된 지 1년 뒤 러시아의 인공위성 스푸트니크 호가 지구궤도를 돌았다. 평면론자들은 달 착륙을 포함한 우주 프로그램 전체를 그저 날조라고 무시하는 대응 방식을 택했고, 지구는 중심에 북극이 있는 무한 차원의 평면 원반이라고 주장했다. 궤도 우주비행은 평평한 표면 위를 빙빙 도는 것에 불과했다. 달 착륙이 사실은 속임수라고 믿고 싶은 마음은 지구평면설에 대한 관심을 북돋웠고 과학이 신성모독이라는 비판과 다시 연결되었다. 하지만 원래부터 늘 소수이던 IFERS의 회원 수가 급감했다. 학회는 1970년대에 미국에 지부를 세웠다가 2009년에 런던으로 되돌아갔다. 미국의 타호 호Lake Tahoe에서 베드퍼드 높이 실험이 재현되었는데, 이 실험에서는 어떤 곡률도 관찰되지 않았다. 실험 결과는 〈플랫어스뉴스Flat Earth News〉에 발표되었다. 21세기에 들어서도 평면론 지지자들은 세계가 실제로 사람이 떨어질 수 있는 가장자리를 가진 원반 형태이고 남극이 거대한 산처럼 빙 둘러싸고 있다고 주장했다. 그리고 지구가 평평하다는 진실은 지구를 보기만 하면 알 수 있다고 했다.[24] 이런 주장은 엘리트 주지주의와 과학의 전문화에 맞선 회의적 접근 방식의 기본 태도이며 현실주의적 상식에 따른 대중적 정의였지만, 마침내 종교적 광신주의에서는 벗어났다.

1950년대와 1960년대에 우주 프로그램들이 실시될 때도 미국의 근본주의 기독교인들(빌리 그레이엄 포함)은 신과 인간 사이의 전통적인 상하 관계의 일부로 하늘을 하나의 '장소'로 보는 시각을 고집했고 우주를 탐사하려는 욕구를 때때로 불경하거나 심지어 신성모독이라고 생각했다. 소련 역시 냉전의 중요한 상징적 요소로 경쟁을 이용했고 소련의 우주비행사들은 천상의 낙원이 있다는 증거를 발견하지 못했다. 1970년대에 신이교주의와 세속적 환경결정론은 대지의 여신 가이아에서 새로운(아주 오래되었지만) 신성을 발견하고 가이아를 오염과 사막화에서 구해야 한다고 생각했다. 우주 프로그램들이 인간이 정착할 매력적인 장소를 발견하지 못한 결과가 대지를 생태학적으로 신성화하는 데 힘을 실어주었다. 달은 황량해 보였고 화성에는 사람이 살 수 없었다. 한때 에덴동산 같은 지구의 짝으로 생각되었던 금성은 더 부적합해 보였다. 모든 천체는 사실상 죽은

장소였다. 우주에서 보면 지구가 훨씬 나아 보였다.[25]

20세기 말에 이르러 지구평면설은 광신주의, 유토피아를 꿈꾸는 괴짜 몽상가들, 지구물리학계의 왕따들에게서 벗어났지만 유쾌하고 엉뚱한 발상이 자유롭게 표현될 기회를 제공했다. 설립되었다가 금방 사라진 오스트레일리아와 캐나다의 '평평한 지구 학회'는 코믹한 역할을 즐겁게 수행했다. 1990년대에는 사람들이 세로로 여러 배 부풀려진 미국항공우주국NASA의 비디오 영상이 사람들에게 금성이 치솟은 산과 깊은 골짜기로 이루어져 있다는 인상을 주자 여기에 반박한다는 역설적이지만 진지한 목적으로 '평평한 금성 학회 Flat Venus Society'가 필요하다는 재미있는 주장이 나오기도 했다.[26]

과학적 발견에도 불구하고 (지구의 운동 및 중력 개념과 함께) 지구가 구체라는 생각은 복잡하고 반직관적인 개념이며 단순한 직접적 관찰로는 이해할 수 없는 것이 사실이다. 유아들은 직접 경험하는 순진한 작은 세계의 모형에서 낙하의 물리학을 발견하고 자신이 기어 다니거나 아장아장 걸어 다니는 표면의 평평함과 낙하의 관계를 알게 된다. 어린아이들은 지구가 둥글다는 이야기를 들으면 때로는 고집스럽게 지구를 납작한 원반 모양으로 생각하려 하거나 세계가 사람들이 안전하게 서 있고 돌아다닐 수 있는 거대하고 평평한 단이 있는 그릇 모양이라고 생각하는 등 고대나 현대의 지구평면론자들이 제시한 것과는 다른 절충된 모형을 제시한다. 그보다 조금더 나이 든 아이들은 구형의 밑면에 있는 사람들이 왜 아래로 떨어지지 않는지 걱정한다. 그러나 오늘날 대부분의 아이들은 과학적 해석에 대한 거부감이 약해서 다섯 살쯤 되면 자신이 발을 딛고 선 자리가 안전하다는 것을 기꺼이 인정하고 지구가 구형이라는 주장을 받아들이기 시작한다. 오스트레일리아의 아이들이 이 사실을 일찍 받아들이고 유럽과 미국의 아이들이 차례로 그 뒤를 따르는 것으로 보이지만, 토착적인 초자연적 우주론이 더 오래 지속되는 지역(특히 세계를 물이 떠받치고 있는 평평한 원반 모양으로 생각하는 지역), 예를 들어 인도와 태평양 지역의 아이들은 이러한 인정이 더딘 것처럼 보인다.[27] 이처럼 세계의 모형들을 형성할 때 최근 우주에서 촬영한 지구를 볼 수 있게 된 것은 모든 사람에게 분명한 이점을 부여했으며 반대자들이 음모론에 의지하지 않는 한 아무리 직관적이라도 다른 안들을 주장할 가능성을 없애주었다.

## 풍경에 대한 다양한 관점

지표면의 지형들이 어떻게 생겨났는지, 그리고 여러 다른 지형이 어떻게 분포되어 있는지를 생각하면 평평한 장소 문제를 포함한 더 현실적인 문제에 부딪힌다. 탄생 신화들은 일반적으로 지구와 하늘의 관계나 인간의 기원에 비해 이런 문제에는 관심을 덜 기울인다. 하지만 일부 신화들은 초자연적인 동물이나 존재들이 풍경을 형성했다고 생각하는데, 이러한 신화들은 대부분 출발점이 평평했다고 가정한다. 중앙아프리카의 한 신화는 "최초의 (거인) 조상들이 괭이로 땅을 갈기 시작했을 때 평평한 땅 표면에서 산과 계곡이 생겨났다"고 말한다. 오스트레일리아 원주민들 사이에는 원래 평평하고 형체가 없는 세계가 존재하다가 아래에서부터 신화의 영웅들이 등장하여 오늘날 우리가 보는 산맥, 모래언덕, 습지, 샘, 작은 늪과

블루마블.(지구 서반구의 합성 이미지, 2000년)

같은 다양한 풍경을 만들었다는 생각이 계속 남아 있었다.[28]

　　알려진 최초의 바빌로니아 신화들 중 하나로 기원전 1200년경
에 쓰인 「에누마 엘리시Enuma Elish」는 우주가 신들(종종 고대의 다면체 기하
학에서 말하는 우주의 다섯 원소에 상응한다) 사이에 일어난 싸움의 결과로 생
겨났고 마르두크(바빌로니아 시의 주신主神)가 티아마트(바다의 신)를 제압
했다고 보았다. 마르두크는 창조적 파괴 행위로 티아마트를 죽이고
몸을 두 동강 내어 그녀의 살로 별자리와 계절을 만들었다. 그런 뒤
에 구름과 비, 강을 만들고 티아마트의 유방으로 산을 쌓았다. 그리
고 마지막으로 티아마트의 나머지 몸 반쪽 위에 땅을 만들었다.[29] 이

렇게 거꾸로 진행되는 듯한 설명은 하늘과 관련된 이야기의 거울 이미지를 형성하며, 평평하다고 암시된 표면에서 산이 만들어진 중요성을 강조한다.

토라(시나이 산에서 신이 모세에게 내린 계율로, 보통 히브리어로 된 경전 다섯 권을 가리킨다)는 천막처럼 기둥들과 단단한 하늘에 의지하는, 아마도 원반 모양일 평평한 지구를 제시했다.[30] 창세기 1장 9절에 따르면 셋째 날에 하느님이 "천하의 물이 한곳으로 모이고 뭍이 드러나라"고 하셨다. 지표면의 형성에 대해서는 더 이상의 설명이 없다. '언덕과 계곡'이 어떻게 생겨났는지는 해석하기 나름이다. 어떤 랍비는 셋째 날이 시작될 때는 땅의 표면이 물로 덮여 있는 평원이었지만 끝날 무렵에는 전 세계에 산과 언덕이 나타났다고 해석한다. 또 다른 해석에서는 원래는 평평한 표면이 아담과 이브의 죄나 카인이 아우 아벨을 죽인 죄에 대한 벌로 산지가 되었다고 상상하면서 메시아가 올 때까지 땅이 다시 평평해지지 않을 것이라고 주장했다. 혹은 대홍수가 오기 전에는 땅이 평평하고 반듯했고 산과 비 둘 다 부족했다고 주장하는 해석도 있다.[31]

성서에서는 '언덕'과 '골짜기'라는 단어가 '평원'보다 더 흔히 나오고 '산'이라는 단어가 훨씬 더 자주 사용된다. 어쨌거나 이스라엘 민족이 차지했던 지역의 환경은 그리스인들의 해안 및 해양생태계와 현저히 다른 구릉지였다. 창세기에서는 홍수로 높은 언덕과 산이 물에 잠겼다고 가장 먼저 언급된다(7장 19~20절). 평지는 바벨탑을 쌓을 적절한 터를 제공하지만(11장 2절) 성서에서 풍경을 묘사하기 위해 '평평한flat'이라는 단어가 사용된 것은 여리고 성이 무너져 내렸을 때인 여호수아서 6장 5절과 6장 20절뿐이다. 성경을 읽은 기독교

도들(그리고 일반인들에 맞게 해석된 하느님의 말씀을 알고 있는 대중)은 성경에서 산이 상대적으로 두드러진다는 것을 알아차리지 않을 수 없다. 자신이 사는 세계가 신이 창조한 풍경과 매우 비슷하고 지구가 아직 생긴 지 얼마 되지 않았다고 믿으면 땅의 형태에 대해 다른 설명을 찾을 필요가 거의 없어 보인다. 동시에 고위 성직자들이 원래의 지구가 '평평했다'고 계속 말한 것도 학식이 있는 기독교인들조차 오랫동안 지구가 평평하다고 믿는 데 기여했다. 서구 기독교 세계에서는 구원救援의 역사가 아리스토텔레스가 남긴 일부 교훈들을 망각하고 지구의 나이를 고작 6,000~7,000년으로 축소시켜 풍경을 새롭게 바꿀 변화 과정이 나타났을 만한 시간을 거의 주지 않았다. 16세기 초의 종교개혁 때까지 기독교인들은 대홍수가 죄에 대한 벌이라고 생각했을 뿐 아니라 물이 빠졌을 때 이전의 비옥한 들판 대신 산이 나타난 것이 징벌이라고 보았다.[32]

천별지이설(지구에 격변이 몇 차례씩 되풀이되어 그때마다 지표 모양이 완전히 변하고 생물이 전멸한 뒤 새로운 생물이 창조되었다는 설로, 격변설이라고도 불린다 - 옮긴이)은 평평한 표면의 형성과 맞지 않지만, 풍경이 서서히 개발될 시간을 허용하는 모형이 꼭 지구가 태곳적에 평평했다고 암시하는 것은 아니다. 대개 창조된 지표면은 달걀처럼 매끄럽다고 상상되었다. 신이 창조할 수 있는 가장 완벽한 디자인인 완벽한 원Circle of Perfection과 맞물린 개념이 인간의 머리부터 둥근 세계, 프톨레마이오스가 주장한 구형 우주에 이르기까지 모든 것에 반영되었다.[33] 이 모형을 반박한 사람이 태양이 중심인 우주 모형을 제시한 니콜라우스 코페르니쿠스Nicolaus Copernicus(1473~1543)였다. 하지만 코페르니쿠스의 주장은 기독교 유럽에서 17세기 초까지 이단으로 취급되었다. 그러다가

17세기에 이르러 무한성 개념에서 무수한 다른 우주가 창조되었다가 파괴될 수 있고 형태와 구조의 가장 느린 점진적 변화도 가능했을 시간이 허용되는 광대한 시간과 공간개념이 제시되면서 진화론적 사상이 문을 열었다.

이러한 발전에도 불구하고 우주가 원래 완벽한 원이었다는 개념과 우주가 알에서 시작되었다는 우주란宇宙卵 개념이 계속 큰 영향력을 발휘했다. 그리하여 토머스 버넷Thomas Burnet이 1681년에 라틴어로 첫 출간한 『지구의 신성한 이론Sacred Theory of the Earth』은 대홍수 이전의 지구가 "산도 바다도 없이 평탄하고 규칙적이며 균일했다"고 주장하면서 현대의 과학적 지식과 성서를 조화시키려고 노력했다. 한창 시절에 지구는 '엘리시온 평야처럼 평탄'해서 구김새나 흉한 자국 혹은 균열도 없이 비옥하고 풍요로웠고, "모든 곳이 평평하고 균일했다". 지구의 축은 기울어지지 않았고 이 낙원에서는 계절도 한결같았다. 이 모든 것을 바꾸고 오늘날 우리가 알고 있는 혼란스럽고 황폐한 지구, 산과 지하의 동굴들로 흉해진 지구를 만든 것은 대홍수(비와 지각이 파열되면서 쏟아져 나온 심연의 물)였다. 버넷은 앞으로 일어날 큰 불이 원래의 완벽한 형태를 회복시킬 것이라고도 말했다.[34]

서구에서 현대적 지질학 사상은 동일과정설同一過程說(세계의 형성은 현재는 확인될 수 없는 힘들의 산물로 이해될 수 있다는 의미)을 받아들이고 세계가 실제로는 매우 오래되었음을 이해하면서 등장했다. 이러한 생각은 아이작 뉴턴이 1860년대에 중력의 법칙을 발견하면서 가능해졌다. 중력의 법칙에 따르면 "우주의 모든 두 물체는 서로를 동일한 힘으로 끌어당기며, 그 힘의 크기는 물체들의 질량의 곱에 비례하고 그 사이의 거리의 제곱에 반비례한다". 중력의 법칙은 우주 전체에 작동하며, 뉴턴은 우주를 절대공간, 비어 있더라도 존재하는 용기容器로 생각했다. 중력은 세계상世界像의 기계화를 완성시켰고 과학의 전반적인 수식화數式化를 예고했다. 중력으로 뉴턴은 지구가 편구偏球라고 주장할 수 있었으며, 이 법칙은 특히 지구 표면이 근본적으로 매끄러운 데 대한 설명을 제시했다.[35]

비슷한 시기에 서유럽에서는 산이 숭고한, 심지어 아름다운 풍경으로 인식되기 시작하는 한편 평평함은 점차 폄하되었다. '숭고함'에 원래 '높다'는 의미가 들어 있었기 때문에 산에 대한 숭배와 잘 맞아떨어졌다. 숭고함이 자연 풍경과 우주의 광대함, 신의 창조, 아마도 '경외할 만하거나' 고귀한 형태의 아름다움을 가리키게 되었다. 아름다움은 현실성과 균형을 이루어야 했다. 따라서 모든 창조물에서 신의 손길을 보았던 존 레이John Ray(1627~1705)는 산의 이점에 많은 관심을 기울여 다음과 같이 단언했다.

현재 땅의 표면은 거칠고 흉한 모양의 산과 언덕, 곶과 바위에도 불구하고 내게는 매우 아름답고 쾌적해 보인다. 그리고 갖가지 언덕과 골짜기로 이루어진 고르지 못한 광경이지만 융기도 돌출도 없이 끝까지 완벽하게 평평한 곳보다 훨씬 더 보기 좋다.

하지만 레이는 이것은 부자연스러운 상태라고 말했다. 세계의 표면은 불가피하게 '완벽한 둥근 형태'로 되돌아가고 있고 언젠가 "바다가 넘쳐흘러 사람이 살 수 없게 된다"는 것이다.[36]

18세기에 고지高地는 가치가 점점 높아지고 숭배를 받았다. 특히 서유럽에서 더욱 그러했다. 높은 곳에 대한 세속적 시각, '높은 곳을 위한 높은 곳에 대한 흠모'가 등장해 고지와 수직성에서 기쁨을 찾았다.<sup>37</sup> 그리하여 영국의 비평가 존 러스킨<sub>John Ruskin</sub>(1819~1900)은 '산의 아름다움'에 책 한 권을 통째로 할애해 거친 산의 아름다움이 '인간의 유익한 활동'과 맞을 뿐 아니라 "인간이 소유하고 싶어 하는 평평하고 쉽게 개간되는 모든 땅보다 인간의 행복한 실존에 더 필요하다"고 주장했다. 학자들은 철학·신학·천문학·지질학에서 다루는, 그리고 문학에서 표현되는 '자연'에 대한 생각(저지대 지방의 사람들)에 급격한 변화가 발생한 18세기에 이러한 전환이 일어났다고 추정한다.<sup>38</sup> 그러나 세계적으로 보면 태도들이 좀 더 애매해 보이고, 일상생활에서 평평함이 분명 유용한데도 어느 시기에건 아주 평평한 장소에 대한 찬사를 발견하기란 쉽지 않았다. 대개 산은 평평한 풍경이 아니라 골짜기와 비교되었다.

산의 아름다움을 다룬 러스킨의 책은 지리학과 지형학을 과학적 지식이 아니라 창세기에서 다룬 '창조 단계들'에 따라 거의 백과사전식으로 소개하는 데 많은 부분을 할애했다. 러스킨은 한 장 전체를 '육지'에 관해 다루어 "땅은 형태가 없었기 때문에 지금까지 비어 있었다"고 지적하고 "물이 한곳으로 모이라는 명령은 땅이 조각되어야 한다는 명령이었다"고 주장했다. 러스킨은 땅이 어떻게 혹은 언제 조각되었는지 정확히 아는 척하지 않았지만 신이 평평함에 시간을 낭비하지 않고 장관을 이루는 산들을 만드는 데 우선순위를 두었다고 확신에 차서 주장했다. 산이 없었다면 지구는 "틀림없이 대부분 사막지대나 고여 있는 습지대가 되었을 것이다". 세상 풍경의 모든 세세한 부분에 하느님의 손길이 깃들어 있지만 신의 가장 큰 선의는 주변 모든 풍경이 내려다보이고 시각적으로 평평해지는

유리한 위치인 산꼭대기, 즉 지구의 '천연 성당'에서 볼 수 있다는 것이다.[39]

중국에서는 12세기에 주자학자 주희가 세상이 아주 긴 일련의 창조와 파괴의 순환을 겪고 땅이 혼란스러운 물에서 나타났다고 생각하면서 완전히 다른 이해가 이루어졌다. 주희는 그 결과 "오늘날에도 우리가 높은 곳에 서서 멀리 내다보면 모여 있는 언덕들이 파도처럼 보인다"고 했다. 중요한 점은 주희가 높은 산에 박혀 있는 소라고둥과 굴 껍데기들을 보고 원시의 바다에서 올라온 것들이라고 믿었다는 것이다. 그러한 이해는 바다가 한때 틀림없이 산꼭대기 높이였고 산이 솟아올랐다는 개념을 훨씬 앞선 생각이었다. 중국인들은 산을 순례의 장소로서 경외했지만 침식이나 지질연대 개념, 가장 높은 산봉우리가 평평해지는 데 필요한 시간에 관해 발전된 사고를 했다. 심지어 현재의 우주가 9,700만 년이 되었다고 계산하기도 했다. 창조자인 '하늘의 주인'에게 꼭 경의를 표할 필요는 없었다. 우주는 계속적인 발전 과정이고 끊임없이 재조직되는 공간이기 때문이다. 중국에 처음 들어간 예수회 선교사들은 이런 생각들 때문에 어려움을 겪었다.[40]

불교의 우주관도 이와 비슷하게 산을 경외했고 평평함에는 별로 관심이 없었다. 기원전 6세기경 초기 불교는 우주가 각각 해와 달, 그리고 아홉 개의 행성과 많은 별을 가진 무수한 세계 체계를 포함하고 각 체계의 중심에 신성한 산인 수미산이 솟아 있다고 믿었다. 산 정상부터 기슭까지 존재의 31층이 있으며 바닥 쪽에 인간이 살고 맨 위쪽에 무한 공간, 무한 의식, 무無의 세계가 있다고 생각했다.[41]

## 현대의 지형학

현대의 지형학은 지구의 현재 풍경이 거의 모두 젊고(홍적세보다 오래되지 않은) 지질연대 내내 같은 방식으로 작동해온, 일반적으로 서서히 질서 있게 진행되는 과정의 산물이라고 가정한다. 260만 년 전에 시작된 홍적세에는 여러 차례 빙하작용이 있었지만 지질구조판은 상대적으로 거의 이동하지 않아 홍적세 초기부터 대륙들이 거의 오늘날의 위치에 있었다.

지형학자들은 평평한 지형의 발달을 연구했지만 일반적으로 이러한 관심을 약간의 논란의 대상인 사면斜面 변화 측면에서 표현했다. 실제로 어떤 사람들은 "완벽하게 평평하고 수평적인 침식면은 그 형성 방식을 거의 보여주지 않는다"고 말하며 평평함에서 벗어나는 것을 사면 형성의 기원에 대한 단서로 검토했다. 가장 영향력 있는 이론들 중 하나는 미국의 지형학자 윌리엄 모리스 데이비스가 제시한 것이다. 데이비스는 '유년기'의 경사지가 서서히 마모되고 '노년기'와 관련된 평탄화된 지형이 생성되는 과정에서 삭박작용과 붕괴의 역할을 강조했다. 자연의 쇠퇴에 뿌리를 둔 어느 정도의 비관주의에 따라 붕괴와 평탄화가 함께 진행된다는 주장도 종종 나왔다. 존 버니언John Bunyan의 우화소설 『천로역정Pilgrim's Progress』(1678)에 나오는 절망의 구렁텅이Slough of Despond를 생각해보라.[42]

데이비스의 모형에 대한 대안은 독일의 지형학자 발터 펭크 Walther Penck(1888~1923)가 제시했다. 펭크는 사면의 후퇴에 초점을 맞추었고 "사면의 평탄화는 항상 아래로부터 위쪽으로 일어난다"는 법칙을 주장했다. 데이비스와 펭크의 논쟁이 수십 년간 지형학을 사

위트지라 국립공원(심프슨 사막)의 점토반층.(오스트레일리아 남부, 2015년)

로잡았지만, 두 사람은 대규모 변화에 평탄화가 하는 근본적 역할을 인정하는 데는 뜻이 일치했다. 펭크는 이렇게 표현했다.

> 어떤 지표면의 어떤 부분에 어떻게 삭박작용이 일어나더라도 그 것 때문에 전체적으로 더 가팔라질 수는 없다. 더 평탄해질 수만 있다. 삭박 형태들이 발달하는 동안 지켜지는 가장 중요한 법칙은 이 평탄화의 원리다.[43]

최근의 이론들은 모래사막 대 습한 열대 지역처럼 환경들 간에 과정의 차이를 인정하는 좀 더 절충적이고 전략적인 접근 방식을 취하는 경향이다. 하지만 지표 주기의 마지막 단계가 급경사 후퇴, 충 전토의 하각, 사면의 점진적 평탄화, 산록 완사면의 융합으로 특징

뒷면 : 다이애맨티나 국립공원.(오스트레일리아 퀸즐랜드, 2014년)

지어지고 광대한 평원 혹은 '완벽한 평탄면'이 생긴다는 시각은 여전하다. 준평원, 산록평원, 박리평원, 에치플레인etchplain 등으로도 불리는 평탄면들은 '더 넓고 평탄하며 더욱 시간 의존적인 표면들'을 포함한다.[44] 이런 평탄면들은 세계에서 가장 평평한 지역들 중 일부, 예를 들어 오스트레일리아의 고대 사막 지형에서 흔하다.

대양 아래에도 또 다른 세계가 존재하지만 대양저의 상대적 평탄함에 대한 이해는 부족하다. 최근에 해양탐사가 이루어지지만, 20세기 초에 지형학자 윌리엄 모리스 데이비스는 대양저가 '단조로운' 광대한 평원으로 특징지어진다고 단언했다.[45] 실제로 해양저는 일련의 해산海山들에 더해 주위보다 3킬로미터 높이 솟은 대양저 산맥과 고원으로 이루어져 있다. 해산의 형태를 측정하기 위해 해양지질학자들은 기저의 최소 지름에 대한 정상의 최소 지름의 비율로 계산되는 편평도 지수를 개발했다. 그 결과 이스터 섬 주변 지역의 최대 해산들은 '뾰족한 원뿔'(평탄성이 0.2 이하)인 반면에 더 작은 해산들은 훨씬 다양한 양상을 보였다(0.6까지).[46]

독특한 판구조 운동으로 인한 순환과 함께 지구를 내태양계의 다른 행성들과 구분 짓는 것은 표면을 매끄럽게 하는 자유수의 존재다. 그 결과 일반적으로 지각이 현무암질인 다른 행성들과 달리 지구의 대륙지각은 끊임없이 재순환되고 재용해되어 지질학적으로 다양하고 풍부한 성분들을 만들어낸다. 실제로 지구 대륙들의 점진적 변화는 화강암이 만들어질 수 있는 풍부한 물이 존재하고 대륙 이동에도 불구하고 수륙 간의 균형에 거의 변화가 없어서 매끈한(평평한) 표면이 만들어질 수 있었기 때문으로 보인다. 대륙지각의 두께는 35~40킬로미터로 해양지각보다 여섯 배 더 두껍고 밀도는 더 낮다. 이는 대륙 표면의 고도가 더 높은 이유를 설명해준다. 대륙지각의 상대적 부력 때문에 더 높이 떠 있는 것이다. 지구에서 바닷물이 다 빠지면 대륙들은 단지 해수면 사이로 튀어나온 지형이 아니라 단단한 지표면에서 우뚝 솟은 지형이라는 것이 분명해진다. 대륙들은 일부 큰 산맥을 제외하고는 해수면과 매우 비슷하고 상대적으로 가파른 대륙사면으로 둘러싸인 매우 평평한 고원이다.[47]

화성과 달 같은 태양계의 다른 천체들은 지구보다 지형학적으로 훨씬 천천히 변화해왔다. 아마도 태양계에서 가장 높은 화산은 표면에서 26킬로미터(에베레스트 산 높이의 세 배) 솟은 화성의 올림푸스 산Olympus Mons일 것이다. 이 산은 4억 년 이상 되었을 것이다. 반면에 지구의 습윤기후 지대에는 100만 년 이상 된 특징을 보여주는 화산이 드물다. 전체적으로 화성의 지형은 현저하게 불균등해서 지구와 뚜렷하게 대조된다. 지구의 지름은 화성의 두 배다. 화성은 남반구는 대부분의 지대가 평균 표고보다 높고 북반구는 평균 표고보다 낮다. 이러한 차이는 있지만, 화성에는 지구의 심해평원만큼 매끄러운 광대한 평탄지가 있으며 "우리가 보유한 데이터로 볼 때 태양계에서 표면이 가장 평평하다"고 표현된다.[48]

# 제4장
# 매우 평평한 그곳에 서면

초가집과 통나무 오두막들이 들어선 작은 마을이 옹기종기 모여 있는 끝없이 펼쳐진
평평한 고장은 사람을 황폐하게 만들고 희망을 모조리 앗아가는 해로운 특성이 있다.
한 소작농이 자신이 사는 마을의 경계를 나가 주변의 공허를 보노라면
잠시 뒤 자신의 마음도 그러한 공허가 채우고 있음을 느끼게 된다.
막심 고리키, 1922년[1]

    막심 고리키Maxim Gorky가 러시아의 소작농들을 표현한 이 침울
한 정서를 비슷하게 묘사한 사람이 많다. 19세기 중반 존 러스킨은
고리키와는 매우 다른 계급 관점에서 "네덜란드나 링컨셔, 롬바르
디아 중부처럼 풍경이 완전히 평평하고 모든 세세한 부분까지 평평
함을 고집하는 곳은 내게 감옥같이 보인다. 나는 그런 풍경을 오래
견디지 못한다"고 썼다. 러스킨은 산이 '모든 자연 풍경의 시작이자
끝'이라고 잘라 말했다.[2] 이와 같은 산에 대한 선호는 오래 지속된
것으로 보인다. 산은 야생의 장소, 보존되고 공식적 보호를 받을 만
한 곳으로 이해되었고, 1995년에 세계 마운틴 포럼Mountain Forum이 설
립되는가 하면 유엔이 2002년을 '세계 산의 해'로 지정하면서 산에
사는 사람들은 존경을 받게 되었다.[3] 평평한 풍경들은 산과 비슷한
관심을 받으려고 애를 썼다.

평평함은 보통 지루하고 침울하다고 여겨진다. 땅뿐 아니라 물과 얼음까지 지표면 전체를 고려한다면 이런 부정적 평가는 분명 맞는 말이다. 하지만 대양은 지루하거나 침울하지만은 않다. 대양은 불안정하기도 하다. 다양한 자원이 부족하고 기술 없이는 인간이 활동하기에 현실적으로 알맞지 않다. 사람들은 선호하는 풍경을 생각할 때 거의 대부분 육지를 떠올린다. 반면에 세계 이주의 초기 역사를 보면 많은 사람이 해안 지대에 애착을 나타냈고 현대 세계에서는 바다 쪽으로 인구가 이동하고 있다. 현재 세계 인구의 절반 이상이 해안에서 200킬로미터 이내(육지의 10퍼센트)에 살고 있으며 절반 이상이 도시에 산다. 이 비율은 빠른 속도로 증가하고 있다.[4] 많은 도시가 해안에 위치해 있지만 그곳에 사는 사람들은 자신이 바닷사람이라고 생각하지 않는다. 현대인들은 해외에 갈 때 배로 바다를 건너기보다 바다 위로 비행기를 타고 날아간다. 갈수록 더 자연 풍경과 거의 연결되지 않은 평평한 건축물들 사이로 승객을 실어 나르는 비공간non-places의 공중회랑을 통해 여행한다. 우리는 이런 건축물들의 평평함으로 이득을 보지만 그런 평평한 장소들에 좀처럼 미학적 가치를 부여하지 않는다.

## 우리는 어떤 풍경을 선호할까?

'풍경landscape'의 정의와 이 단어의 역사에는 논란의 여지가 있다. 풍경은 거의 전적으로 육지의 지형으로 이해되고, 바다 풍경seascape과 반대되는 개념으로 쓰이는 경우는 가끔씩뿐이다. 풍경은 자본주의와 민족 정체성뿐 아니라 사회정의와 정치적 통일체, 법과 재산, 노동에 관한 개념들과 연결되어왔다. 또한 장소place와 지역region이라는 개념과도 경쟁을 벌인다. 그러나 풍경 선호에 관한 이론들은 일반적으로 어느 한쪽으로 치우치지 않은 개념을 택하고, 지리학자 제이 애플턴Jay Appleton이 제시한 것과 비슷한 정의를 선택한다. 애플턴은 풍경을 '시각적으로 인식된 환경', 실체에 대해 우리가 가지는 이미지라고 불렀다. 이 정의가 앞이 보이지 않는 사람들에게 의미하는 것이나 아름다움에 대한 불확실한 개념은 제쳐두고, 풍경에 대한 미학적 관점은 단순히 '인식과 관련된 혹은 인식에서 나오는 즐거움'을 의미할 수 있다.[5]

좀 더 광범위하게 보면, 장소에 대한 애착과 풍경에 대한 선호는 강한 관련성이 있다. 우리는 자신이 아는 곳과 비슷하고 자신의 것이라고 생각하는 장소를 선호한다는 의미다. 그렇다면 사람들이 어린 시절에 경험했던 장소와 연관된 특성을 지닌 풍경을 선호하는 경향이 있다는 결론이 나온다. 이 모형에서 풍경에 대한 선호는 문화에 의해 만들어지고 '장소감sense of place' 개념과 연결된다. 장소감은 단순히 물리적 환경에 대한 태도가 아니라 일, 가족, 사회적 관계를 반영하는 측정하기 어려운 복잡한 개념이다. 한편 풍경에 대한 선호는 진화생물학에 뿌리를 둔 타고난 것이며 어린 시절의 특정 환경과 상관없이 서로 다른 문화적·민족적 배경을 가진 사람들도 공유한다고 주장하는 이론도 있다. 이 논쟁의 결론은 사람들이 어린 시절에 경험한 풍경을 가치 있게 생각하지만 보편적·천성적으로 공유된다고 여겨지는 특성을 지닌 장소들의 진가를 특히 인정한다는 것이다. 이런 특성들은 물이 있는 탁 트이고 자연적인 풍경들에서 발견된다. 그런 장소들을 가치 있게 생각한다는 확실한 증거는 물의 전경이 시야에 들어오는 집에 지불되는 프리미엄이다. 물가에 있는 집의 가격이 가장 높고 멀어질수록 값이 떨어진다.[6]

풍경 선호에 대한 연구는 종종 설문 조사에 의존하는데, 조사 대상자에게 '전형적인' 풍경이 담긴 (스틸) 사진들의 표본을 제시하고 순위를 매겨달라고 요청한다. 간접적인 접근 방식으로 보일 수 있지만, 이런 조사는 'landscape'라는 단어와 관련해 서로 연관은 있지만 다른 두 가지 의미를 반영한다. 이 의미들은 예를 들어 새뮤얼 존슨Samuel Johnson이 『영어사전Dictionary』(1755)에서 "① 지역 : 한 고장의 경치", "② 다양한 사물이 담긴 장소를 표현한 그림"이라고 명확히 표현했다.[7] 이 정의들 각각에서 풍경은 육안으로 직접 보건 혹은 화가가 구성한 이미지이건 간에 보이는 무언가로 이해된다. 따라서 이미지를 이용한 풍경 선호 연구는 언뜻 보이는 것과 달리 간접적이지 않다. 18세기 영국에서 존슨은 언덕 위에 서서 드넓게 펼쳐진 전원을 바라보며 도화지에 담는 사람이나 전원 속을 느긋하게 걸어 다니거나 말을 타고 지나는 사람을 염두에 두었다. 이러한 '바라보는 사람viewer' 개념은 얼마 지나지 않아 바뀌었고, 그와 함께 공간과 평평함에 대한 인식도 변화했다.

우리가 물리적 세계를 어떻게 보는지는 운동과 규모scale에 크게 의존한다. 우주정류장의 창으로 세상을 보는 사람은 말할 것도 없고, 말을 몰며 땅을 가는 농부와 기차를 타고 전원 지대를 빠르게 지나가는 승객에게는 같은 땅이라도 매우 다르게 보인다. 농부에게는 평평하고 직선으로 보이는 것이 기차 통근자에게는 더 다채로운 풍경 속의 얼룩처럼 보일 수 있는 반면에 농부에게 평평해 보이는 것이 우주에서는 곡선이라고 확실하게 입증된다. 산을 오르는 사람은 아름다운 경치보다 다음에 발을 디딜 안전한 지점이 더 눈에 들어올 수 있고, 속도를 내어 달리는 운전자는 원경 못지않게 눈앞의 매끄럽고 넓은 길 표면에 관심을 기울인다. 마찰저항을 전혀 느끼지 못하는 수동적인 비행기 승객은 풍경 혹은 심지어 구름 경치에도 거의 주목하지 않는다.

이러한 대조적인 모습들은 속도와 거리의 극적인 차이로 나타나는 결과다. 다시 말하지만, 그 효과는 규모에 의해 완화된다. 빠른 운동은 매끈한/평평한 표면에서 이동하는지에 의존한다. 표면이 고르지 않거나 거친 경우 운동이 마찰에 의해 방해를 받는다. 길이 울퉁불퉁하면 여행자는 불편함을 느낄 것이다. 길이 좌우로 변덕스럽게 구불구불하여 직선 경로에서 벗어나는 경우도 마찬가지다. 말을 타고 다니는 것이 종종 권위를 내세우는 방법 중 하나이기는 했지만, 인간의 역사에서 대부분의 시기 동안 사람들은 땅과 바다를 건너 천천히 이동했고 공중이나 높은 곳에서 바라보는 기회가 드물었다. 이제 상황에 따라 엄청난 속도를 낼 수도 있지만, 농부들은 에어컨이 켜진 트랙터 운전석이라는 다소 높아지고 보호받는 위치에서 들판을 천천히 이동한다. 그리고 기계가 아무리 정교해지고 강력해져도 고랑의 높이, 색깔, 간격과 직선성이 조금만 어긋나도 귀신같이 알아차린다.[8] 최근에야 아주 빠른 이동이 가능해져서 새로운 규모의 관찰을 할 수 있게 되었다. 이러한 고속 수송은 대부분 의자에 앉은 상태에서 이루어지는데, 때로는 높은 곳을 이동하지만 자동차를 타고 다니는 일반적인 경우에 여행자는 바닥에 서 있는 사람보다 시선이 땅에 더 가까워진다.

인간의 진화적 경험 측면에서 풍경 선호를 설명하려는 시도에는 공간의 빠른 이동이 들어갈 자리가 없다. 오히려 그러한 미학적 선호는 이제 더 이상 생존을 결정하지는 않지만 일상의 인식과 행위에 계속해서 영향을 미치는 옛 환경의 산물로 이해된다. 이러한 논쟁의 가장 포괄적 버전(일반적으로 '서식지 이론habitat theory'이라고 불린다)은 인간이 형상, 색깔, 패턴 등의 시각적 표시에 긍정적으로 반응한다고 주장한다. 이런 시각적 표시들은 다양한 종이 서식하는 환경, 그래서 생물들이 식량과 그 외의 물질들을 제공할 수 있는 환경임을 암시하는 근본적인 힘이 있어야 나타나기 때문이다. 인간과 그 외의 생물들은 살아가고 번식할 서식지를 선택하지만 그 선택이 이상적이거나 자유롭지 않다. 이동성과 지식이 항상 제한되어 있기 때문이다. 반면에 이상적인 미학적 선호는 실제로는 필요한 자원들을 가지고 있지 않더라도 생존을 강화하는 것처럼 보이는 풍경(서식지)에 대해 나타날 수 있다.[9]

종종 '사바나 가설savannah hypothesis'이라고 불리는 좀 더 구체적인 주장은 큰 나무가 듬성듬성 서 있는 탁 트인, 아마도 평평한 초원을 나타내는 환경을 선호한다고 가정한다. 이런 환경에서 사냥꾼들이 진화했다. 예를 들어 진화심리학자 고든 H. 오리언스Gordon H. Orians는 이렇게 주장한다.

우리는 폐쇄림과 넓은 평원을 둘 다 피하고 사바나의 초목들 사이에 있는 것을 즐긴다. 사바나에 있는 것 같은 인상을 주는 땅에 더 많은 돈을 지불할 것이고 휴양지의 환경을 사바나와 더 비슷하게 만들 것이다. 그리고 인간의 진화가 시작된 곳일 수 있는 아프리카의 열대 사바나 지역에서 전형적으로 볼 수 있는 형태의 다양한 관상용 식물을 기를 것이다.

그런데 광장공포증(1871년에 처음으로 병명이 붙여졌다)을 앓는 사람들은 야생의 탁 트인 풍경 못지않게 현대건축과 도시계획에서도 빈 공간이나 '무한한 광대함'을 두려워한다.[10]

사바나 가설과 관련된 이론은 제이 애플턴이 제시한 '조망-피신 이론prospect-refuge theory'이다. 애플턴은 다른 사람들에게 들키지 않은 채 보고 싶은 욕구에서 풍경 선호가 나온다고 주장한다. 사냥꾼들은 사냥감을 관찰하기 위해 안전한 피난처와 탁 트인 시야(조망)가 필요하다. 지금은 사냥꾼이 많지 않지만, 우리 모두는 먼 과거에 형성된 선천적 반응을 공유해서 현대 세계의 풍경을 볼 때도 이 반응을 떨치지 못한다는 것이다. 그러나 '정보처리이론information processing theory'이라고 불리는 또 다른 가설은 본질적으로 조망-피신 이론의 연장선에서 사람들이 생존에 도움이 되는 지식의 획득을 촉진하고 자극하는 환경을 선호한다고 제시한다.[11]

이들 이론 혹은 가설은 서로 뚜렷하게 다르지만 모두 미학적 풍경 선호의 형성에서 복잡성의 중요성을 지적한다. 인간은 두 가지 이상의 대조적인 요소로 이루어지고 자원이 풍부할 가능성을 제시하는 물리적 환경에 긍정적으로 대응한다고 주장된다. 이런 환경은 직접적으로 활용할 수 있는 생명 형태가 가시적으로 다양하기 때문이다. 그리고 복잡하다는 것은 다른 생명 형태(인간)가 도움을 기대할 수 있음을 암시하기 때문이다. 여기에는 2차원적이고 탁 트이고 비어 있는, 사실상 복잡성이 없는 평평한 장소들이 끼어들 여지가 거의 없다. 그러나 여기에서 간략히 설명한 모든 이론이 18세기에 존슨이 채택했던 정의, 즉 언덕 위에 서서 풍경을 바라보는 사람이나 캔버스에 이를 기록하는 화가의 눈에 들어오는 지역(혹은 땅의 범위)에서의 풍경을 사람이 이용할 수 있는 바로 가까이의 환경으로 생각한다는 점을 강조해야겠다.

자신의 논을 바라보는 밀 농사꾼이나 카펫 위를 기어가는 아이처럼 더 작은 규모에서는 사물들이 달리 보이기 때문에 평평함이 어느 정도의 미학적 선호를 누릴 가능성이 열린다. 특히 밀 농사꾼에게는 농지의 풍경이 고정되어 있는 게 아니라 작물의 생장 주기에 따라 계절적으로 바뀌며, 각 단계마다 대조되는 형태의 직선성과 평평함이 나타난다. 대단위 농업지대 밖에서는 이 말이 맞지 않을 것이다. 예를 들어 열대 숲의 농부들은 수평적 층과 수직적 층으로 구성된 유기적 복잡성의 한가운데에서 살고 있고 평평함과 직선성을 상대적으로 거의 중시하지 않는다. 그리고 쌀 농사꾼들은 평평한 계단식 논들이 이룬 깊은 골짜기를 내다본다. 이것은 평평함에 대한 선호가 풍경이 조망되는 속도 및 풍경과 보는 사람의 거리뿐 아니라 규모에도 크게 의지한다는 것을 시사한다. 또 경제적 활용 방식과 계절에 따라서도 달라질 수 있는데, 이런 요소들은 달력보다 그 풍경이 제공하는 자원에 의해 정해진다.[12]

지금까지 논의한 풍경 선호 이론들에 더해 풍경과 행위를 연결시킨 또 다른 유형의 이론들을 간략히 언급해보면 도움이 될 것이다. 종합하면, 이 두 부류의 이론들은 풍경이 인간의 선택과 선호의 대상인 동시에 인간의 행위를 결정하는 원인 요소가 되는 순환 고리를 만들어낸다. 때때로 '환경결정론'이라고 불리는 후자는 오랜 역사를 지니고 있으며, 서구의(제국의) 많은 논평가가 문화와 '문명'의 구성 요소가 지형, 토양, 기후의 파생물이라는 견해를 마음 편하게 옹호했던 20세기에 융성했다. 이 주장은 기후를 크게 강조했고 고도와 경사를 주요 변수로 보았다. 또한 평원/산이라는 기본적인 이분법이 적용되었다.

평평한 풍경, 즉 평원은 세계의 대규모 농업 지역의 본원지이자 접근과 교통이 편리하여 세계 인구와 경제개발, 도시화의 대부분을 차지하기 때문에 이 비교에서 유리하다. 따라서 엘렌 처칠 셈플Ellen Churchill Semple은 『지리적 환경의 영향Influences of Geographic Environment』(1911)에서 평원은 '역사적 흐름의 모든 단계를 촉진하는' 힘을 가진 반면에 산은 '이를 지연시키거나 저지하거나 빗나가게 하는' 경향이라고 주장했다. 그러면서 셈플은 "평평하고 단조로운 기복은 단조로운 생활, 필연적으로 한쪽으로 치우친 생활을 만들어내기 때문에 고지대나 산으로 보완할 필요가 있다"[13]라고도 주장했다. 오늘날에는 이 이론의 많은 부분이 부정되지만, 인간의 발달과 개발의 조건이 되어 풍경 선호에 영향을 미치는 데 물리적 환경(평평함 포함)의 역할을 부인하기란 힘들다.


## 낮고 평평한


정말로 낮고 평평한 광활한 장소는 세계의 대양이다. 지구의 물은 연결되어 있는 단일체이고 지역적이라기보다 세계적이지만, 당연히 평평함에 대한 인식은 항상 지역적이며 수평선과 곡률로 제한되어 있다. 따라서 대양의 일부 지역은 난폭함으로 악명 높고[예를 들어 포효하는 40도roaring forties(험한 풍랑이 이는 남위 40~50도대의 해역 - 옮긴이)] 거의 모든 곳에서 단기적인 난폭함은 바람의 변화에 의해 나타난다. 다른 극단에서 보면, 망망대해에 가만히 정지한 배 위의 선원은 십중팔구 평평한 바다로 둘러싸여 있을 것이며 아마 미쳐버릴 가능성이 높다. 육지에서의 경험과 달리 바다에서는 항상 상황이 금방금방 바뀔 것이라 예상되고 평정한 상태가 평평함으로 나타난다고 생각한다. 지질연대에서 대양의 수위는 상당한 변화를 겪었고 지금의 해안선은 약 6,000년 전에 형성되었을 뿐이다. 이런 변화로 해수면이 100미터 이상 상승해 평평한 연안 대륙붕을 휩쓸고 해안의 느슨한 물질들을 밀어버렸다. 하루라는 기준에서 보면 일부 지역에서는 조수 간만의 차가 상당하지만, 물은 중력에 의해 고정되어 전체적으로 일시적인 평평함을 띤다.[14]

국지적인 육지의 평평함은 수많은 형태를 띠고 규모도 매우 다양하다. 작은 섬들과 다도해는 거의 완전히 평평하고 낮지만 민족국가들의 본거지를 형성한다. 예를 들어 몰디브Maldives나 투발루Tuvalu는 해수면 상승, 쓰나미, 사이클론에 매우 취약한 것으로 유명하다. 이런 작은 섬들은 육지의 평평함을 주위의 광대한 해수면으로 확장하는데, 태평양의 경우 이 점이 가장 분명하다. 대륙의 광활한 땅덩어리에서는 작은 국가 전체가 평평하다는 특징으로 알려질 수 있다. 예를 들어 저지대에서 가장 평평한 지역들 중 하나인 네덜란드에서는 바다 제방이 바닷물의 습격으로부터 매립지를 보호하고, 강둑은 낮은 해안 간척지에 흐르는 물을 통제한다. 이와 유사한 침식과 퇴적 과정이 그보다 작은 규모에서도 작용해 해수면의 변화와 함께 해안의 모래 평면과 개펄, 강의 저지대를 형성한다. 강의 저지대는 강 옆의 작은 평지로 이루어져 있으며 척박한 땅의 한가운데에 있지만 일반적으로 비옥하고 물이 잘 공급된다.

오스트레일리아의 널라버 평원Nullarbor Plain은 전형적으로 평형한 장소다. 이 평원에서는 널라버라는 이름(nullarbor는 '나무가 없는 곳'이라는 뜻이다 - 옮긴이)과 유럽인들이 이곳에 부여한 추상적인 직선에서 의도한 대로 평평함이 공백, 무, 부재不在라는 개념과 완벽하게 어우러진다. 이곳을 특징짓는 인공물은 1920년대에 건설된 인도양과 태평양을 잇는 철도다. 널라버 평원의 한 지점에서 기차는 '거의 기복이 없는 평지'의 '완벽한 직선' 경로 530킬로미터를 달린다.

뒤를 돌아보면 무한을 향해 뻗어 있는 반짝거리는 철도가 보인다. 앞을 보면 쌍둥이 같은 선 두 개가 길게 이어지다가 서로 합쳐진다. 그 외에는 온통 들판과 하늘뿐이다. 배를 탄 여행자가 땅이 시야에서 사라질 때 보는 광경처럼 평원이 둥근 지평선으로 물러난다.

최근의 광고에서는 널라버 평원을 바다에 비유하여 기차가 얕게 굽이치는 모래밭을 유람선처럼 가르며 지나간다고 묘사했다.[15]

대부분의 오스트레일리아 사막은 '극도로 평평하고', 건조기의 에어 호Lake Eyre 솔트 플랫(바닷물이 증발하여 침전된 염분으로 뒤덮인 평지 - 옮긴이)은 자동차 속도의 기록을 세우기에 이상적인 표면이라는 것이 입증되었다. 미국 유타 주의 본빌 솔트 플랫Bonneville Salt Flats도 마찬가지다. 이곳은 면적이 100제곱킬로미터에 불과하지만 해발고도 1,286킬로미터에 위치해 있다.

## 높고도 평평한

볼리비아의 플라야(건조 지대 내륙분지의 가장 낮은 부분에서 볼 수 있는 평탄한 요지 - 옮긴이)인 우유니 소금호수Salar de Uyuni는 중부 안데스 산지의 고원지대인 알티플라노Altiplano 남부에 형성되어 있으며 본빌보다 100배 더 크다. 때로는 '세계 최대의 솔트 플랫'으로, 때로는 '세계에서 공식적으로 가장 평평한 장소'로 불리는 이곳의 면적은 9,000제곱킬로미터가 넘는다. 2002년에 실시한 GPS 측량 결과 이 지역은 지질구조상으로 활발하지만 표면의 기복량이 80센티미터에 불과해 '놀라울 정도로 평평한' 것으로 나타났다. 국지적 기복이 1미터인 아메리카 대륙의 다른 플라야들은 "극도로 평평하다"고 불린다. 우유니 소금호수는 약 1만 5,000년 전까지 습지였다가 이 무렵 호수 수위가 낮아지기 시작하고 건조가 시작되었지만 얕은 물이 표면을 흐르며 소금을 평탄하게 만들고 나머지 지역은 중력을 따르게 하여 평평함이 유지되었다. 하지만 표면의 소금이 종종 천연의 육각형 결정을 형성하는데, 소금이 섞인 이 물은 자연의 다른 곳에서 나타나

남아프리카공화국 케이프타운의 테이블마운틴.(2004년)

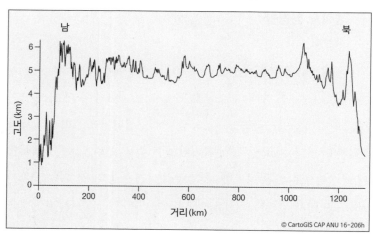

티베트 고원의 남-북 지형 단면도.

는 겹치는 원을 형성하는 데 효과적이다. 우유니 소금호수는 '지평
선 어디를 보나 그 너머 엄청나게 먼 곳까지 외견상의 변화 없이 광
활하게 펼쳐진 평평하고 건조한 지형'이 불러일으키는 '장엄함'으
로 여행객들과 사진작가들에게 인기가 높다.[16]

매우 광대한 티베트 고원은 지구에서 해발 4킬로미터 이상 되는
땅의 82퍼센트를 차지하며 거의 3,500×1,500킬로미터에 걸쳐 펼쳐
진 세계에서 가장 높은 고원이다. 더 놀라운 점은 티베트 고원이 비
교적 평평하다는 것이다. 1990년대에 티베트에 처음 고해상도 디지
털 표고 모델링 기법을 적용했을 때 평균 표고가 해발 5,023미터로
나타났다. 기복량은 고원의 가파른 가장자리를 따라서는 6킬로미
터였던 반면에 티베트 대부분의 지역에서는 약 1킬로미터나 그 이
하였다. 북쪽과 남쪽의 가장자리가 제일 가팔라서 급경사를 이루는
반면에 고원의 서쪽 가장자리는 좀 더 완만한 내리막인 산들과 동
쪽 비탈들과 합쳐진다. 고원 중앙부-내하유역(하천수가 바다까지 도달하

지 못하고 내륙의 사막이나 호수 및 소택지에서 끝나는 유역 - 옮긴이)은 경사가 평균 5도밖에 되지 않는다. 이러한 지형은 지리학자들을 흥분시켰다. 티베트의 '평평함'은 이곳이 최근 지질연대의 주요 압축 변형을 겪지 않았고 대신 지각 흐름이 표면을 평평하게 했음을 시사했기 때문인데, 아마도 이는 고대 분지들과 관련되어 있고 남아 있는 융기 단구의 흔적일 것이다. 고원의 기원에 대해서는 논란이 많다. 어떻게 인도판과 유라시아판의 활발한 충돌대 내에 낮은 기복이 존재할 수 있는가? 이 논쟁은 또한 '평평함'의 상대적 척도를 분명하게 보여주는데, 지질학자에게는 평평해 보이는 고원이 자동차 운전자의 고글을 통해 보면 세계 최고의 자동차 속도 기록에 도전할 마음이 내키지 않는 곳일 수 있다.[17] 작은 고원들의 꼭대기가 종종 훨씬 더 평평한데, 이런 꼭대기는 더 부드러운 지층과 더 딱딱한 지층의 차별적 침식으로 형성되었고, 때때로 더 넓고 평탄한 지역에서 튀어나와 있다. 이런 고지는 남아프리카공화국의 테이블마운틴, 스페인의 메사mesa(꼭대기는 평탄하고 주위는 급사면을 이루는 탁자 모양의 대지 - 옮긴이)처럼 일반적으로 탁자table에 비유된다.

## 플로리다에서 그레이트플레인스까지

미국에서는 오래전부터 주들의 상대적 평평함이 논쟁거리였다. 2014년에 제롬 E. 돕슨과 조슈아 S. 캠벨이 이 문제를 진지하게 다루었는데, 두 사람은 '미세한 수준의 지형학적 지세에 대한 사람들의 인식'을 평가하기 위해 디지털 관측에서 도출되는 평평함에 대한 해상 시계視界 기준을 개발했다. 일반적인 인식과 달리 캔자스 주가 가장 평평한 주가 아니었다. 2003년에 한 지리학자 집단이 〈황당무계 연구 연보Annals of Improbable Research〉에 "캔자스 주는 팬케이크보다 납작하다"[18]고 밝혔을 때 캔자스 주가 가장 평평한 주라고 입증된 것 같았다. 그러나 돕슨과 캠벨의 측정에 따르면 가장 낮은 주라는 타이틀의 실제 주인공은 52퍼센트의 땅이 '평평한', '더 평평한', '가장 평평한'이라는 범주에 속하는 플로리다 주였다(캔자스 주는 44퍼센트로 7위였다). 가장 평평하지 않은 주는 불과 12퍼센트의 땅만 이 범주에 드는 웨스트버지니아 주였다.

플로리다 주의 평지는 보통 물기가 많고 이 주의 긴 해안과 합쳐진다. 따라서 돕슨과 캠벨은 사람들이 플로리다 주의 평평함을 인식하지 못한 데는 빽빽한 숲과 고여 있는 물이 영향을 미쳤을 것이라고 추측했다. 반면에 미국의 다른 지역들이 평평하다는 잘못된 인식은 '주간고속도로州間高速道路 설계자들이 작은 도로들이 가로지르는 일반적 지형에 비해 길고 평평하게 펼쳐진 하간河間 지대를 선호하는' 데서 나왔을 수 있다.[19]

찰스 디킨스Charles Dickens는 1842년에 마차를 타고 대초원을 지나면서 본 풍경을 '만약 이런 비유가 허용된다면, 물이 없는 고요한 바다 혹은 호수'라고 표현했다. 그 풍경의 '평평함과 규모'가 깊은 인상을 주었지만 '상상의 여지는 전혀 남기지 않았고', '그 황폐한 단조로움은 억압적'이었다. 다른 여행자들은 외로움, 황량함, 지루할 정도로 긴 단조로움을 언급했고 많은 사람이 바다의 비유를 들먹였다. 이 풍경에서 디킨스의 눈에 가장 거슬린 것은 대초원의 탁 트인 공간보다 미시시피 강의 지류인 늪지들이었다. 디킨스는 『천

그레이트플레인스. (윌리엄 모리스 데이비스, 『기초자연지리학』, 1902년)

로역정』을 직접 언급하며 이곳의 단조로운 풍경은 '절망의 거인Giant Despair'의 음산한 영토가 '평평한 늪' 안에 가까이 있을 수 있음을 암시한다고 말했다.[20] 초기에 미국 서부를 탐사했던 유럽인들은 나무들이 흩어져 있고 풀이 무성한 광활한 대초원의 환경에는 대개 강한 긍정적 반응을 보인 반면에 평평하고 나무가 없는 평원에는 부정적으로 반응했다.[21]

　20세기 초에 윌리엄 모리스 데이비스는 그레이트플레인스에 대한 자신의 생각을 코멘트 없이 상징적인 이미지로 보여주었다. 그는 이 평원들은 "산에서 씻겨 내려와 이제 층층이 쌓인 여러 층의 모래, 진흙, 자갈들로 이루어져 있으며 두께가 수백 피트에 달하고 거의 수평에 가깝다"고 말했다. 융기로 개석開析 과정이 시작되었지만, 일부 지역에서는 "육안으로 볼 수 있는 것보다 더 멀리까지 펼쳐진 광대한 지역이 변화 없이 평평하고 토양이 거의 표면만큼 고르다". 데이비스는 이 풍경이 시베리아 서부의 평원들과 비슷하다고 생각했다. 그리하여 1931년에 월터 프레스코트 웹Walter Prescott Webb은 감상적인 책『그레이트플레인스The Great Plains』를 출간하면서 '대부분 비교적 평평한 표면'을 이룬다는 사실을 이 지역의 주된 특징으로 꼽았다. 웹은 서구인들의 시야가 '그들에게' 어떤 독립성, 그리고 인습에 얽매이지 않는 자유로움을 부여하는 '단조로운 먼 지평선'에 의해 확장되었다고 믿었다.[22]

근대의 미국 작가들은 그레이트플레인스를 지금은 잃어버린 농경 사회의 삶이 다소 남아 있는 감상적인 '꿈의 나라'로 보면서 그레이트플레인스를 신화화하는 데 기여했다. 이 지대의 경계에 대한 정의는 작가마다 다르고 새로운 이름(미국의 대사막Great American Desert부터 하트랜드Heartland까지)이 붙여지며 시간에 따라 바뀌었지만, 그 지형은 '어디에나 있는 수평적 공간에 수직적 공간이 별로 끼어들지 않고' 공허의 한가운데에서 그 해석을 알려줄 '심미적 혹은 개념적 이정표'도 거의 없이 끈질기게 '평평하거나', '평평하고 네모났다'. 하지만 정말로 평평한 곳은 지역의 작은 부분일 뿐이라고 판단되면서 점차 이미지가 실제와 차이를 보였다. 이런 오류는 철도가 한 원인이라고들 이야기한다. 철도가 풍경에서 가능한 한 가장 평평한 경로를 따라 나 있기 때문이다. 제이 애플턴은 "북아메리카의 그레이트플레인스는 완전하게 평평한 곳은 드물다. 그러나 너무나 광대하기 때문에 낮은 기복은 대초원의 압도적 특징인 거리감을 깨뜨리지 못한다"고 말했다. 그리고 메릴린 로빈슨Marilynne Robinson은 소설『길리아드Gilead』(2004)에서 대초원에 대한 정신적 사랑을 대초원이 '저녁과 아침으로부터 주의를 돌릴 만한 것이 없고 지평선에 축약하거나 지연할 것이 없는 곳', 산이 '건방짐'을 나타내는 곳이라는 사실과 연결 지어 생각했다.[23]

캐나다의 대초원에서 애플턴은 '평원이라기보다 사실은 낮은 고원인 지대 아래에 노스서스캐처원 강North Saskatchewan River, 사우스 서스캐처원 강South Saskatchewan River 같은 큰 강들이 지나가는 100피트(30미터) 정도의 야트막한 계곡들이 파여 있는 것'을 관찰했다. 이 땅들은 앨버타 주, 서스캐처원 주, 매니토바 주를 차지하며 레드 강부터 로키 산맥과 북극까지 펼쳐져 있고 크기가 거의 서유럽만 하다. 위니펙에서 로키 산맥 기슭까지는 1,200킬로미터가 넘는 거리다. 이 광대한 지역을 지나는 현대의 운전자들은 이곳을 "평평하고 지루하다"고 표현한다. 하지만 제럴드 프리슨Gerald Friesen의 말처럼 길게 펼쳐진 완만한 평원에 후빙기의 언덕과 계곡들이 '때로는 지평선 위의 낮고 푸른 산맥으로, 때로는 땅 표면에 깊게 파인 구불구불한 습지로' 끼어든다. 풀로 덮인 대초원의 남쪽은 버펄로(들소)의 서식지이며 탁 트인 풍경은 이 엄청난 들소 떼에 의해 형성되었다.

몽골 고원의 광대하고 평평한 풍경.(2014년)

하지만 대초원은 주위의 녹지, 북방림과 보완적 관계를 이루고 대초원, 녹지, 숲이라는 세 환경 중 하나 이상을 계절별로 이용하는 활동들에 의해 옛부터 서로 연결되어왔다. 19세기에 이 '비어 있는' 땅으로 들어간 원정가들은 이곳이 '층계가 셋인 계단이라기보다' 완만한 비탈면으로 분리된 '세 개의 거대한 평지' 혹은 '평원 층'들로 이루어진 것을 알게 되었고 대초원을 러시아의 스텝 지대와 비교했다.[24]

## 불확실하고 비어 있는 유형의 땅

지리학자 이푸 투안은 광활하다는 느낌은 자유라는 개념과 연결되어 있고, 자유는 속박 없이 개방적으로 행동할 수 있는 힘을 암시한다고 주장한다. 투안은 이 장의 첫 부분에 나오는 경구에 표현된 고리키의 고뇌를 인용하면서 러시아의 소농들에게 '끝없는 공간'이란 절망을 의미할 뿐이고 "자연의 광대함, 무심함과 대비되는 인간의 하찮음을 말해준다"고 주장했다. 고리키는 1922년에 쓴 글에서 러시아인들은 농노 상태로 자유를 빼앗긴 채 수 세기를 살아오면서 장소에 별로 애착이 없는 사람들이 되었다고 믿었다. "갈 수 있는 어딘가가 항상 있기 때문이다. 빈 들판이 사방에 펼쳐져 있고 먼 곳이 유혹적으로 손짓한다."[25]

러시아에서 가장 평평한 지역은 스텝 지대에 있다고 일반적으로 생각하지만 시베리아의 거대한 습지 역시 평평하고 상상력이 메마른 곳이다. 17세기에 발레리 A. 카이블슨Valerie A. Kivelson은 심지어 모스크바에 훨씬 더 가까운 지역에서도 '높이 솟은 교회 첨탑'이러시아 중부의 평평한 풍경에서 돋보인다고 썼다. 들판은 평평하다ploskoe, Плоске고 불렸을 수 있다. 러시아의 거대한 숲 역시 "무섭고 거칠고 무감하다"고 묘사되었는데, 단지 울창해서가 아니라 광대하게 펼쳐진 평평한 들판에 중단되지 않은 채 뻗어 있기 때문이었다.[26]

카이블슨은 17세기 러시아 정착지의 지도 제작을 연구하면서 표식이 없는 빈 영토는 불확실성과 소송에 대한 두려움을 불러일으켰다는 것을 알게 되었다. 비어 있는 곳을 문제로 생각하는 시선은 유럽인들이 비어 있는 지도가 기존 주민과 문화가 존재하지 않는다고 추정할 증거라고 생각하고 북미와 그 외의 곳에 대한 정복을 정당화하던 방식과 대조된다. 러시아에서 정착지를 확장하는 것은 길고 느린 과정이었다. 모스크바의 부동산 소유자들은 '넓고 평평한 동종의 땅을 정의하고 경계를 정하는 과제에 부딪혔고', '텅 비어 있다는 압도적이고 괴로운 문제'에 직면했다. 이들은 다양한 빈 공간을 표현하기 위해 탁 트여 있음, 멀리 떨어져 있음, 낮음, 주변성이라는 개념과 연결시켜 많은 어휘를 만들어냈다. 푸스토시pustosh, пустошь('비어 있는' 혹은 '빈 공간')라고 불리는, 경작은 되었지만 사람이 살지 않거나 예전에 경작되었다가 버려진 작은 터들이 땅의 대부분을 이루었다.[27]

러시아의 풍경이 주는 이미지는 거대한 정착지 확장기에 화가들의 마음을 끌지 못했고, 화가들을 후원하는 귀족들은 프랑스와 이탈리아의 아름다운 경치와 비교되는 스텝 지대의 단조로운 지형에서 아무것도 볼 수가 없었다. 러시아에서는 19세기 말이 되어서야 고국의 평평하고 광활하게 탁 트인 땅과 넓은 하늘에서 장엄함을 발견하기 시작한 화가들이 나타났다.[28] 이런 새로운 감상은 리투아니아의 유대인 공동체에서 태어난 이삭 레비탄Isaak Levitan의 1892년 작품 「블라디미르카 길The Vladimirka Road」에서 절정을 이루었다. 이 그림에서 레비탄은 수많은 죄수가 오랫동안 유형지로 이용된 시베리아를 향해 족쇄에 묶인 채 지나갔던 음울한 길을 묘사했다.

많은 문학작품에서 시베리아는 가혹한 유배를 상징하는 장소(죽은 자의 땅)였다. 시베리아는 더운 여름이 있는데도 불구하고 추운 겨울과 캄캄한 밤에 영원히 갇혀 있다고 묘사되었고 사람이 살지 않는 광대무변한 공간, '산이 사라진' 끝없는 평원으로 그려졌다. 따라서 시베리아의 고속도로를 '전 세계에서 가장 길고…… 가장 추한 길'이라고 생각했고, 레비탄의 풍경화에서 영감을 얻은 안톤 체호프Anton Chekhov(1860~1904)는 1890년에 "타이가의 매력은 거대한 나무나 침묵이 아니라 철새만이 이곳이 어디에서 끝나는지 안다는 데 있다"[29]고 썼다. 아르히프 이바노비치 쿠인지Arkhip Ivanovich Kuindzhi의 그림 「풍경, 초원Landscape, The Steppe」(1890)은 부옇게 보이는 평평한 지평선을 완벽하게 재현했다. 쿠인지는 개성이 강한 화가로 여겨지지만 큰 영향력을 발휘했고 20세기 초에 새로 등장한 모더니즘과 러시아 미니멀리즘 미술에 기여했다.

## 가장 평평한 대륙

1960년대 들어 대륙과 전 세계적인 규모에서 여러 다양한 지형의 상대적 중요성을 평가하려는 시도가 인기를 끌었다. 초기의 평가에서 '평평한 평원flat plains'은 '완만한 경사'가 80퍼센트 이상이고 국지적 기복이 90미터 이하인 지역으로, '평원plain'은 그중 경사 기준을 만족시키지 않아도 되는 곳으로 정의했다. 전 세계적으로, 모든 땅의 34퍼센트가 평원으로 이루어졌고(그중 '평평한 평원'은 4퍼센트에 불과했지만) 15퍼센트가 '언덕이나 산이 있는 평원'이어서 둘을 합치면 육지 표면의 절반을 차지했다. '평평한 평원'은 남미(대륙의 육지 면적의 15퍼센트), 북미(8퍼센트), 오스트레일리아 대륙과 뉴질랜드(4퍼센트)에서 가장 흔했다. 반면에 갖가지 평원은 오스트레일리아 대륙과 뉴질랜드(55퍼센트)에서 가장 흔했고 남미와 아프리카 대륙이 그 뒤를 이었다. 이 계산에서 뉴질랜드(그리고 태즈메이니아Tasmania)를 오스트레일리아에서 분리해도 이 지역이 가장 평평하다는 것이 확인될 뿐이다. 유라시아는 평평하고 광대한 저지대를 보유했지만 '가장 거친' 대륙이다.[30]

최초로 '가장 평평한 대륙'이라는 문구를 정확하게 사용했다고 알려진 예는 1954년 오스트레일리아에서 발전용 용수 부족 문제를 논의할 때였다.[31] 이 주장은 비교 측정치에 근거한 것이 아니라 '부재'(물과 산의 부족)라는 개념에서 나왔다. 오스트레일리아의 평평함이 처음으로 완전하게 정의되고 측정된 것은 1977년에 지리학자 J. N. 제닝스J. N. Jennings와 J. A. 마부트J. A. Mabbutt가, 오스트레일리아가 최

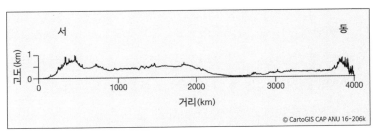

엑스머스에서 바이런베이까지 오스트레일리아를 가로지르는 서-동 지형 단면도.

고 지점(가장 가까운 경쟁자인 남극은 5,140미터인 데 반해 오스트레일리아는 2,225미터)과 평균 고도(남미 대륙이 650미터인 데 반해 330미터) 모두에서 '가장 낮은 대륙'인 것은 '높은 신생 습곡산지가 없기 때문'임을 알아차렸을 때였다. 그러나 유럽을 아시아에서 분리하면 그 차이는 덜 분명해진다. 제닝스와 마부트는 유럽의 평균 고도가 오스트레일리아보다 낮은 290미터(유럽을 포함한 아시아는 860미터)라는 것을 발견했다. 두 사람은 이런 유사성이 상당한 차이를 감춘다면서 다른 지표들을 보면 "저지대의 규모보다 오스트레일리아의 평평함이 강조되어야 한다"고 주장했다. 이들은 오스트레일리아에는 1,000미터 이상의 고원이 2퍼센트에 불과하다는 것을 발견했고, 이 대륙이 낮은 해안 평원이 아니라 높은 평원이라는 결론을 내렸다. 제닝스와 마부트는 이런 식으로 땅의 전반적인 낮음에 주목하되 어떤 고도에서건 평평하다는 점을 강조하여 풍경을 보는 새로운 시각을 제시했다. 대륙의 평평한 풍경은 독특한 단조로움을 보여준다. "지형에 중요한 변화 없이 수백 킬로미터를 여행하는 일이 매우 흔하다."[32]

　　1977년에 제닝스와 마부트가 제시한 이 주장은 이후 오스트레일리아의 평평함을 주장하는 데 설득력 있는 근거가 되었다. 작가들은 재빨리 오스트레일리아를 가장 평평한 대륙으로 취급했고 사진집, 여행서, 그리고 일반적 글들도 이 새로운 인식을 열렬히 받아들였다. 1986년에는 이 주장이 『오스트레일리아 연감Year Book of Australia』에 공식적으로 반영되어 '오스트레일리아는 가장 낮고 평평하며 (남극을 제외하면) 가장 건조한 대륙'이라고 언급되었다.[33] 평평함의 기준이 제시되지 않았고 평평함과 낮음이 계속 혼동되었지만, 이 진술은 영향력이 컸고 이런저런 형태로 자주 인용되었다. 대륙 전체가

러셀 드리스데일의 「양치기의 아내」.(1945년경, 캔버스에 유화, 51.5×61.5cm)

평평하다고 선언되면서 '낮다'는 개념이 밀려났고 특정 장소들은 곧 '어마어마하게 평평'하거나 '매우 평평'하다고 인식되었다.

점점 더 섬세하게 구분하는 추세이지만, 면적의 40퍼센트가 해발 200미터 이하이거나 불과 6퍼센트만 610미터 이상이라는 오스트레일리아는 최근에도 절대적 낮음을 기준으로 할 때 '가장 평평한 대륙'으로 칭해진다.[34] 그러나 2012년에 오스트레일리아 지형연구원Geoscience Australia은 오스트레일리아가 '지구에서 가장 평평할' 뿐 아니라 대륙 전체의 평균 경사가 1.4도에 불과하다고 계산했다. 이 통계는 지리학자들이 제시한 '평평한' 지형의 정의와 잘 맞아떨어진다. 평평함이 대륙 전체에 적용된다는 점이 놀랄 만하다. 더 궁정적인 점은 작가들이 오스트레일리아의 '다양한 풍경'에서 장점을 발견하여 '널라버 평원의 단조로운 평평함'과 에어 호의 '낮음'은 수많은 유형 중 두 가지일 뿐 오스트레일리아의 풍경이 "별로 단조롭지 않다"고 주장했다는 것이다.[35] 오스트레일리아의 평평함에 대해 비교적 최근에 생긴 이러한 긍정적인 인식은 이 대륙에서 인간이 써온 오랜 역사에 대한 과학적 이해의 발달과 함께 나타났다. 오스트레일리아 대륙에서 인간이 처음 거주하기 시작한 것은 5만 년 전, 혹은 그 이전까지 거슬러 올라간다. 이 발견은 미묘한 평평함 속에서 오랜 세월 살아온 원주민들에게 놀라운 것이 아니었다.

## 비어 있음, 단조로움, 지루함

불변을 개념의 중심으로 생각하면, 반복되는 평평함은 예측 가능함, 단조로움, 부재, 비어 있음, 지루함이라는 개념과 밀접하게 연결된다. 그러나 이 개념들의 의미는 사회집단마다 다르고 시간이 지나면서 바뀌었다. 20세기 말이 되자 유럽에서 풍경 화가들이 네덜란드 호로닝언Groningen 주에 있는 북부 평지가 훌륭한 소재임을 보여주면서 아름다움을 인정받기 시작했다. 오스트레일리아에 정착한 초기 유럽인들은 종종 미개간지의 단조로움(모든 나무가 독특하기는 했지만 항상 나무 한 그루, 유칼리나무 한 그루, 이런 식으로 서 있었다)에 불평을 터뜨렸는데, 높은 나무 꼭대기에 올라가서 봐도 표면이 녹색의 거대한 바다처럼 지평선까지 뻗어 있었다. 오스트레일리아의 정착민 사회는 비어 있는 풍경, 특히 사막을 사람을 미치게 만들 수 있는 장소나 '정신적 공허' 혹은 대륙의 '오지'라고 생각했다. 1930년대에 화가들이 이 풍경을 진지하게 다루기 시작했고, 이제 오스트레일리아 '내륙부'는 토착 문화가 풍부한 활기차고 다채로우며 정신적으로 좋은 곳이라고 여겨진다.[36]

오스트레일리아 출신의 학자 질 커 콘웨이Jill Ker Conway는 회고록 『쿠레인에서 오는 길The Road from Coorain』(1989)에서 자신이 뉴사우스웨일스 주 서부의 '텅 빈 땅'에서 녹음이 우거진 매사추세츠 주의 대학으로 갔던 과정을 기록했다. 그녀는 평원에서는 "항상 지평선이 우리와 함께 있었고 지평선에서 도망칠 수 없었다. 지평선의 공허가 걸음걸음마다 따라다녔고 캠퍼스의 모든 곳에서 우리를 기다렸다. …… 평평함 때문에 대조가 놀라울 정도로 뚜렷하게 나타났다"고 회상한다. 인가가 드문 풍경은 '너무나 깊어 고막을 내리누르는' 침묵으로 특징지어졌지만 그곳에서 태어난 사람들에게 "자연의 거대한 공허 속에 포함된 자아의 소멸은 종교적 경험과 비슷하다". 1945년에 학업을 위해 시드니에 보내졌을 때 그녀는 영국 작가들의 시선을 통해 문학을 배웠다. "풍경에 관해 말하자면, 우리는 이 나라의 풍경이 추하다는 암시를 받으며 공부했다. 우리나라는 잉글랜드 코츠월드Cotswold 언덕과 호수 지방Lake Country, 혹은 컨스터블Constable(영국의 풍경 화가 - 옮긴이)이 그린 낭만적인 언덕과 골짜기와 딴판이었기 때문이다." 1950년대에 콘웨이는 어머니와 함께 여행하면서 땅에 대한 태도가 바뀌었고 상상이 아니라 실제 잉글랜드와 유럽의 풍경을 본 뒤에야 오스트레일리아의 아름다움을 인정했다. 하지만 개인적이고 지적인 삶에서 공허함을 발견한 그녀는 하버드로 향했다.[37]

평평한 풍경과 연결된 단조로움과 지루함은 건조한 장소에 국

한되지 않으며, 때때로 최근의 해석들은 평평함이 주는 심리적 영향이 지루함을 거쳐 우울증과 정신질환으로까지 이어진다고 추적한다. 습지 역시 그런 감정을 불러일으킬 수 있다. 그레이엄 스위프트Graham Swift는 1983년에 출간된 『워터랜드Waterland』에서 펜스 지역에서 자란 자신의 어린 시절 이야기를 들려준다. 그의 아버지는 림Leem 강의 수문 관리인이었다. "세상은 평평했다. …… 그 자체로 한 사람을 불안하고 자기 파괴적인 생각들로 몰고 가기에 충분할 정도로 극심하고 단조로운 평평함이었다." 물을 가두기 위해 쌓은 강둑에서 보면 땅이 토탄처럼 새카만 색으로 지평선까지 펼쳐져 있었고 그 위에서 자라는 회녹색 감자 잎, 청록색 비트 잎, 황록색 밀과 같은

머레이 프레데릭스의 「솔트Salt 305」.(2007년, 디지털 피그먼트 프린트, 95×250cm) 오스트레일리아 남부의 에어 호는 홍수 뒤에 물이 마르면 붉은 색조의 호수 바닥이 드러난다. 프레데릭스의 사진은 단순한 평평함이 아니라 무한한 공간이라는 개념을 환기시킨다.

작물들에 의해서만 변화가 나타났다. 그 한결같은 평평함을 깨는 것은 일직선으로 파놓은 도랑과 배수로뿐이었다. 이 일직선들은 하늘의 상태와 태양의 각도에 따라 은빛이나 구릿빛 혹은 금빛 철사처럼 들판을 가로질렀고, 일어서서 그것들을 바라보노라면 한쪽 눈을 감고 원근법에 대한 쓸모없는 명상에 빠지게 된다.

　　이런 환경에서 스위프트는 인간사의 의미를 곰곰이 생각해보며 "현실은 특별한 일 없이 단조롭고 공허하며 평범하다"는 것을 발견했다. 그래서 우리들 대부분은 역사적 사건들의 무대에서 역할을 찾으려고 노력한다. 우리는 '세상에 알려지지 않은 자기 존재'의 평범함을 뛰어넘으려 애쓰지만 보통 따분한 생활의 공허에 갇힌 채 살아간다.[38]

제이 애플턴은 조망-피신 이론 수립을 중심으로 다룬 회고록에서 '어린 시절 펜스에서 익숙해진 단조로움과 지루함을 마침내 이겨냈던' 터닝 포인트를 회상했다. 어린 시절 그는 펜스 지역이 '따분하고 이질적일 뿐 아니라 거의 적대적일 정도'이고 '평평한 장소에 쉽게 들러붙는 우울함'을 나타낸다고 생각했다. 펜스를 새롭게 바라보게 된 것은 '상상력과의 협업' 덕분이었다. 상상력은 '수평의 지평선을 보며 땅이 그 너머로 계속, 계속, 계속 이어질 거라고 가정하게 되는 평평한 고장에서 가장 잘' 경험할 수 있는 것이었다. 이런 시각은 '풍부한 자유의 느낌'을 불러일으켰다. 배를 타고 저지대 국가들에 가까이 갈 때도 비슷한 감정이 들었는데, 그곳의 모래언덕들은 눈에 보이지 않지만 생생한 습지, 해안 간척지, 황무지 너머로 그의 상상력을 데려갔다. 이러한 상상의 여행을 즐겼던 애플턴은 "어떤 사람들은 산이 아름답다고 널리 칭송되니 평평한 고장은 본질적으로 아름다움이 없다는 지나치게 단순화된 주장에 솔깃해한다"고 회상한다. 그는 이 주장이 논리적이지 않을 뿐더러 저지대가 뛰어난 풍경화를 낳았다는 역설을 지적했다. 따라서 "평평한 고장의 매력을 무시하는 풍경 미학 이론은 이 점을 고려해야 한다". 이 모든 점은 지평선을 향해 놓여 있는 것에 대한 단서를 제공하는 '경고 체계'로서의 풍경에 대한 그의 생각과 잘 맞아떨어진다.[39]

# 제5장
# 왜 평평하게 만들어야 할까?

지형을 변화시키는 방법들이 가공할 만한 경지에 이르렀다. ……
오늘날 어떤 개발업자라도 울퉁불퉁한 부지를
며칠 새에 큰 비용을 들이지 않고 매끈하게 다듬을 수 있다.
이렇게 현재 우리는 '불도저 풍경'이 탄생하는 시점에 있다.
피에르 폰 마이스, 1990년[1]


변화가 많은 고지의 풍경이 미학적으로 매력적이라고 하면서도 인간이 지표면의 형태를 바꾸려고 노력할 때 종종 인공적인 평평함 혹은 매끈함을 만들어내려 하는 것은 분명 역설적이다. 바닥이건, 연단이건, 오솔길이건 평평한 표면은 울퉁불퉁한 표면보다 실용적인 이점이 많고 평평한 사물들은 실용적 속성과 미학적 속성을 다 가지고 있다. 이렇게 물리적 세계를 평평하게 하는 활동들은 여러 형태를 띠고 매우 다양한 규모로 이루어진다. 철도는 거액을 들여 지은 구름다리를 건너고 터널을 지나 가능한 한 평평하고 똑바른 길을 따라간다. 스포츠는 평평한 운동장에서 한다. 옷은 다리미판에 놓여 다리미나 인두로 납작하게 다려진다. 그러나 사물을 평평하게 만들려는 일상적인 노력은 그 수명이 짧다. 셔츠는 곧 다시 다려야 하고 잔디도 금세 다시 깎아줘야 한다. 지표면을 바꾸고 공간적 질서를 부과하려는 대규모의 인간 활동은 지리학적·우주론적 맥락에 놓이면 항상 어떤 오만을 보여준다.

## 불도저가 빚어내는 풍경

인간이 최초로 했던 토공土工 작업은 땅을 평평하게 만드는 쪽보다 채굴과 구덩이를 파는 쪽에 맞추어졌다. 그러다 약 1만 년 전에 농업, 특히 관개농업이 발달하고 5,000여 년 전에 바퀴가 발명되면서 이런 경향이 바뀌기 시작했다. 조상들은 비교적 넓고 평평하고 비옥한 평원에서 수로와 제방을 이용해 관개를 했다. 근대 초기의 베네치아공화국, 네덜란드공화국('수륙양용 국가'라고 표현된다)에서처럼

중국 구이린 시 룽성 현의 계단식 비탈.(2009년)

어떤 경우에는 관개와 배수, 간척이 동시에 이루어졌다. 가파른 땅은 단순한 수동 도구들을 사용해 계단식 비탈로 깎아 평평한 들판이 계단처럼 차례로 배치된 복잡하게 가공된 형태를 만들어냈고 가능한 곳에서는 앞쪽에 돌담을 쌓았다. 빗물이 이 계단식 비탈에 흘러내려 각 층에 더 완벽하게 평평한 표면을 만들어냈다. 그리하여 자연적으로는 가팔라도 전체적으로 평평함이 분화되어 있는 것 같은 풍경 이미지가 형성되었다. 계단식 비탈은 1200년경 페루 남부의 잉카족과 중국을 포함해 고대부터 전 세계적으로 널리 퍼졌다. 중국에서는 그 시기부터 쌀농사가 농경 방식을 지배하기 시작했다.[2]

바퀴 달린 수레는 흙과 돌을 옮기는 능력을 크게 향상시켰다. 따라서 수레들이 잘 굴러가는 평평하고 완만하며 매끄러운 표면이 필요해졌다. 반면에 농사는 땅 표면을 거칠게 만들었다. 배수를 돕기 위해 논밭을 주변보다 높게 돋우거나 쟁기질로 이랑을 만들거나 의도치 않은 침식이 일어났기 때문이다. 초기의 경작자들은 때때로 생활폐기물, 거름, 동물 뼈, 유기물 더미 등을 만들어냈지만 그것들을 평평하게 하여 기름진 심토를 만들기도 했다. 또한 주변보다 높게 낸 수로로 물을 이동시켜 경사가 적은 풍경을 지나는 직선의 층을 이루기도 했다. 도시가 발달하면서 공사에 사용할 자재(돌과 진흙)를 구하느라 구덩이가 생기거나 비탈이 노출되는 경우도 있었지만, 그것들이 평평한 표면을 만드는 데 쓰이기도 했다.[3]

산업혁명과 함께 토공 작업의 기계화가 새로운 시대를 맞았다. 19세기 중반에 이동식 굴착기는 한 번의 삽질로 어마어마한 양의 자재들을 옮겼는데 21세기에 거대한 토공 기계들이 등장하는 토대가 되었다. 광산에서는 굴착 공사가 토공 작업의 주를 이루었고 그 결과 폐석 무더기가 쌓였다. 반면에 도시에서는 성장과 건축용 자재 공급을 위해 때때로 언덕과 가파른 비탈을 평평하게 만들었다. 예를 들어 1920년대에 리우데자네이루는 도시 현대화 운동의 일환으로 도시 중심부의 가파른 언덕을 허물었고 그 흙은 주택 건설을 위해 평평한 부지를 만드는 데 충전재로 사용되었다.

　　현재 인간은 어떤 지형학적 기구geomorphic agent(유수, 빙하, 바람 등 지표의 물질을 침식·운반·퇴적하는 매개체 – 옮긴이)보다도 많은 흙을 옮기는데, 이는 인류세의 놀랄 만한 특징이다. 로저 레비 훅Roger LeB. Hooke은 오늘날 전 세계적으로 1년에 총 370억 톤 정도, 연간 1인당 6톤(미국의 경우 연간 1인당 31톤)의 흙과 돌이 옮겨진다고 추정한다. 예전에는 양이 훨씬 더 적었다.[4] 장기적으로 보면 이렇게 많은 흙이 옮겨지는 데는 농업과 삼림 벌채가 가장 큰 부분을 차지하는데, 그중 대부분이 비의도적이고 국지적이지만 복토 제거, 경작, 땅을 밟고 지나다니는 가축들이 원인이 되어 일어나며 결과적으로 침식과 퇴적을 가속화시킨다. 침식된 '악지惡地'의 거칠거나 '울퉁불퉁한' 지형은 상징적으로 보이지만, 장기적으로 보면 인간의 행동은 중력이 지형을 변화시키는 작업을 할 수 있도록 물질들을 느슨하게 만듦으로써 전반적으로 지형이 평평해지는 데 간접적으로 기여해왔다.[5]

　　투지 넘치는 공사들도 계속해서 한몫을 했다. 예를 들어 마오쩌둥이 통치하던 중국에서는 공사 방법의 합리화와 산(적어도 언덕)을 옮기거나 산등성이를 쳐내고 도랑을 메워 조성한 평원들로 생산성이 향상되었다. 이런 방법으로 새로운 땅들이 경작지가 되었고, 들판이 평평해지면서 수월해진 관개와 기계화로 수확량이 증가했다. 어떤 지역에서는 옛 계단식 비탈을 없애고 좀 더 간단하게 자연스러운 비탈로 깎았다. 특히 문화혁명 기간에는 평원의 조성이 혁명적 열정을 상징하여 사회주의와 공산주의를 향한 지속적인 혁명 개념의 일부로 이해되었다. 기존 풍경들이 종종 완전히 바뀌어 들판에 새로운 패턴과 경계가 나타났다.[6] 자본주의 경제는 사회적 평등화에 뿌리를 둔 이상주의적 명분은 없었지만 농촌과 도시 모두에서 그에 맞먹는 풍경의 변화를 불러왔다. 그 과정을 부끄러운 '타락degradation'이라고 칭하는 경우는 별로 흔하지 않았다.

현재 이런 움직임들 중 많은 부분이 점점 더 수평면을 정확히 평평하게 하는 데 의식적으로 초점을 맞춘다. 이 과정의 필수 도구는 예를 들어 불도저의 표적에 빔을 쏘아 운전자에게 날을 올리거나 내리라고 지시하는 회전 레이저이다.[7] 세계가 빠르게 도시화되면서 이런 활동 중 많은 부분이 건축 부지 준비와 접근성에 맞춰져왔다. 작은 언덕과 산등성이를 깎거나 완전히 무너뜨리고 표토는 기존의 오목하게 들어간 땅들을 메우는 데 사용된다. 1960년대에 미국에서 새로 등장한 환경 운동은 탐욕스러운 교외 주택지를 세우기 위해 평야를 개간하는 것은 지형학적 특징도, 초목도, 사실상 눈에 보이는 어떤 유형의 생명체도 없이 불도저가 다니는 길들이 교차하는 '광활한 흙 벌판'을 만드는 것이라며 비난했다.[8] 21세기 들어서는 그러한 평탄화 작업이 1945년 원자폭탄이 처음으로 폭발한 지점에서 따온 용어인 '그라운드 제로ground zero'라고 불리게 되었다. 순환주기의 다른 쪽 끝에는 현대 도시의 소비자 사회에서 나오는 막대한 양의 쓰레기가 있다. 이 쓰레기들은 보통 '쓰레기 매립장'으로 보내진 뒤 기존의 구덩이들에 버려지는데, 땅 표면과 같은 높이가 될 때까지 불도저가 파묻는다.

## 저지대를 지키는 기술의 발전

도시가 지배하는 시대가 오기 전에 대규모로 땅을 평평하게 하는 작업은 주로 농사를 염두에 두고 이루어졌다. 보통 이미 비교적 평탄한 지역인 습지의 물을 빼는 것이 가장 쉬운 공사에 속했다. 따라서 이런 배수 작업의 결과물은 새로운 평평한 지역이 아니라 본질적으로 건조한 평지였다. 물을 빼서 드러난 땅의 평평함은 사실상 이전에는 젖어 있던 표면의 평평함과 일치해서 여러 번 언급한 것처럼 평평한 땅의 개념을 바다라는 더 넓은 인식과 연결시켰다. 실제로 배수 작업은 대개 바닷물이 들어오지 못하게 막는 제방의 건설과 함께 이루어졌다. '간척'은 보통 바다에 장벽을 세워 육지 쪽의 바닷물을 퍼낸 뒤 기존의 평평한 해저를 드러내서 거주와 경작이 가능하도록 하는 것을 의미한다.

강의 저지대는 강 옆의 작은 평지로 이루어져 있으며 침식과 퇴적작용으로 형성된다. 이 지대는 척박한 땅의 한가운데에 있지만 일반적으로 비옥하고 물이 잘 공급된다. 이와 동일한 침식과 퇴적 과정이 해수면의 변화와 함께 더 큰 규모로 작용하기도 한다. 그 예로 14세기 초까지 바닷물이 육지로 범람했던, 평평하기로 악명 높은 저지대(네덜란드와 벨기에)를 들 수 있다. 바다 제방이 바닷물의 습격으로부터 매립지를 보호하고, 강둑은 낮은 해안 간척지를 흐르는 물을 통제한다. 해안 간척지는 작은 땅부터 큰 공사에 이르기까지 크기가 다양하며 대개 해수면보다 훨씬 낮다. 네덜란드에서 개발된 기술들은 북해를 사이에 두고 맞은편에 있지만 같은 지질학적 지역에 속하는 잉글랜드 남서부의 펜스 지역에서 배수 작업으로 땅을 평평하게 만드는 데 중요한 역할을 했다.

펜스 지역은 베드퍼드 레벨Bedford Level이라고 불리는 남부의 광활한 지대 때문에 특히 흥미롭다. 이곳은 19세기에 지구가 평평하다는 것을 입증하기 위한 실험이 이루어졌던 장소이다. 펜스 지역은 오랫동안 평평하고 습지였으며 자주 범람했다. 지역의 강들을 워시Wash 만으로 빼내려고 애썼지만 17세기까지 대규모 배수 공사는 검토되지 않았다. 1630년에 대지주 베드퍼드 백작이 1660년대부터는 베드퍼드 레벨이라고 불린 그레이트 레벨Great Level이라는 광대한 지대의 배수 공사에 착수했다. 백작은 네덜란드의 기술자 버뮈든Vermuyden을 채용해 배수 체계를 구축하고 제방과 도로, 다리를 건설해 '서머 랜드summer land'를 만들었는데, 여름에는 홍수에서 해방되지만 겨울의 범람에는 여전히 노출되었다. 그럼에도 여전히 문제들이 남았는데, 특히 강물이 효율적으로 흘러나가는 데 필요한 경사가 부족했다. 실제로 강은 너무 평평한데다 넓고 얕아서 구불구불 흘러가다가 강한 조수와 맞닥뜨렸다. 또 다른 문제는 배수 작업 후 물이 빠지자 토탄층이 수축되면서 펜스 지역의 표면이 낮아진 데서 나타났다. 이후 시간이 지나면서 기술이 발전했고, 특히 풍차와 증기 엔진을 사용하면서 인공적인 내지 배수 체계가 도입되었다. 그결과 풍경에 매우 정확한 규칙성이 생겨났다. 20세기에 이 지역의 풍경은 '광대한 평원'의 평평함과 함께 수직으로 교차하는 직선들이 지배했다.[9] 21세기에 주민들은 평지 위로 우뚝 솟은 풍력발전용 터빈이 풍경을 망친다며 불평했다.

## 기계화를 위한 농지 확장

대규모 토목공사는 세계의 삼림에 대한 맹공격과 나란히 이루어졌다. 1950년부터 2000년 사이에 전 세계적으로 매년 약 12만 제곱킬로미터가 개간되었는데 1920년대와 1930년대에는 6,000제곱킬로미터에 불과했다. 아마 1980년대에 최고점을 찍은 것으로 보이지만, 이 비율들도 산업혁명 시대의 비율을 상당히 넘어서고 근대 이전에는 훨씬 더 낮았다. 최근의 개간은 열대지방에서 많이 이루어졌다. 선진국들에서 대개 용재, 합판, 베니어판, 파티클보드, 섬유판, 펄프, 종이 등의 평평한 제품을 만드는 데 쓰일 목재를 얻기 위해 열대지방의 나무들이 잘려나갔다. 대부분의 개척지에는 작물이나 채소들이 심어져 서구인들을 위한 식품을 생산했고, 평평하게 다져진 땅에는 키 작은 식물들이 서 있어 시선이 닿는 데까지 평평한 풍경이 나타난다.[10]

농업은 토목공사에 중요한 공헌을 했고 대개 지역을 평평하게 만들었다. 농업은 또한 삼림 벌채의 가장 큰 부분을 차지하고, 더 평평한 풍경을 이루는 예비 단계로 숲을 평평하게 만든 곳에 공터들을 만들어냈다. 농업이 처음 등장한 지역은 작물 재배와 가축 사육, 그리고 도시화(약 1만 년 전에 시작되었다)가 시작된 지역과 마찬가지로 숲이 울창했다. 불의 사용 역시 예를 들어 캥거루와 버펄로 사냥을 돕기 위해 숲으로 덮인 지역을 파괴하고 그 자리에 탁 트인 초원이 들어서게 하는 데 기여했다. 대초원 같은 일부 장소에서는 이런 일이 대규모로 일어났지만 땅 표면의 형태에는 거의 영향을 미치지 않았다. 1700년 이후 숲과 삼림지대, 초원과 목초지를 훼손시키며 세계의 경지가 대폭(다섯 배 이상) 늘어났지만 경지는 전체의 10분의 1에 불과했다. 장기적으로 보면, 작물 농사를 위한 삼림 개간은 세계에 새로운 풍경을 만들어내는 데 가장 중요한 요인이었고 쟁기와 토목 기계의 사용을 가능하게 했다. 이 장비들은 땅을 평평하게 고르는 정도와 기능 면에서 상당한 발전을 나타냈다. 벌채된 삼림은 거의 되돌릴 수 없었다.[11]

농사를 지을 때 각 들판에는 저마다의 미세 지형이 있어서 '언덕'과 '골짜기'가 토양과 습기의 차이를 만들어내어 작물 수확량과 경작 및 수확 비용에 영향을 미친다. 일반적으로 농부들은 땅 표면을 가능한 한 고르게 하거나(혹은 적어도 매끄럽게 하거나) 자연적으로 비탈이 가파른 곳에 계단식 층을 만들어 이런 불균등을 줄이려고 늘 노력해왔다. 그러나 좁고 긴 땅을 따라가도록 만들어진 쟁기를 사용할 때 생기는 '이랑과 고랑' 패턴처럼 볏 하나로 좁은 이랑을 지으면 때로는 역효과가 일어났다. 원판쟁기, 심토경운기, 스캐러파이어(견고한 흙을 긁어내기 위해 모터 그레이더나 로드 롤러에 부착시키는 도구 – 옮긴이), 써레 같은 근대의 기계 기술들이 특히 온대 지방의 곡물 생산에 적용되면서 모두 땅을 평평하게 하는 결과를 불러왔고 점점 더 넓은 들판이 필요해졌다. 농부들은 들판의 경사를 분석하기 위해 다양한 측량 기법을 적용했지만, 정확성이 향상되면서 측량 비용이 빠르게 증가했기 때문에 관개농업처럼 상대적인 평평함이 필수인 상황에 더 많은 비용을 쓰려고 했다.

전반적으로 현대의 자본집약적 농업은 평평한 땅, 대규모 농장과 경지를 선호한다. 경작과 수확에 사용되는 고가의 대형 농기계들을 이런 환경에 도입했을 때 수익성이 가장 높기 때문이다. 예를 들어 세계 최상의 커피는 가파른 비탈에서 자라지만 수확용 기계는 그런 지형에서 넘어져버리기 때문에 사용할 수 없다. 그래서 기계를 값비싼 노동력의 대체품으로 생각하는 지역에서는 가파른 비탈보다 품질은 떨어지지만 상대적으로 평평하다는 이점이 있는 환경에서 커피를 재배한다. 이렇게 농업의 경제학은 평평한 부지에 대한 선호(특히 평지가 매우 넓을 때)와 대형 기계를 사용할 수 있는 농지를 조성하기 위해 땅을 평평하게 만들려는 동기를 불러일으킨다. 곡물 농사에서 현대식 수확기들의 넓은 일직선 날은 예측 가능하고 지속적인 환경, 즉 변화 없는 평평함을 요구한다. 1900년경 증기기관을 농기계에 사용했을 때는 땅을 매끈하게 고르고 엔진이 평평하게 유지되도록 돕기 위해 기계 앞쪽에 무거운 롤러를 부착했다.[12] 이 모든 것은 땅의 표면을 발전된 자본주의에서 최대의 수익을 내는 형태로 만들어야 하는 하나의 원자재로 이해했기 때문에 취해진 조치였다.


## 잔디밭에 들어가지 마세요!


농지를 평평하게 하는 작업은 엄격한 경제적 의사 결정의 결과물이라고 할 수 있다. 한편 이와 비슷하게 평평한 잔디밭에 대한 욕구는 종종 사치로 받아들여진다. 그래서 소스타인 베블런Thorstein Veblen은 1899년에 출간된 『유한계급론 The Theory of the Leisure Class』에서 잔디밭을 '금전적 아름다움'의 예로 꼽았고 모조 초원에 자원을 할당할 수 있는 능력이 잔디밭의 '감각적 아름다움'과 잘 맞아떨어진다고 보았다.[13] 20세기에 부의 증가로 잔디밭이 여러 계층에 좀 더 광범위하게 확산되면서 잔디밭은 사회적 흠모의 대상이라는 명망을 어느 정도 잃었다. 현대의 주생활 공간에서 잔디밭은 단일 작물로 가장 획일적이게 평평한 형태로 재배되는 풍경, 풀을 주의 깊게 깎아 손질한 기하학적 영역이 되었다.

그러나 이것은 최근의 문화 현상이며 잔디밭이 보편적으로 가치를 인정받는 것은 아니다. 지리학적으로 현대의 잔디밭은 서유럽 및 유럽인들이 식민지화한 국가들에 집중된 것으로 보인다. 반면에 아프리카와 아시아에서는 흔히 집 주변에 빈 공터를 유지하는데, 이런 공터는 또 다른 유형의 평평한 빈 공간이다. 중국의 뜰에는 잔디가 없고, 바닥을 장식하거나(바닥이 평평한 곳에 때로는 카펫처럼 꽃문양으로 장식한다) 그냥 돌투성이로 놔둔다. 전통적인 선禪 형태의 정원에는 경사진 돌들이 매우 고르게 깔려 있고, 강도 골짜기도 없는 평평한 표면에 작은 바위섬같이 암석들이 튀어나와 있다. 중국의 회화에서처럼 '여백'은 부정적인 결핍이 아니라 자유롭게 움직이고 활발한 정신적 에너지를 유지할 수 있도록 하는 '비어 있음'을 의미하고 정신적 활기를 불러올 잠재력을 품고 있다.[14] 그러나 르네상스 시대에 이탈리아에 도입된 자갈 정원과 그 외에 물이 별로 없는 환경은 작은 땅에 초록 잔디를 유지하려는 환경적 타협이었다.

역사적으로 잔디밭은 어디서나 드물었다. 잔디밭의 선조는 소, 양 같은 동물들이 풀을 뜯어먹는 탁 트인 목초지 혹은 초원이다. 잔디밭은 천상의 정원이라는 에덴동산 혹은 적어도 탁 트인 풍경, 그리고 아르카디아의 목가적 이미지와 연결되었다. 그러나 중세의 서구에서는 흔히 에덴동산을 아담과 이브가 쫓겨난, 울타리로 에워싸인 이미지로 생각했다. 담 안의 정원은 죄 많은 세상의 추악함에서

차단된 피난처가 되었다. 기독교에서만 그렇게 생각한 것은 아니었다. 이슬람교의 정원도 담으로 보호받았고 그 안에 사막에서 분리된 이상적인 과수원이 있었다.[15]

근대 초기의 유럽에서는 정원을 설계할 때 담 안에 대칭적으로 배치된 다양한 기하학적 형태들을 도입했다. 건축적 질서를 보여주고 위쪽에서 봤을 때 전체적으로 의미가 가장 잘 통하는 동심원, 삼각형, 선들이 채택되었다. 이런 평평한 기하학적 공간들 중에서 원예적으로 잔디밭과 비슷한 곳은 얼마 되지 않았다. 유럽 대부분의 지역에는 정원의 담 너머에 들풀들을 심어 만든 더 넓은 잔디밭이 있었지만 토공 작업이나 평탄화 작업을 하는 경우는 드물고 일반적으로 가축 방목지로 쓰였다. 사냥을 위해 숲이 유지되었던 것과 마찬가지로 이런 별개의 넓고 트인 공간은 대규모의 사유지에서만 가능했다. 가장 칭송받는 예로, 1661년 루이 14세가 왕위에 오른 뒤 베르사유에 조성한 정원을 꼽을 수 있다. 이 정원은 완공하는 데 20년이 넘게 걸렸고 4만 명에 이르는 일꾼을 고용해 땅을 고르고 습지를 간척했으며 풍경에 대칭성을 구현했다. 그래서 높은 지점에서 보면 왕의 영토가 지평선까지 뻗어 있는 것 같았다.[16]

19세기 말 미국과 서유럽 일부 지역에서는 부유층과 당시 증가하던 중산층이 평평하게 다듬은 잔디밭을 아름답다고 생각하고 정원 설계에 포함시키기 시작했다. 수 세기 동안 도시 거주자들에게는 집들을 밀집시키고 담으로 둘러싸는 것이 안전을 의미했다. 그러나 이제 다른 집들과 떨어지고 이상적인 형태로 자연을 정원 삼은 집이 선호되었다. 그리고 가능한 한 통일되고 평평하게 손질하고 잡초를 없앤 넓은 잔디밭을 꾸미는 집이 점점 늘어났다. 잔디밭은 단순히 미학적 즐거움만 제공하는 것이 아니라 일종의 장벽, 혹은 거리와 집 사이의 전환 공간(해자와 거의 비슷한) 역할을 하여 보호막이 되어주는 커튼이나 문틈으로 앞을 가로막는 것 없이 밖을 살필 수 있게 했다. 잔디밭이 낮고 비어 있을수록 더 효과적이었다. 잔디밭에 대한 이런 평가와 함께 산업화된 도시에서 탁 트인 녹지 공간에 대한 열망이 점점 더 높아졌다. 가장 좋은 예는 뉴욕의 센트럴파크다. 1858년에 공사가 시작된 센트럴파크는 협곡과 암석 노두가 가득한 습지를 기복이 있는 잔디밭으로 바꾸려고 했다. 그 결과 다채롭지만 평등주의적인 풍경이 완성되었다. 센트럴파크는 특히 평평하고 척박하지 않되 점점 더 높아지는 고층 건물이 내려다보는 격자 형태의 도시에 딱 들어맞도록 직사각형으로 설계되었다.[17]

20세기 들어 미국에서는 교외화가 이루어지면서 앞마당을 작물이나 꽃나무를 기르는 터가 아니라 가능한 한 평평하게 깎은 표준화된 잔디밭을 만드는 장소로 여기게 되었다.[18] 오스트레일리아에서는 교회 앞 잔디밭을 때때로 '바깥의 카펫'이나 '잔디가 덮인 이상적인 당구대'로 불렀다. 매끈함을 높이 평가했지만 항상 평평함을 원한 것은 아니었다. 정원과 공원에서 잔디밭을 지형의 자연적인 윤곽을 따르거나 비탈을 형성하도록 조성할 수 있었는데, 땅 표면에 격자무늬로 말뚝을 박은 뒤 널빤지를 올려 원하는 높이나 경사로 만들었다. 완전히 평평한 표면을 만들려면 기포수준기가 필요했다. 잔디 볼링장처럼 정말로 평평한 잔디밭이 필요한 곳에서는 공사 단계에서 배수에 신경 써야 했다. 이런 곳에서는 빗물이 잘 빠지도록 중심에서 사방으로 경사진 낮은 피라미드 모양의 보조 기층을 만들 수 있었고, 그 위에 자갈과 흙을 차례로 덮은 뒤 잔디를 깔았다. 표면 전

체가 반듯하도록 면밀하게 다듬지 않으면 포켓에 물이 고이고 잔디
가 고르게 자라지 않을 수 있었다. 기복을 없애기 위해 가끔씩 떼밥
(잔디를 조성할 때 표면에 뿌리는 곱고 질이 좋은 흙 - 옮긴이)을 주어 잔디 면을 고
르게 유지해야 했다.[19]

평평하고 매끈한 표면은 잔디를 깎을 때, 특히 큰 낫을 사용할
때도 선호되었다. 더 사용하기 쉬운 릴모어reel mower(회전날이 밑날과 반복
적으로 마주쳐 가위처럼 잔디를 깎는 기계 - 옮긴이)가 나왔지만 여전히 평평함
이 선호되었다. 특히 1950년대에 전동식 기계의 가격이 저렴해지면
서 시끄럽고 위험하다는 단점은 있지만 교외의 잔디밭들을 비교적
쉽게 관리할 수 있었다. 집주인들은 '질 나쁜 풀과 납작한 잡초'들을
깎는 것만으로는 충분치 않다는 이야기를 들었다. '고르지 않은 표
면은 잔디밭에 바람직하지 않아서 튀어나온 부분이나 움푹한 부분

잘라서 배달용으로 말아놓은 잔디 떼장.(오스트리아, 2005년)

을 매끄럽게 만들어야 하기 때문에' 뗏장을 갈아주어야 했다. 잔디사는 나라에서는 사람들이 선호하는 품종의 잔디를 키워 원하는 곳 어디든 심을 수 있도록 띠 모양으로 자른 뒤 카펫처럼 말아서 판매하는 전문 농장들이 생겨났다. 때로는 집 안을 꾸미는 실내장식을 집밖에도 적용해 정원에 많은 '방'이 있다고 생각하며 잔디밭을 카펫과 바닥처럼 꾸몄다. 초기의 릴모어는 카펫의 보풀을 세우는 기계를 모방해서 만들었다. 풀로 덮인 (야외) 링크뿐 아니라 (실내의) 카펫에서도 볼링을 했다. 아무리 작은 땅이라도 잔디는 '집에 약간의 품위와 널찍한 느낌'을 불러왔다.[20]

20세기 후반에 환경운동가들은 잔디 관리 산업의 비싼 생태학적 비용을 비판했다. 이 비용에는 비료, 제초제, 물의 막대한 소비도 포함되었다. 20세기 거의 내내 나타난 문화적·미적 비판은 집 앞 잔디를 작은 상자처럼 똑같은 주택부터 획일적인 아스팔트 길, 사람들에 이르기까지 획일성과 동조성의 대표라고 생각했다. 인공적으로 조성된 잔디밭의 평평함이 중요한 상징이 되었고 그 단조로운 단색은 지루한 '녹색 사막'을 형성했다.[21] 잔디밭, 콘크리트 진입로, 집의 벽과 창문의 평평함은 그 안에서의 삶이 아무리 다채롭고 다양하며 창의적이라 해도 교외의 모습을 담은 '단조로운' 그림에 딱 좋은 소재였다.

잔디 묘지는 미국의 창작품으로, 1917년에 휴버트 이턴Hubert Eaton이 캘리포니아 주 포레스트 론Forest Lawn에 '보기 흉한 묘비와 지상의 죽음을 나타내는 그 외의 표지들이 없고, 대신 우뚝 솟은 나무들과 넓은 잔디밭으로 채워진'[22] 공원묘지를 구상하면서 시작되었다. 잔디 묘지는 과거의 피라미드와 봉분을 없애고 사람이 묻힌 장소를 표시하기 위해 땅 표면과 같은 높이로 납작한 명판을 깔았다. 교외 주택가의 잔디밭과 마찬가지로 천박한 장식을 현대 미니멀리즘과 혼합했고, 콘크리트 벙커에 강철 명판을 부착해 함몰을 방지했다. 포레스트 론은 관광객들에게 인기 명소가 되었고, 이 모델이 퍼져나갔다.[23] 이런 묘지들은 항상 넓고 완만하게 경사진 풍경이 조성되도록 설계되었으며, 미식축구 경기장보다는 골프 코스와 더 비슷하게 나무숲이 있고 여기저기에 조각상들이 흩어진 풍경이었다.

공공장소에서 볼 수 있는 '잔디밭에 들어가지 마세요'라는 표지판은 무지한 자들에게 정성스럽게 가꾼 잔디밭은 아름다운 것, 발자국 하나도 견디지 못하는 너무나 약한 완벽한 작품으로 여겨야 한다고 가르쳤다. 가정에서 잔디밭은 아무리 작은 집이라도 이상적으로는 현관이라는 '피난처'에서, 혹은 아마도 커튼 틈새로 밖을 내다보고 싶은 '조망'에 대한 욕구를 만족시켰다.


## 더 매끄럽고 단단하게 멀리까지


도로는 형태와 표면이 다양하지만 현대의 운송 기술들은 매끈함과 곧음을 특히 가치 있게 여긴다. 따라서 도로 건설과 포장의 일반적 목표는 깎기와 채우기로 표면을 평평하게 하는 경향이 있다. 그러나 실제로는 완전하게 평평한 도로 체계를 만들려면 대개 비용이 너무 많이 들어서 대부분의 도로는 땅의 윤곽을 따른다. 현대의 승용차들은 경사도가 약 7퍼센트인 길은 속도를 줄이지 않고 올라갈 수 있지만 20퍼센트 이상이 되면 힘들다. 3퍼센트라는 하한선도 있으며, 대부분의 땅에서 배수가 이루어져야 한다. 배수 문제만 해결될 수 있으면 평평한 땅에서는 도로 포장 자체로 반반한 표면이 형성된다.[24] 아주 평평한 땅에서는 고가 횡단로나 입체교차로가 풍경에서 가장 눈에 띄는 시설이 될 수도 있다.

인간이든 동물이든 느린 도보 이동은 비교적 울퉁불퉁한 길과 고르지 않은 도로 표면에 대처할 수 있다. 반면에 바퀴가 달린 교통수단은 편안함과 속도를 위해 더 매끄럽고 단단한 표면을 요구한다. 역설적인 점은 바퀴가 발을 대신하면서 보행자들이 이런 공학 기술의 발달에서 자연스럽게 이득을 본다는 것이다. 20세기 중반이 되자 테니스화와 스니커즈는 더 이상 매끄러운 표면의 테니스 코트와 야구장의 전유물이 아니었고, 궁전의 무도회뿐 아니라 쇼핑을 하면서도 하이힐을 신을 수 있게 되었다. 일상생활에서 걸어 다니고 짐을 들고 다니는 사람이 줄어들수록 이들이 신고 다니는 신발이 덜 전문화되었다. 길이 평평해진 덕분이었다.[25] 또 자동차가 일종의 의족이 되어갈수록 어디를 다니든 평평함을 요구하는 사람이 늘어났다.

고대의 도로 체계들 중에서는 로마 제국의 광대한 도로가 유명하다. 원래 군대의 원활한 이동을 위해 설계된 로마의 도로는 전체 길이가 30만 킬로미터에 이른다. 그러나 일반적인 로마의 도로가 '넓고 곧고 평평하다'고 상상하면 잘못이다. 오히려 도로 건설자들은 지형의 변화에 세심한 주의를 기울였다. 로마 제국은 산이 많은 지역을 가로지르며 뻗어 있었다. 최초의 도로들은 점토 지반에 자갈이나 부싯돌을 깔았는데, 포장 기술이 발달하면서 부싯돌이나 현무암 덩어리, 그리고 조밀한 점토와 쇄석, 자갈을 여러 층 깔고 묽은 모르타르를 섞어 기본적인 형태의 콘크리트를 만들었다.[26] 포장 방법이 개선되기까지 오랜 시간이 걸렸고, 운송 기술에서는 거의 혁신이 일어나지 않았다. 19세기 초가 되어서야 이런 고대의 지반에 비슷한 크기의 쇄석을 연속적으로 여러 층 조밀하게 깔고 타르나 아스팔트(역청)를 섞어 굳힌 '쇄석 포장'된 도로 면이 구축되었다.

자동차(그리고 거의 동시대에 발명된 자전거)의 등장은 요구 사항을 급격하게 바꾸어놓았다. 빠른 속도로 굴러가는 바퀴는 편안하고 안전한 여행이 보장되도록 비교적 평평한 표면을 요구했다. 뿐만 아니라 말이 끄는 탈것들은 자갈과 쇄석 도로를 꾹꾹 눌러 다졌던 데 반해 자동차의 경우 그 무게와 속도 때문에 도로 표면이 깨지고 자갈이 길 옆으로 쏠려나갔다. 어디에도 이런 공격에 대비한 도로 체계가 없었다. 미국에서는 1909년까지 시골 지역에 도로가 포장된 구역이 한 곳도 없었다. 포장도로에 대한 수요가 생기자 곧 콘크리트와 그

심슨 사막보호공원의 모랫길.(사우스오스트레일리아 주, 2015년)

보다 정도는 덜하지만 벽돌을 사용한 도로가 건설되었다. 하지만 이들 자재는 고가였기 때문에 지속적인 수리가 필요한 쇄석이나 아스팔트콘크리트가 여전히 지배적이었다. 1930년대가 되어서야 포장된 도로망이 광범위하게 구축되었고 1956년에 미국에서 주간고속도로의 건설이 시작되었다.[27]

2010년에 세계적으로 도로의 길이가 총 5,000만 킬로미터가 넘고 2050년까지 추가적으로 2,500만 킬로미터가 건설될 것으로 추정된다. 도로가 가장 부족한 지역은 보통 아마존, 북아프리카와 오스트레일리아의 사막, 아북극 등 인구밀도가 낮은 오지들이다. 이러한 예측은 도로 건설이 직접적인 영향을 받은 공간들을 상당히 평평하게 할 뿐 아니라 생물 다양성의 감소, 환경 훼손, 그리고 진입로와 주차장으로 평평함이 연결되며 확산되는 현상을 통해 추가적으

1955년경의 콘크리트 포장. (뉴저지 주 유잉의 스튜이버선트 거리, 2014년)

세계의 도로망 밀집도. 비어 있는 구역의 밀집도가 가장 낮다.

로 영향을 미친다는 것을 의미한다. 예를 들어 아마존에 길을 내면 보통 긴 띠 모양으로 뻗은 2차, 3차 경로가 생기고 삼림 벌채와 농업용 개발로 풍경이 평평해진다.[28]

이런 식으로 길 자체와 주변의 전원 지대 사이에 괴리가 생겨 때로는 길이 풍경에서 유일하게 비교적 평평한 표면이 된다. 특히 자동차는 속도 때문에 편안한 운행을 위해서 매끄럽고 평평한 표면이 필요한데, 두 차례의 세계대전 사이에 공원 도로와 아우토반이 생겨났다. 이들 체계는 도로 표면이 지형의 윤곽과 어우러지도록 노력했던 반면에 1945년 이후, 특히 미국에서는 효율성과 곧고 평평한 고속도로를 인정사정없이 뚫는 쪽으로 주안점이 옮겨갔다. 도로는 가능한 곳마다 '저항이 가장 적은 경사를 따라' 평탄하게 이어졌고 낮은 산, 언덕, 절벽은 멀리 있는 반면에 땅이 파인 곳이나 구덩이는 보이지 않는다. 주간고속도로를 달리는 운전자들의 눈에는 평평함만 보였다. '약간의 평탄하지 않음'을 알아차리고 고가도로에서 풍경을 즐기는 것은 지역 주민들의 몫으로 남겨졌다.[29]

도로 표면의 평평함이 다른 환경으로 침투한 현상은 주차장의 개발에서 가장 또렷이 나타난다. 주차장은 도로 체계의 연장이지만 길가에 주차하는 차들을 없애는 데 전문화된 공간이다. 부드러운 갓 길과 가장자리가 종종 거친 주변 풍경과 어우러지고, 때로는 반쯤 숨겨진 위험한 도랑, 배수로와 합쳐진다. 주차장도 처음에는 풀이나 자갈이 깔린 자연적인 터로 시작되었지만 시간이 지나면서 아스팔트, 콘크리트 같은 이상적인 동질의 평평한 물질로 된 훨씬 더 완벽한 표면, 운전자들이 빈 공간을 찾을 수 있는 장소가 되었다. 현대 미국에서 주차장은 길로 덮인 면적과 동일할 정도로 광대한 면적을 차지한다. 하지만 '탁 트인' 길이 자유와 움직임을 암시하고 인식되는 주변 풍경을 평평하게 만드는 반면에 주차장이라고 하면 낭만적이지 않은 혼잡과 폐쇄, 국지적인 평평한 장소만 떠오른다. 하지만 다층식 주차장(주차장 건물)이 개발되기 이전에는(1920년대부터 1960년대까지) 대도시의 중심부에 주차장을 만들기 위해 건물을 허물고 구역 전체를 평평하게 만들었다. 1960년대에 로스앤젤레스 도심의 땅 28퍼센트를 거리가, 그리고 또 다른 38퍼센트를 길 밖의 주차장이 차지했다. 디트로이트의 경우 자동차가 침입한 공간이 이보다 더 커서 1972년에는 도심지의 74퍼센트를 차지했다. 그 결과 훼손된 평평한 아스팔트와 콘크리트 표면 위로 고층 건물들이 솟아오른 풍경이 형성되었고 도로, 인도, 주차장이 연속적인 높이를 이루었다.[30]

역설적이게도 주차장은 자연에 뿌리를 둔 전통적인 녹지 공원의 가장 추상적인 특징들만 공유한다. 특히 현대 미국의 도시 풍경에서 주차장은 가장 실용적이고 예측 가능한 구성 요소여서 이런 도시들의 특징인 동일성에 기여한다. 주차장이 평형함의 본질과 공유하는 부분이 바로 이 불변성이다. 따라서 필연적으로 주차장이 도시 풍경에 미적인 기여를 한다고는 거의 생각되지 않는다. 지리학자

존 A. 재클John A. Jakle과 역사학자 키스 A. 스컬Keith A. Sculle의 말처럼 "차가 없을 때 주차장은 특히 공허해 보인다. 하지만 차로 가득 찼을 때도 어떤 공허함은 남아 있다. 주차된 차들의 바다가 줄에서 줄로, 주차장에서 주차장으로, 구역에서 구역으로 시선이 닿는 곳까지 평평하게 펼쳐져 있다".[31] 평평함에 대해 주차장은 들어오고 나가는 차들이 편하게 지나가야 한다는 실용성을 강조하지만 바로 그 획일성이 길을 찾는 데 필요한 공간적 지표를 제거하고 그 자리를 공백으로 바꾼다. 주차장으로 돌아온 운전자들은 이런 지표의 부재로 방향감각을 잃고 자신의 차를 찾아 넓은 평원을 이리저리 헤맨다.

기관차는 자동차보다 평평한 땅을 더 좋아한다. 자동차는 짧은 급커브와 가파른 경사에 대처할 수 있지만, 상대적으로 더 거대하고 무거운 기차는 거칠고 가파른 땅에 훨씬 더 취약하다. 따라서 부드러운 말굽의 동물을 타고 다니다가 1830년대부터 철길을 달리는 기관차의 쇠바퀴로 옮겨간 것은 혁신적인 변화였다. 기관차가 나타나면서 '기계적으로 완전한 길'을 처음으로 건설할 수 있었다. 볼프강 쉬벨부시Wolfgang Schivelbusch가 『철도 여행의 역사The Railway Journey』에서 주장한 것처럼 "철도는 이전의 어느 길보다 더 단단하고 매끈하며 평평한데다 직선인 철도를 써서 처음으로 이런 길을 만들었다".[32] 굴착과 철롯둑, 평탄화 작업으로 길을 평평하고 곧게 만들었고, 너무 높고 깊은 산과 골짜기에는 거액을 들여 터널과 구름다리를 건설했다. 바츨라프 스밀Vaclav Smil은 1킬로미터당 평균 3,000세제곱미터의 흙과 자갈, 다짐흙을 옮겨야 한다고 추정했는데, 세계 전체로 보면 엄청나게 거대한 양이다. 1900년에는 전 세계적으로 77만 5,000킬로미터의 광대한 철도망이 뻗어 있었고, 일부 국가에서 줄

어들긴 했지만 이 수치는 2010년까지 두 배로 증가했다.[33]

초기의 철도 여행은 시각이 처리해야 하는 인상이 끊임없이 바뀌어 피곤하다는 이야기가 자주 나왔다. 가까이 있던 풍경들이 기차의 빠른 속도에 의해 상실된다. 어떤 사람들은 그 이유가 단조로움과 필연적인 지루함을 불러일으키는 평평한 표면을 이동하기 때문이라고 생각했다. 그러나 다른 여행자들은 철롯둑 때문에 높은 곳에서 보게 된 풍경과 언덕 가운데를 좁게 깎아 만든 철도로 생긴 다양한 산과 골짜기를 수용하는 신선한 인식을 발달시켰다. 쉬벨부시의 말처럼, 철도는 새로운 파노라마적 풍경, '본질적으로 단조로운 풍경'이 '미학적 만족을 주는 시각에 포함되는' 풍경을 탄생시켰다.[34]

철도 여행은 상대적으로 고립된 활동이 되었고 바다 여행과 공통점이 많았다. 그리고 가로막는 것이 없는 광활한(자연적으로 평평한) 표면을 이동하는 데 특히 적합했다. 그러나 1960년대부터 고속철도가 개발되면서 기차를 타면 일반적으로 배나 자동차로 여행할 때보다 훨씬 빠른 속도로 이동할 수 있게 되었고 특정 거리는 비행기 여행과 겨룰 정도였다. 그런 빠른 속도(시속 500킬로미터에 육박하는)에는 장대 선로와 큰 선회권이 필요해서 평평함과 곧음이 중시되었다. 자기 부상 체계 역시 변화가 없는 선로가 필요하다.

## 거친 지형, 평평한 수면

물을 잡아두고 가두는 방법은 수영장부터 거대한 저수지에 이르기까지 형태가 다양하고 규모도 천차만별이다. 하지만 어느 경우든 그 결과물은 인공적인 평평한 수면이다. 이 수면은 기존의 자연적·문화적 지형을 감추고 바꾼다. 그리고 좁은 골짜기를 차지하는 경우가 많은데, 그런 곳이 많은 양의 물을 담기에 가장 효과적이기 때문이다. 그리하여 거친 지형의 한가운데에 넓고 평평한 수면을 형성한다.

고대에도 물을 가두는 일부 야심찬 공사들이 완공되었다. 아마도 중동 지역에서 시작된 듯하지만 인도, 중국, 로마 제국, 중앙아메리카에서도 볼 수 있었다. 그러다가 토공 기계들을 이용하게 된 20세기 들어 그런 활동이 최고로 급증했다. 댐, 연못, 저수지의 총수를 밝히기란 힘들고 정의에 따라 달라진다. 예를 들어 미국에서는 저수량이 6만 1,700세제곱미터 이상에 높이가 2미터 이상인 댐이 약 7만 5,000개다. 총 저수량은 1930년에서 1970년 사이에 빠른 속도로 증가하다가 안정화되었다. 미국에서 이 댐들 대부분은 소규모이고 정말로 큰 몇 개가 저수량의 가장 많은 부분을 차지한다.[35] 저수량과 표면적의 관계는 단순하지 않고, 가장 광대한 저수지 중 일부는 상대적으로 얕다. 또한 일부 저장고들은 하천의 흐르는 물을 막은 것이 아니라 기존의 호수들을 확장한 것이다. 백나일 강의 빅토리아 호의 경우 오언 폭포Owen Falls에 표면적이 6만 6,400제곱킬로미터인 댐이 건설된 반면에 콜로라도 강의 후버 댐은 표면적이 659제곱킬로미터밖에 되지 않는다. 세계적으로 보면 대규모 댐들이 이탈리아의 전 국토 면적보다 더 넓은 표면을 차지한다.

운하는 직선의 평평함을 형성하지만, 가능한 곳에서는 땅의 윤곽을 따라가고 때때로 갑문을 이용해 수위를 바꾼다. 1869년에 개통한 수에즈 운하는 해수면과 높이가 같은 평평한 수로지만, 배들이

다니기 더 힘든 파나마 운하(1914년)는 여섯 개의 이중 갑문이 계단식 워터브리지를 형성한다. 전 세계에서 관개나 수력 공급을 위해 수로가 필요한 모든 곳에서는 항상 내리막으로 향하되 통제된 속도와 힘으로 지형을 따라가도록 수로를 파기 위해 측량 도구들이 발달되었다. 기포수준기는 그런 도구들 중 하나이며, 수평을 이루기 위해 자연적으로 수위를 찾는 물의 특성을 활용하는 더 간단한 도구가 많이 개발되었다.[36]

## 안정감을 주는 건축물의 기단

구축 환경(자연환경에 인위적인 조성을 가해 만들어낸 환경 – 옮긴이)과 그 환경이 자리 잡은 땅 사이에는 어떤 관계가 있을까? 왜 건축하기 전에 표면 공사부터 할까? 가장 간단한 답은 중력 때문에 평평한 출발점 외의 어떤 것도 현실적이지 않다는 것이다. 건축에는 기단이 필요하다. 모든 문화가 정착지로 평평한 부지를 선택하거나 선호한다는 뜻이 아니라 각 주거 단위가 평평한 기반을 요구한다는 것이다. 심지어 가파르고 험한 비탈을 깎아 건축물을 세우는 경우에도 마찬가지다. 수평면은 인간의 활동을 위한 어떠한 공간의 형식적 배열에도 필수적이다. 고르지 않은 표면과 경사로도 각자의 몫이 있지만 이들은 대개 층을 이룬 수평적 공간성의 기본 원칙들을 깨뜨리기보다 사람이 사는 층들을 연결시킨다. 높은 파도로 요동치는 배에서는 물건들을 단단히 고정시켜야 하고, 피사의 사탑은 위험해 보인다. 평평한 표면만이 시각적 안정성을 줄 수 있다. 따라서 평면의 조성

은 유용할 뿐 아니라 더 광범위한 시각적이고 본능적인 건축적 중요성을 띤다.[37]

　　건축은 중력과 끊임없는 싸움을 벌인다. 따라서 거처를 건설하는 일은 항상 위험하며, 건물이 땅 위로 더 높이 올라갈수록 더 위험하다. 전통적인 민가(역사의 대부분 기간 동안 사람들이 살아온 건물)들은 주변 환경과 밀접한 관계를 맺으며 지어졌다. 지형을 바꾸는 정도는 미미했고 인근에서 구할 수 있는 자재들을 사용했다. 중력이 지배했지만 위험은 그리 크지 않았다. 주택들의 벽과 지붕, 내부 구조가 다양했고, 대개 집적화 그리고/혹은 획지 분할을 통해 더해지는 방식으로 유기적으로 증가했다. 그러나 크고 높은 건물들은 굉장히 정확한 측정과 사양, 공간적 조건에 대한 명확한 정의를 요구했다. 그래서 점은 공간에서의 한 위치를 나타내고, 선은 점이 연장된 것으로 길이와 방향의 속성을 얻었다. 그리고 '본질적인 방향이 아닌 방향으로 연장된 선이 면'이 되는데, 면에는 너비·형태·표면·방향성이라는 속성이 있지만 개념적으로 깊이의 속성은 없다. 평면의 평평함이 항상 수평 상태에 의지하는 것은 아니다. 한 건물에서 바닥은 밑면, 벽은 벽면, 천장은 머리 위의 면이다. 부지를 측량할 때 수평면은 고정된 기준점을 제공하는데, 때로는 평판 위에 그려지는 설계도에서처럼 글자 그대로의 기준점, 그리고 때로는 바다 풍경만큼 평평한 지평선에 일치시킬 수 있는 위치기하학에서처럼 추상적인 기준점이 된다.[38]

　　밑면이나 기단 개념의 위대함은 그리스 고전 건축부터 메소아메리카 문명, 인도와 중국, 그리고 고정관념에서 벗어나려 노력한 프랭크 로이드 라이트Frank Lloyd Wright(1867~1959)의 모더니즘 건축에 이르기까지 모든 건축에서 존중받았다. 예를 들어 1930년대 말에 펜실베이니아의 산기슭을 흐르는 자연 폭포 위에 지어진 폴링워터 Fallingwater라는 집은 '심지어 경사로와 나선형까지 부인하고 다른 모든 것을 희생해 수평적 연속성을 강조한' 라이트의 고집을 보여준다.[39] 고대 멕시코에서는 산꼭대기를 깎아 평평한 표면을 만든 뒤 석조 사원과 궁전을 지을 기단을 마련했다. 마야 문명의 경우 수평을 이루는 주위 숲들 위의 광대한 기단에 사원을 지어 폐쇄공포증적인 정글보다 탁 트인 바다를 닮은 새로운 시각의 가능성을 제시했다. 기단과 그 위에 세워진 의식용 건물들은 초록의 바다 위에 떠 있는 것 같았다. 서구의 건축가들은 '인접한 환경으로부터 초월적으로 거리를 두고 먼 지평선을 끌어들이는' 이 개념에 의지했고, 항구 위에 떠 있는 것처럼 보이는 요른 웃손Jørn Utzon의 시드니 오페라하우스처럼 상징적인 건축물을 앉히기 위해 기단을 차용했다. 기단의 추상적 개념은 '급진적으로 근대적이고' 그 설계는 '절대적으로 평평한 수평면의 이상에서 벗어날 필요성을 없애준다'.[40]

웃손은 1949년에 라이트의 저택인 탈리에신 이스트Taliesin East를 방문한 뒤 유카탄 반도를 여행했고 1962년에 '기단과 고원Platforms and Plateaus'에 대한 사색적인 에세이를 발표했다. 웃손은 마야인들이 이용한 기단은 '정글의 지붕'을 넓은 평원으로 바꾸어놓았다면서, 사람들이 이러한 '건축적 속임수'로 "풍경을 완전히 바꾸고 자신들이 믿는 신의 위대함에 상응하는 위대함을 시각적 생활에 부여했다"고 말했다. 다른 건축가들도 계속 기단에 열광했는데, 예를 들어 콘크리트·유리·강철을 사용해 환원주의적이고 날것 그대로의 스타일로 작업했던 안도 다다오의 일부 설계에서처럼 땅과 하늘을 추상적

으로 환기했다.[41]

이 모든 건축사에서 건물의 나머지 표면들이 아무리 지형을 따라 비틀린 형태를 취해도 기단의 평면(바닥)은 반항적일 정도로 평평하다. 다면체에서 유래한 지오데식 돔Geodesic Dome은 항상 바닥이 잘린 구처럼 보이며, 바닥 면적은 적도에서건 극지방에 가까워지건 수평 기준면이 돔을 지나는 지점으로 결정되거나 대권大圈(지구 중심을 지나는 평면과 지구 구면의 교선이 되는 원 - 옮긴이)을 따른다.[42] 그 결과 평평한 땅이 반구형 하늘로 덮여 있는 고대의 우주론이 떠오르는 건축 형태가 나타난다. 이러한 타협은 직립 보행하는 인간이 걸어 다니는 데 평평함이 압도적으로 실용적임을 입증하는 것이다. 경사로는 기능

1924년 게릿 리트벨트가 네덜란드 위트레흐트에 건축한 슈뢰더 하우스의 외관.(사진·프랑크 덴아우스턴)

적일 수 있지만, 비탈지고 기복이 있는 울퉁불퉁한 바닥은 위험하고 사람을 지치게 해서 유원지에나 알맞다. 붙박이 세간과 가구들도 마찬가지여서 탁자와 조리대부터 요와 침대에 이르기까지 물건을 안정적이고 효과적으로 유지시키기 위해 바닥을 평평하게 한다. 완벽한 구 안에서는 모든 것이 미끄러져 내려 가운데에 쌓일 것이다. 심지어 버블텐트에서도 밤에 언덕 아래로 굴러가거나 삐죽 튀어나온 돌덩이가 엉덩이에 느껴지는 것만큼 최악은 없다.

20세기 서구 건축의 중요한 특징은 '건물을 둘러싼 수직 기둥에 의지하지 않고 수평면을 이용해 공간 설정을 정의하는 것'이다. 벽으로 가두는 대신 '개방형'으로 내부를 설계하고 큰 판유리창으로 밖을 내다볼 수 있게 하여 건물의 시야가 활짝 열리고 시선이 수평으로 향한다. 건축가 피에르 폰 마이스Pierre von Meiss는 '불도저 풍경'의 해악을 안타까워했다. 네덜란드의 해안 간척지 조성 같은 일부 대규모 사례의 미덕은 인정했지만 전체적으로 '지형을 급격하게 변화시킬' 타당한 이유는 거의 찾지 못했다. 그러나 주택 수준에서는 규칙성·대칭·반복이 필요하다고 생각했는데, 이 모두에는 평평함이 암시되어 있다고 할 수 있다.[43]

서구화/세계화의 상징으로 해석되는 평탄화가 성지들의 한가운데로 파고들기도 한다. 현대 세계에서 메카의 변신이 그 두드러진 예다. 1970년대부터 카바 신전(메카 순례의 최종 목적지이자 중심점)을 둘러싼 도시가 평평해지기 시작했다. 오래된 건물과 유적지를 불도저로 밀고 그 자리에 '현대적' 건축 형태와 고속도로, 평평하고 트인 광대한 빈 공간에 가능한 한 서로 가깝게 지은 직사각형의 강철 및 콘크리트 건축물(대부분이 순례자들을 위한 호텔이었다)이 들어섰다. 심지어 주변의 산들을 평평하게 깎았고, 2012년에 완공된 거대한 메카 로열 클라크 타워Makkah Royal Clock Tower가 산들 위로 높이 솟았다. 높이 500미터는 가뿐하게 넘고 1킬로미터도 넘을 것이라고 예상되는, 세계에서 가장 높은 건물들이 (동아시아의 경쟁 건물들도 만만치 않았지만) 중동 지역에 올라가고 있었다. 공학적으로 보면 3킬로미터 높이까지 건물을 세울 수 있지만 경제적·환경적 비용 문제와, 심장박동 변이 상승과 관련된 건강 문제가 따른다.[44]

## 평평함의 설계

중국 베이징의 톈안먼天安門 광장은 엄청난 규모 못지않게 그 평평함도 돋보인다. 17세기에 설계된 이 광장은 1950년대에 마오쩌둥의 명령으로 확장되어 현재 동서 500미터, 남북 880미터, 총면적 44만 제곱미터에 이르는 국가의 중심점이 되었다. 톈안먼 광장의 어마어마한 규모는 열병식과 집회 공간을 제공할 뿐 아니라 '개방성과 위용을 보여주기' 위해 의도된 것이지만 일부 비평가들은 광장을 너무 크게 만들면 '사막 같아 보이고 사람과 균형이 맞지 않을 것'이라고 불평했다. 베이징의 도시 확산은 '팬케이크 굽기'로 비유되었지만(텍사스 주의 이미지를 떠올리게 한다) 1980년대부터 시작된 대규모 해체와 재건축으로 그 형태가 완전히 바뀌었다. 옛 베이징을 둘러싸고 있던 드넓은 '녹지'와 '그 너머의 광대한 평지'가 '높은 콘크리트 건물의 바다'가 된 것이다. 비평가들은 환경적·미적 비용을 지적하면서 '수평적' 도시를 선호했다. 도쿄 역시 피자를 닮은 일종의 팬케이크를 만드는 것처럼 확장되었다고 알려졌다.[45] 반면에 뉴욕은 20세기에 고층 건물들과 함께 발달했고 종단면이 막대그래프와 비슷하다.

지형과 직사각형 측량 방법 간의 관계에는 복잡한 오랜 역사가 있다. 격자무늬는 2차원적인 평평함의 개념과 공통점이 많지만 다양한 요소로 구성되고 경사가 각양각색인 풍경에 엄격하게 적용하면 그 이점을 잃는다. 미국의 도시계획에서는 직사각형과 지형 사이의 괴리를 보여주는 적절한 예들을 볼 수 있다. 샌프란시스코가 이런 실패의 가장 좋은 예로 꼽히는데, 거리의 일부가 너무 가팔라서 걷거나 자전거를 타다 보면 진이 빠지는 반면에 통제 불능의 케이블카가 언덕 아래로 질주하면 참변이 일어날 수도 있다.

베른트 휘프아우프Bernd Hüppauf는 현대 도시의 공간계획의 주된 목표는 '옛 시가지의 비뚤어진 구조를 뿌리 뽑고, 명확하고 기하학적인 배열로 대체하는 것'이라고 주장했다. 서유럽에서는 17세기 말부터 절대주의적 합리성이 대칭과 질서를 이루는 쪽, 그리고 '어떤 외관도 규칙적이지 않고 모든 것이 비뚤어진 것처럼 보이는, 길들이 벌레처럼 꿈틀거리는' 무질서한 구시대의 유물을 없애는 쪽에 맞추어졌다. 대도시의 중심부에 재건축이 공격적으로 벌어졌지만 (19세기의 파리가 특히 두드러진다), 소규모의 정착지들은 대개 재건축을 피해 오랫동안 그 기하학적 무질서를 유지하여, 결국에는 비뚤어진 거리와 거친 건축 속에 깃든 향수 어린 지역의 진실을 보여주는 증거로 보존될 가치가 있다고 여겨지게 되었다.[46]

초기의 미국공화국은 서부로 영토를 확장하면서 주들 간의 경계부터 개인 농장들의 경계에 이르기까지 거의 모든 수준에서 정사각형 형태를 적용하려고 했다. 큰 강들이 주 경계들의 규칙성을 깨뜨렸지만, 경사의 변화가 마치 지도 제작자와 측량사의 사무실에 놓인 평평한 제도용지 같은 격자무늬를 배치하는 데 영향을 미치게 두지는 않았다. 뉴욕에서는 1811년에 도시 담당관들이 획일적인 구역을 갖춘 직사각형 거리 계획의 시행을 명했다. 눈에 띄는 약간의 편차는 있었지만 이 계획은 평탄화에 매우 효과적인 것으로 드러났다. 면적이 동일한 평평한 부지들을 만들기 위해 수백 세제곱미터의 돌과 흙이 옮겨져 빠른 경제성장을 촉진했고, 여행자들이 길을 쉽게 찾을 수 있었다. 알렉시 드 토크빌Alexis de Tocqueville이 '가차 없는 지루함'을 비판하고, 헨리 제임스Henry James가 '중요한 지형학적 저주'라고 비난했을 뿐 아니라 더 최근에는 미학적 가치가 없는 평면기하학 연습문제라고 불리기도 했지만, 뉴욕의 지도는 도시의 특성을 말할 때 항상 꼽히는 것이 되었다.[47]

1924년에 르 코르뷔지에Le Corbusier(1887~1965)는 직선과 직각이 공간적 질서에 중요하다고 선언했다. "우리는 직선으로 이루어진 미국의 도시들을 존중할 용기가 필요합니다." 또한 파리에 대해서는 (강철과 유리로만 지어진) 고층 건물들이 광대하고 탁 트인 공간과 거리들에 자유롭게 솟아 있고, 그리하여 비행기가 처음 우리에게 드러내 그 혼돈 상태에 놀라게 했던 '평평하고 뒤죽박죽인 도시'를 바꾼 '수직의 도시'라고 옹호했다. 그러나 르 코르뷔지에는 품위를 부여하는 광대함에서 도덕적 가치를 발견했고 "넓은 지평선을 보는 사람의 눈이 더 자랑스럽다"고 말하기도 했다. 1950년대에 도시계획자들은 건물에 고도제한이 엄격하게 적용되는 도시와, 르 코르뷔지에가 옹호한 선들을 따라 넓고 탁 트인 공간에 고층 건물들이 들어선 도시 사이에서 선택을 해야 했다.[48]

평평한 직사각형 격자 내의 건축적 집단.(부르키나파소의 와가두구, 1930년경)

　　도시건 시골이건 계획을 세울 때 평평함이 항상 직사각형을 요구하는 것은 아니다. 실제로 (계획되지 않은) 인간의 경제활동과 정착의 공간 분포를 설명하려는 이론적 시도들이 보통 균일한 표면을 대상으로 연구를 시작하지만 직선 패턴은 거의 발견하지 못한다는 것이 재미있다. 요한 하인리히 폰 튀넨Johann Heinrich von Thünen (1783~1850)이 『고립국The Isolated State』(1826)에서 밝힌 동심원 형태의 토지 사용 고리들이 분명한 예다. 이 연구는 평평하고 균일한 평지에 관한 경제학에서 이동 최소화 문제 모형에 따라 토지 사용의 공간적 패턴을 설명하려고 한 최초의 시도들 중 하나였다. 실제로 독일 북부의 메클렌부르크Mecklenburg(가장 평평하고 낮다고 여겨지는 지역)에서 농사를 지었던 폰 튀넨은 다른 모든 조건이 같을 때 운송비가 중요하다는 것을 발견했다. 또 다른 독일 학자인 알프레트 베버Alfred Weber(1868~1958)는 이 개념들을 발전시켜 모든 운송이 철도로 이루어진다고 가정하고 '산들을 무너뜨리고 들판을 채우고 늪을 덮은 기

계적으로 평평한 평원'에 대한 산업입지 이론을 발달시켰다.[49]

인간 정착지의 공간 분포와 그 계층적 배치를 설명하려고 한 중심지 이론은 발터 크리스탈러Walter Christaller(1893~1969)가 1933년에 처음 소개했다. 크리스탈러 역시 서비스로의 이동 비용을 표시하는 동심원 패턴을 발견했는데, 이 패턴은 폰 튀넨의 모형과 비슷하지만 계층적 구조를 가졌다. 이 원들이 필연적으로 겹치기 때문에 크리스탈러는 직선 면으로 된 기하학적 형태들 중 육각형이 공간을 동등하게 나누는 데 가장 효과적이라는 것을 발견했다. 정칙 테셀레이션regular tessellation(하나의 정다각형으로 평면이나 공간을 채우는 것 – 옮긴이)이 가능한 유일한 대안은 정사각형과 등변삼각형이다. 육각형 해법은 자연 세계를 통해 이미 알려져 있었다. 자연에서는 크리스털, 염전, 신체 구조, 벌집 등에서, 특히 수평적 생성이 가능한 곳에서 육각형 해법을 놀라울 정도로 자주 볼 수 있다.[50]

이 이론과 밀접하게 관련되어 있는 '최소 노력' 개념은 1940년대에 미국에서 조지 킹슬리 지프George Kingsley Zipf가 발달시켰는데 이 개념이 특정 지역으로, 특히 적의 침입을 물리치기 위한 전쟁에서 최전선으로 사람들을 이동시키는 비용에 적용된다는 점이 흥미롭다. 지프는 "길이 직선이 되는 것은 직선 경로가 가장 쉬울 때뿐이다. 그렇지 않으면 무엇이든 가장 쉬운 경로를 찾아 늪을 둘러가고 산을 넘을 것이다"라고 말했다. 종합하면, 그는 "두 지점 간의 통행이 증가하면, 더 평평해지고 짧아진 경로 덕분에 절약되는 일의 양이 직선화와 평평화에 필요한 일의 양을 상쇄할 정도가 되자마자 둘 사이의 경로를 직선화하고 더 수평에 가깝게 만드는 것이 경제적일 것이다"라고 주장했다.[51]

튀넨, 베버, 그리고 그 후계자들 대부분의 이론은 사회계획 및 경제계획 수립자들에게 거의 알려지지 않은 반면에 1940년 나치당에 가입한 크리스탈러는 폴란드와 그 너머 지역의 정착지 풍경의 변화 제안 작업에 참여했다. 실제로 정복지를 독일인들이 다시 차지할 수 있는 '빈 공간'으로 만들기 위해 사람들(대부분 유대인과 슬라브인)을 몰아내고 공간적 진공을 형성하는 데 크리스탈러 이론의 형식기하학이 선택되었다. 이 점은 단지 인구 감소뿐 아니라 '말 그대로 불도저로 민' 형태의 풍경에서도 나타난다.[52]

## 높은 곳을 향한 욕망과 그 이면

원래 그라운드 제로는 1945년 8월 히로시마와 나가사키에 원자폭탄이 투하되었을 때 폭발 지점 바로 아래의 지표를 가리키는 용어였다. 이 공격의 초기 결과, 폭발과 화염의 영향으로 구축 환경이 극적으로 평평해져 도시들이 폭삭 내려앉았는데, 원래 더 평평했던 히로시마의 경우가 더욱 심했다. 같은 해 2월에 벌어진 드레스덴의 화염병 공격, 바닥에 융단을 깔아 평평하게 만들 듯 표면을 빈틈없이 화력으로 덮어버리는 '융단폭격'(1943년에 처음 이 명칭이 붙여졌다), 그리고 제1차 세계대전 때 척박한 황야가 되었던 무인 지대에서 전례가 있었지만 원자폭탄 공격이 훨씬 더 전면적이었다.

장기적으로 보면 전쟁은 일반적으로 적의 건축물을 파괴하는데, 특히 도시를 보호하는 성벽을 무너뜨리고 건물들을 불태우는 데 초점을 맞추었다. 하지만 대규모 토공 및 평탄화 작업을 가능하게 하는 탱크, 불도저 같은 강력한 도구들은 20세기에 들어서야 이용할 수 있었다. 전장은 길이가 한정되어 있으며, 총력전은 대개 탁 트이고 평평한 표면이 선호되고, 심지어 서로 동의도 이루어진다. 전장의 표면을 가공하는 일은 거의 없다. 역시 오랜 역사를 지닌 게릴라전은 지형의 다양성과 거친 지세를 이용하며, 탁 트인 평원보다 조망-피신 이론에 알맞은 환경에서 발달했다. 제1차 세계대전 당시 서부전선에서는 노출된 평평한 들판에서의 취약성을 줄이기 위해 참호전이 고안되었다.

전반적으로 전쟁은 즉각적으로는 풍경을 평평하게 하는 쪽으로 영향을 미쳤지만 군사행동이 지속적으로 큰 영향을 미치지는 않았다. 군사행동이 정말로 풍경에 변화를 일으킨 것은 육지와 바다에서 벌어지던 전투가 1900년 이후 공중전과 공습으로 바뀐 뒤였다. 이 시기에도 많은 요소, 예를 들어 사막과 구분되지 않도록 속임수적인 공간 패턴을 만들어 시각적 장을 평평하게 함으로써 공중에서의 식별에 대응하는 위장술 사용 등이 지형에 미치는 영향은 일시적이었다. 바다에서는 곧 항공모함이 전투기들을 지원하기 위한 필수품이 되었다. 그 결과 갑판이 엄청나게 평평한 새로운 유형의 선박이 나왔는데, 1922년에 배 전체를 가로지르는 거대한 목재 '평갑판'을 갖추도록 개조된 랭글리 호USS Langley가 그 시작이었다. 현대의 '무장된' 지형은 현 세계를 특징짓는 도로, 주차장, 비행장의 건설로 나타난 평평함을 공유한다. 비디오게임에서의 가상 군사 지형도 마찬가지다.[53]

2001년 9월 11일에 테러리스트들의 공습으로 뉴욕의 세계무역센터 쌍둥이 빌딩이 붕괴되어 폐허가 되었을 때 그 자리는 곧 그라운드 제로라고 불리게 되었다. 1972년에 417미터 높이로 건축된 쌍둥이 빌딩은 미국 전역에서 다양한 시각적 형태로 추모되었는데, 이는 테헤란의 고층 건물에 걸린 '타도 미국'이라는 테러리스트들의 슬로건과 비교된다.[54] 2014년에 그 자리에 원 월드 트레이드 센터 One World Trade Center가 541미터 높이로 보란 듯이 들어서 미국에서 가장 높은 건물이 되었다. 역설적이게도 9·11사태에 대응해 미국이 이라크에서 벌인 군사행동으로 바빌론의 고대 유적지에 기지가 세워졌는데, 이 기지는 헬리콥터 이착륙과 그 외의 목적을 위해 광대한 지역을 '평평하게' 만들고 자갈로 덮어 단단히 다졌다.[55]

대략적으로 인간은 세계를 높이기보다 평평하게 만드는 일을 더 많이 해왔지만 그러한 평탄화 작업이 칭찬받을 만한 무언가로 여겨지는 경우는 드문 반면에 높은 건축물에는 지위를 부여하고 긍지를 불어넣는다. 높이 서 있던 쌍둥이 빌딩에 대한 공격은 바벨탑까지 거슬러 갈 수 있는 높은 곳의 오만에 대한 공격을 상징하며, 마찬가지로 재건축은 저항을 나타낸다. 환경 체계를 변화시키기 위해 산을 만들어 자연에 저항하려는 시도에서도 비슷한 태도를 볼 수 있다.

별나고 무리한 시도가 과거만의 일은 아니다. 1979년에 오스트레일리아에서 기후, 산업, 환경에 도움이 되는 '인공 산'을 만들자는 의견이 나왔다. 이 산은 경도 130도에 오스트레일리아를 가로질러 (웨스턴오스트레일리아의 동쪽 경계를 따라) 1,780킬로미터에 걸쳐 뻗어 있고 높이는 4킬로미터, 너비는 산기슭 10킬로미터, 꼭대기 고원 2킬로미터로 계획되었다. 인공 산의 주된 목적은 비를 내리게 하는 것이었지만 세계시장을 안정화하기 위한 농작물 저장고, 핵전쟁 등에 대한 대비책 역할도 노렸다. 네덜란드에서는 2011년에 이 '당구대처럼 평평한' 나라의 국민들에게 그 '지루한' 평평함에 맞설 스키장과 하이킹 코스를 제공할 2킬로미터 높이의 산을 건설한다고 발표했다.[56] 이 프로젝트로 옮겨야 할 바위와 흙의 양이 어마어마했기 때문에 이런 생각들을 진지하게 받아들이기는 힘들다. 인간의 야심과 평평함에 대한 거부의 적절한 상징으로 높은 건물을 받아들이는 편이 더 쉽다.

고대 세계에서는 흙이나 돌로 만든 통치자들의 봉분이 때때로 주변 지형 위로 솟아 있었다. 중국에서 가장 잘 알려진 황제의 무덤은 진나라(기원전 221~기원전 207년) 초에 만들어진 진시황의 무덤이지만 높이는 약 45미터에 불과하다. 목탑들의 높이가 때때로 100미터를 넘기도 했지만 높은 건축물이 하늘과 땅의 조화를 어지럽힌다는 유교 사상이 지배적이던 한나라(기원전 206~기원후 220년) 때는 탑이 덜 선호되었다.[57] 바벨탑에 대해 성경의 창세기(11장 1~9절)에서는 '하늘에 닿기' 위해 벽돌로 이 탑을 쌓았고 신이 사람들을 흩어 '언어를 혼잡케 하자' 그들이 성 쌓기를 멈추었다고만 나와 있다. 다른 구전들에도 비슷한 이야기가 나오는데, 출처에 따라 탑의 높이가 200미터에서 10킬로미터 이상까지 이른다. 많은 이야기에서 신이 이 탑을 돌과 벽돌, 그리고 전능한 신의 한계를 테스트하려는 인간의 지나친 욕망으로 보고 탑을 무너뜨리기 위해 큰 바람을 보냈다고 한다. 돌이나 목재로 지은 유럽 성들의 첨탑은 14세기까지 대피라미드의 높이를 넘지 않았으며 평평한 풍경에서 가장 두드러지는 시설로 오랫동안 남아 있었다. 19세기 말까지 300미터를 넘는 건물이 없었고 현대의 강하고 평평한 자재들이 나올 때까지 기다려야 했다.

가장 큰 고대의 구조물은 각뿔 모양이고 돌로 지어졌다. 이집트에서는 면밀하게 정사각형으로 자른 거대한 석재로 파라오 쿠푸를 위한 대피라미드를 건설했다. 이 피라미드는 기원전 2674년경에 완공되었고 원래 높이는 147미터였다. 기울기는 52도이며 정사각형의 밑변이 정확하게 동서남북을 가리킨다. 어마어마한 규모에도 불구하고 대피라미드는 침식을 견디고 오늘날에도 139미터로 남아 있다. 평평한 기반 위에 기하학적으로 놀라울 정도로 정확하게 건설된 대피라미드는 거의 4,000년에 이르는 기간 동안 세계에서 가장 높은 구조물이었으며, 현재 세계 최대의 건축물로 기자 고원에 굳건하게 자리 잡고 있다.[58]

# 제6장
# 평평한 운동장이 낳은 것들

안무를 가능하게 하는 것은 무대의 평평함이다.
운동선수들의 가능성을 높이는 것이 경기장의 평평함 때문이듯.
버나드 캐시, 1995년[1]


　　'공정한 경쟁의 장level playing field'은 최근에 나온 말로, 1970년대
에 미국에서 공정한 거래를 가리키기 위해 처음 사용했다. 공정한
경쟁의 장을 '평평한 운동장'에 비유한 이유에 대해서는 따로 설명
할 필요가 없을 것이다. 1970년대에 이미 스포츠는 현대화가 상당
히 진전되어 있었다. 이러한 현대화는 지형의 표준화로 상징될 뿐
아니라 경기의 규칙, 도구, 행동에 대한 광범위한 규제 절차에서도
분명히 나타났다. 스포츠를 위한 장소는 보통 자연 지형과 분리되어
있었고, 공간을 현대성의 이미지와 연결된 기하학으로 바꾸는, 아마
도 가장 극단적인 예로 여겨졌다. 시간과 거리가 대단히 정확하게
측정되었고, 스포츠의 공간성은 '평평한' 우주에 필요한 조건과 흡
사하게 등방성(방향이 바뀌어도 물리적 성질이 일정한)을 띤 표면을 취했다.[2]
현대의 스포츠 역시 구성 요소들이 매우 반복적이며, 반복할 때마다

기본 조건이 동일할 것을 요구하여 관중들이 단조롭다고 느낄 정도이다. 테니스의 서브 넣기를 생각해보라.

근대 이전의 경기장은 현대 스포츠의 특징인 규정과 표준화가 거의 적용되지 않았다. 가장 분명한 예외가 콜럼버스가 발견하기 이전의 아메리카에서 구기 경기에 사용되던 행사용 광장, 그리고 기하학에 사로잡힌 고대 그리스인들과 이들을 모방한 로마인들이 주의 깊게 설계한 아레나와 경기장들이다. 그러나 이런 곳들도 현대에 볼 수 있는 표면의 표준화와 적합성 코드는 없었다. 19세기 전에 스포츠는 대개 분명한 공간적 경계 없이 농경지나 목초지, 기존의 길이나 도시의 거리에서 벌어졌고 경기자와 관중 사이의 경계도 없었다. 경기장의 표면을 평평하게 만들기 위한 작업은 거의 하지 않았다. 이런 면에서의 변화는 때때로 현대화와 세계화의 일부로 설명되지만, 시간관념과 '여가' 개념, 그리고 새로운 재량적 지출의 시대에 볼 수 있게 된 상업적 기회와도 관련되어 있다.

세계적 규모에서 보면 스포츠에서 공간과 시간의 수량화 절차는 19세기 말이 되어서야 강력하게 실행되기 시작했다. 이런 변화는 신제국주의 시대에 나타났다. 당시 유럽의 식민주의가 세계의 많은 지역에 '현대 스포츠'를 들여갔고 신이 보기에 만인이 평등하다는 신조와 비슷한 페어플레이와 평등의 신조를 가르치기 위해 스포츠를 이용했다. 이런 생각들은 궁극적으로 서구의 우월성과 제국의 정당성을 약화시키는 데 도움이 되었다. 식민지 주민들은 기회가 주어질 때마다 이런 새로운 스포츠들을 열정적으로 받아들였고 곧 국제경기에 등장하기 시작하여 해방되기도 전에 종주국들을 무찌르는 데서 희열을 느꼈다.[3]

표준화는 사회통제에 대한 정치적 욕구와, 측정하고 비교하고 싶은 욕구의 증가에서 기인했다. 경기가 공정하게 이루어져야 세계 기록을 진지하게 인정할 수 있었다. 스포츠는 개인뿐 아니라 국가의 긍지와 정체성의 원천이 되었고 세계경제의 중요한 요소가 되었다. 운동선수들의 실적과 이들이 경기를 벌이는 장소의 표면을 개선하기 위해, 특히 공정한 경쟁을 위해 점점 더 정교한 기술이 적용되었다. 역설적이게도 스포츠의 평등화와 표준화로 선수들의 순위 매기기와 기술, 성취를 판단하기가 원활해졌다. 그러한 순위 매기기는 정상에 오른 극소수의 개인이나 팀에 점점 더 관심이 집중되는 데 기여했다. 순위는 결국 보상 규모 결정에 사용되어 국제적인 스타들은 막대한 상금을 받지만 대다수는 여기에 끼지 못한다. 이렇게 공정한 경쟁과 실적 평가에 적용된 정확성이 새로운 형태의 불평등을 낳았다. 스타들이 해변이나 젖소 방목장에서 펼쳐지는 스포츠의 거친 민주주의에서 승리를 거둔 것이다.

현대적 형태의 스포츠가 가진 경쟁적 측면은 경제적 분석의 좋은 주제가 되었다. 1970년대에 스포츠 경기가 현대화되고 상업화되기 시작했을 무렵부터 경제학자들은 시장, 경쟁, 최적성optimality을 이해하는 데 스포츠가 지니는 의미를 검토하기 시작했다. 일반적으로 인정되는 이론은 "완벽한 경기는 동등한 상대들이 공생하는 경쟁이다"라는 것이었다. 또한 스포츠팬들은 '결과 가설의 불확실성'에 부합하는 균형 잡힌 경쟁을 보길 원한다고 가정되었고, 아슬아슬하게 갈린 승부는 완벽한 경쟁이 벌어졌음을 가리켰다. 그러나 실제로 스포츠 관중들은 (팀에 선수들을 영입할 수 있는) 시장력의 차이가 불완전한 경쟁으로 이어지는 불평등한 상태를 즐기는 것으로 밝혀졌다.

특히 매출이 장소나 '홈팀 충성도'와 밀접한 관련이 없는 현대의 미디어 권리 시장에서 최적의 수익을 얻는 데는 팀들 사이의 평등이 필요하지 않다.[4] 경기와 관련된 거액이 관계자들과 선수들에게 종종 굉장히 유혹적이어서 시합 장소의 형평성을 흔들고 승부조작이 벌어진다. 그래서 2015년 뉴욕에서 국제축구연맹FIFA 간부들이 뇌물 수수와 부패 혐의로 체포되었을 때 FBI 국장은 이들의 행동으로 "평평하기로 유명하던 경기장이 이익을 구하려는 자들에게 유리하도록 기울었다"고 말하기도 했다.[5] 돈이나 영예가 걸려 있는 경우 때때로 한 팀이나 선수에게 유리하도록 실제 경기장 표면을 조작하기도 한다.

## 표준화에 담긴 평평함

스포츠에서 평등을 보장하기 위한 최초의 노력들 중 일부가 측정에 대한 관심이 높고 우주론, 특히 선과 원 사이의 관계에 대한 이해가 상대적으로 발달했던 그리스인들에게서 나왔다는 것이 놀랍다. 그리스인들의 민주주의적 욕구 또한 스포츠의 공정성 개념에 부합하는 것처럼 보일 수 있지만, 역설적이게도 그리스의 민주주의는 혁신적이었지만 불완전했고 노예사회의 중심부에서 융성했다. 스포츠 경기의 발달에 반드시 필요한 여가 시간이 생기도록 도운 것이 바로 노예들이었다.

그리스인들에게 표준화란 주로 길이 측정과 달리기 경주에서의 출발 관리를 의미했던 것으로 보인다. 그리스인들이 지은 경기장은 시합 구역이 평평한 땅에 있고 계단식 관람석이 그 주위를 둘러싸도록 대개 자연 계곡에 위치했다. 이 경기장들은 연극 공연을 위해 지었던 원형극장을 모방했다. 고대 그리스의 경기장은 기원전 6세기까지 거슬러 올라가는데 원래는 종교적 구조물이었다. 이 경기장에서는 다양한 거리의 달리기, 레슬링, 권투, 5종 경기(원반던지기, 창던지기, 멀리뛰기, 레슬링, 경기장의 한쪽 끝에서 다른 쪽까지 달리기) 등의 시합이 벌어졌다. 가장 초기의 고대 경기장은 보통 길이 163미터, 너비 15~30미터의 평평한 직사각형 공간을 관중들이 서거나 앉을 수 있는 흙둑으로 둘러싼 형태였다.

증거는 많지 않지만, 고고학적 발굴 결과를 보면 트랙은 단단히 다진 진흙 또는 진흙과 모래를 섞어 만들어졌고, 상당히 매끈했으며, 약 0.5퍼센트의 완만한 경사였다. 서서 보는 관중들(최대 5만 명)을 위해 경기장 주변의 땅을 파서 만든 계단식 관람석 역시 꽤 평평했다. 고대 그리스의 경기장에는 길이에 표준화가 적용되었는데, 정의상 600피트(183미터)였지만 고대에는 피트 단위 자체가 표준화되지 않고 장소와 시간에 따라 달라졌다. 1피트가 0.278~0.32미터여서 경기장의 길이는 166.8~192미터였다. 그러나 시간이 아니라 경주에서의 승리가 찬양받았기 때문에 이런 차이는 별로 중요하지 않았다.

그리스인들이 가장 신경 쓴 부분은 주자들이 정확히 동일한 거리를 뛰고 똑같은 시간에 출발하도록 하는 것이었다. 출발은 심판이 (거의) 동시에 문을 여는 방법으로 관리했다. 최단거리 경주(스타디온stadion, 경기장의 한쪽 끝에서 다른 쪽까지의 직선 경주로)에서는 단순히 주자들에게 표시된 레인 안에서 달리도록 하여 뛰는 거리를 표준화했다. 더 긴 거리의 경주는 모두 기둥을 돌아야 했기 때문에 주자들이 달리는 거리가 출발선에서의 자리에 따라 달라졌다. 그러자 그리스인들은 기하학적 지식을 적용해 곡선에 출발 위치들이 표시된 출발선을 만들었고 주자들은 자기 자리에서 출발한 뒤 한쪽으로 모여들었다. 기원전 500년경에 존재한 이러한 곡선 출발선에 대한 고고학적 증거는 기하학적 지식, 특히 원의 지름과 원주의 관계를 나타낸 파이$_p$를 알고 있었다는 최초의 증거다.[6] 종합하자면, 이런 특징들은 매우 현대적으로 보이지만 주자들은 자신이 있는 환경에 한정되어 있었고 바로 눈앞의 경쟁자들을 이기려는 생각뿐이었다. 시간 기록이나 다른 경기장들에서 이룰 수 있는 성취에 도전하지 않았다. 특별히 설계된 평평한 표면이 필요한 국제경기는 훨씬 나중에 생겼다.

걷기와 달리기는 이동의 일반적인 형태이며 어떤 경사를 지나는지에 따라 쉬워지거나 어려워진다. 더 단단하고 매끄럽게 만든 가공된 표면은 소모되는 에너지를 줄이고 속도 그리고/혹은 이동 거리를 늘리기 위해 설계되었다. 그 이점은 일상생활에서도 분명히 드러나지만 이런 활동들이 '스포츠화'되었을 때 상당히 더 커진다. 선수들은 레인이 일직선일수록 더 빨리 달리고 걷는다. 급경사는 속도를 늦춘다. 내리막 트랙은 시간을 단축시키고 가파른 오르막을 지날 때는 속도가 느려진다. 크로스컨트리와 마라톤 경기는 거의 전부 고저가 있는 기존의 일반적인 길을 이용하지만 단거리 경기들은 마찰력이 있되 가장 곧고 평평하며 매끄러운 표면에서 이루어진다. 가장 '공간감'이 없어지고 기하학적으로 추상적이 되는 것이 단거리 경주에 사용되는 표면이다.

현대의 러닝 트랙에는 운동화의 밑창처럼 충격을 흡수하고 부상을 줄이기 위해 흔히 폴리머를 입힌다. 자유 유동성이 있는 액상 폴리우레탄 혼합물을 원래의 기반 혹은 조립된 기반 위에 포장해 잔디나 신더(석탄재, 슬래그, 콘크리트, 모래, 모르타르, 이화토를 다양하게 섞었고 장소에 따라 달랐다)로 된 트랙보다 상당히 더 평평한 인조 표면을 만들어낼 수 있다. 잔디는 1960년대까지 여전히 육상에서 선호하는 표면이긴 했지만 그 무렵까지 대체로 신더로 교체되었고 20세기 말에 국제경기에서는 인조 표면만 허용되었다. 러닝 트랙이 획일적으로 평평하고 비어 있으며 공간감이 없는 공간이 되었고 실제로 '이론상 등방적인 면/평지'에 가까워졌다.[7]

달리기와 걷기에서 속도를 결정하는 것은 발과 바닥 사이의 접촉이다. 걷는 사람의 속도는 보폭과 보속에 따라 달라지고, 달리는 사람에게는 보폭이 가장 중요하다. 평평한 트랙보다 내리막에서 몸이 받는 압박과 부상 가능성이 더 높다.[8] 스포츠에서 장기적인 성과 개선으로 이어지는 요인들에 대한 연구는 보통 인구학적 변화, 약품, 신기술들을 검토한다. 트랙의 평평성은 중요하게 고려되지 않는다. 마라톤을 제외한 모든 거리의 경주에서 평평한 트랙은 당연한 것으로 여겨진다. 마라톤은 성과 면에서 최근에 가장 크게 향상되고 환경적 요인(고도와 온도 등)의 영향을 가장 많이 받지만 평평한 인조 표면에서 달리게 하겠다는 야심이 거의 없는 가장 표준화되지 않은 경주 종목이다.

수영장은 자연적으로 평평한 수위를 제공하지만 규모가 심하게 한정적이어서 직선 레인에서 장거리 수영 경기를 할 때는 여러 번 급한 턴을 한다. 일반적으로 턴은 하지 않지만 조정 경기도 마찬가지다. 그러나 서핑에서는 평평한 바다가 높은 점수를 얻는 데 불리하다. 서핑을 할 때는 파도의 페이스(서핑을 할 수 있는 부분으로, 파도가 부서지지 않는 경사면 - 옮긴이)를 따라 매끄럽게 하강할 수 있는 지속적인 높이와 형태를 지닌 균형 잡힌 파도가 필요하다. 마찬가지로 눈 위를 누비는 스키는 보통 기계화된 리프트를 타고 비탈 코스의 꼭대기까지 올라가 내리막을 내려오는 반면에 스케이트를 타는 사람은 얼어붙은 호수나 링크에서 얼음의 자연적인 평평함을 즐기고 점차 실내에서 타게 되었다.[9]

## 곧지 않아도, 평평하지 않아도

경마와 낙타 경주는 유럽 역사의 초기에 개발되었고 아시아의 많은 지역에서 벌어졌다. 처음에는 자연 지형을 무대로 경기를 펼쳤지만, 도시에 원형의 경주로가 준비된 이후 바퀴 달린 탈것들이 경기를 벌이는 경기장의 모델이 되었다. 이런 탈것들은 처음에는 말이 끌다가 훨씬 나중에는 모터로 작동했다. '평지' 경주에서 말들은 잔디로 덮인 표면을 달렸다. 그리하여 'turf(잔디)'가 경마를 가리키는 일반 용어가 되었다. 경주로는 때로 멀리 반환점이 있는 직선 형태이지만 현대에 들어서는 대개 원형이거나 한두 면을 평평하게 해 결승선까지 '직선'을 형성한다. 때로는 직선 구간이 접선 형태로 만들어진다. 풀이 자라기 어려운 곳에서는 경기장 표면이 모래나 자연의 흙일 수 있지만 가능한 곳마다 평평하게 만든다. 러닝 트랙 및 운동장과 달리 경마는 마지못해 인조 표면으로 옮겨갔는데, 어느 정도는

(1960년대부터 시작된) 초기 실험이 실패한 탓이었고, 또 어느 정도
는 대개 한가운데가 넓고 탁 트이고 비어 있는 자연의 경마장 환경
을 이상적으로 생각했기 때문이었다.

바퀴 달린 탈것들을 이용한 초기 경주들(고대 중동 지역의 전차 경주와
로마 콜로세움에서 황제가 연 시합들)은 기수들과 동일한 트랙을 사용하고,
속도를 내기 위해 매끈한 표면과 풀로 덮기보다 단단한 표면을 원한
점이 비슷했다. 자동차들이 고속으로 질주하면 트랙에 덮인 잔디가
쉽게 망가졌다. 그래서 트랙 표면이 거칠어지고 바퀴 자국이 나거나
비에 젖으면 미끄러운 진흙탕이 되기 일쑤였다. 곧 단단한 콘크리트
표면이 개발되어 독일 아우토반의 모델이 되었다.[10] 전력 질주하는
F1(포뮬러 원) 자동차 경주는 평평한 직선 구간과 위험한 뱅크드 커브
(안쪽으로 경사진 커브 - 옮긴이)를 결합시켰지만 속도 기록을 세우기 위해
선호되는 장소는 항상 본빌Bonneville 호 같은 소금호수에서 볼 수 있
는 가장 평평하고 광대한 자연적 표면이었다.

사이클링의 경우, (19세기 말에 지어진) 최초의 경륜장은 양면
이 직선이고 양쪽 끝이 반원인 평평한 트랙이었지만 최근에는 트랙
들이 가파르게 경사져 있다. 1970년대에 고안된 BMX(자전거 모터크
로스)는 롤러코스터처럼 만들어진 트랙의 짜릿한 전율에 의지한다.
1903년에 시작된 사이클 대회인 투르 드 프랑스Tour de France는 얼마
지나지 않아 '평지' 구간과 '언덕' 구간에 더해 '산악 구간'을 도입했
다. 현재 이 구간들은 모두 기어와 지원팀의 도움을 받아 진행되고,
헬리콥터에서 보이는 아름다운 경치를 선수들이 달리는 모습과 함
께 텔레비전으로 볼 수 있다. 평평함이 항상 관중들에게 가장 흥미
로운 스포츠를 만들어내는 것은 아니다.

## 공은 어디로 튀어 오를까?

몇몇 구기 종목, 예를 들어 배구에서는 공이 땅에 닿지 않게 해야 하지만, 대부분의 경우는 평평한 표면에서 튀어 오른 공의 작용이 중요하다. 구기 종목은 세계에서 가장 인기 있는 스포츠에 속하고 평평한 경기장 개념의 이상적인 모델이다. 이 종목들에서는 표면의 불예측성이 시합 결과에 가장 큰 영향을 미칠 수 있다. 현대의 구기 경기에서는 기본적으로 획일적이고 평평한 경기장이 요구되는 반면에 각 종목에서 사용하는 공의 형태와 미세 형상은 그 공을 다룰 때 쓰는 서로 다른 신체 부분과 도구들만큼 상당한 차이가 날 수 있다. 선수들이 경기장의 표면이나 공을 조작하는 것은 거의 허락되지 않는다. 하지만 일부 좀 더 '신사적인' 종목에서는 예외가 있는데, 크리켓에서는 타자(배트맨)가 배트 끝으로 경기장 바닥을 눌러 평평하게 할 수 있고, 골프에서는 경기장 표면이 모든 경기자에게 동일해지도록 뜯겨나간 잔디 조각을 교체시키는 것을 예법이라고 여긴다. 일부 구기 경기에서는 조건이 동등해지도록 각 쿼터나 중간 휴식 때(혹은 테니스의 경우처럼 여러 게임을 한 뒤) 팀들이 서로 자리를 바꾼다.

구기 경기의 물리학에 대한 수학적 분석은 대개 수평의 평평한 표면을 가정하고 공의 형태와 공을 치는 배트나 클럽의 형태 차이에 따라 생기는 마찰력 등의 문제에 관심을 기울인다. 공은 평평한 표면을 만나면 일반적으로 속도가 감소하지만 스핀을 넣으면 속도가 붙을 수 있다. 마찬가지로 공이 경기장에 부딪힌 뒤에는 일반적으로 궤도의 각도가 감소하지만 스핀, 공과 표면의 마찰, '반발계수' 혹은

'바운드 각도'(접근 속도 대 분리 속도의 비율로 공의 탄성에 따라 결정된다)에 따라 달라진다. 표면이 거친 곳에서는 어떤 스핀이든 마찰에 의해 완화된다. 표면이 충분히 평평한 곳에서는 공이 충격을 받으면 미끄러져 스핀을 유지하기 때문에 아랫부분에 스핀을 넣은 골프공이 그린에서 두 번째로 튀어 오를 때 갑자기 멈출 수도 있다. 테니스공은 매끄러운 경계선에 부딪히면 예상외로 낮게 날아가고 맨땅에 부딪힌 크리켓 공이 배트맨의 레그가드 아래로 날아갈 수도 있다. 또 당구대와 스누커대에 깔린 완전하게 평평한 천에서 처음에 미끄러지는 회전을 만들어 공의 방향을 바꿀 수 있다. 특히 스쿼시와 테니스에서 충격의 순간에 공은 상당히 변형될 수 있지만, 경기장 표면의 변형은 평평함과 딱딱함에 대한 단순한 가정을 제외하면 파악하기가 더 어렵다.[11]

　　세계에서 가장 인기 있는 스포츠는 반동력을 예측할 수 있는 둥근 공으로 경기하는 풋볼(축구)이다. 그리고 럭비 리그(한 팀이 13명인 럭비 경기 - 옮긴이), 럭비 유니언(한 팀이 15명인 럭비 경기 - 옮긴이), 미식축구, 게일식 풋볼(아일랜드에서 시작된 운동으로, 투기·럭비·축구가 혼합된 형태 - 옮긴이), 오스트레일리아식 풋볼, 인터내셔널 룰스 풋볼(오스트레일리아식 풋볼과 게일식 풋볼의 혼합 형태 - 옮긴이) 같은 풋볼 종목은 반동력을 예측하기가 더 어려운 타원 모양의 공을 사용한다. 이 모든 형태의 풋볼은 땅의 평평함에 영향을 받기 때문에 공정한 시합을 보장하기 위한 노력이 특히 경기장 표면에 맞추어졌다. 공이 굴러가는 궤도와 반동을 예측하는 데는 매끈함이 필수적이다. 매끈함은 또한 선수가 공을 차거나 골을 넣거나 다른 선수를 방해하려고 슬라이딩하는 데도 중요하다. 풋볼의 선조 격으로 자갈이 깔린 길이나 노지에서 즐기던 비

자갈이 깔린 거리.(에든버러, 2008년)

정규 경기에는 이런 특성들이 없었다. 마찬가지로 1945년 이후 풋볼이 인기를 얻은, 상대적으로 좀 더 가난한 지역들, 특히 라틴아메리카, 아프리카, 아시아 지역에서는 적당한 공간만 있으면 어디서든 경기를 했다. 보통 경기장의 경계 표시도 없고 땅 표면도 울퉁불퉁해서 용기 있는 선수들만 기꺼이 넘어지거나 씩씩하게 슬라이딩을 시도했다. 비치사커는 이런 위험이 없지만 해변에 쉽게 갈 수 있는 사람들로 제한되어 있다.

19세기 말 유럽과 북미에서 성문화된 풋볼은 지배층에 용기와 복종의 본보기이자 사립학교의 비교적 깔끔하게 정리된 운동장에서 남자다움을 훈련시키고 '페어플레이' 정신을 가르치기에 이상적인 종목으로 여겨졌다. 20세기에 전문화와 상업화가 진행되면서, 그리고 풋볼이 지역뿐 아니라 국가의 정체성을 구현하게 되면서 사용하기 편하고 매끄러운 잔디가 깔린 완벽한 경기장 건설에 돈을 들이게 됨으로써 어떤 형태의 풋볼이건 그 성격이 바뀌었다. 하지만 아무리 고가의 현대식 경기장이라도 배수와 완벽한 평평함을 절충하여 건설된다.

축구의 경우, 수요가 증가하면서 경제력이 있는 국가들에서는 경기장 표면에 서서히 인조 잔디를 도입했다. 2004년 국제축구연맹은 전문적인 국제경기에서 인조 잔디 사용을 허가했다. 인조 잔디는 일반적으로 천연 잔디의 생체역학적 특성을 흉내 내어 설계되었고 잔디를 깎는 다양한 스타일에 맞춘 표준 길이의 '풀' 섬유로 된 잔디 '카펫' 형태다. 천연 잔디의 대안을 선택할 때는 선수들의 안전이 가장 중요하지만 비용도 항상 필수적인 고려 사항이다. 미식축구에서는 배수를 돕고 물이 고이는 것을 막기 위해 경기장 중심부에 '크라운crown'이라고 불리는 높은 부분이 있고 가장자리까지 약간 휜 경사가 져 있다. 필드 끝의 작은 부분을 '플랫flat'이라고 부르고, '플랫 루트flat route'는 패스 플레이에 사용된다. 이렇게 높이가 균일해 보이는 경기장도 미세 지형의 매핑을 통한 과학적 분석과 기계적 특성의 미묘한 차이에 따라 내부적인 변화가 있다. 정밀농업이 경지를 들판별로 매핑하는 것과 매우 비슷하다.[12]

점프와 던지기는 신체에 더 복잡한 요구를 하지만 평평한 표면에 대한 요구도 여전히 강하다. 미식축구 선수들은 천연 잔디의 표면을 선호하지만 비시즌에 연습경기를 할 때는 종종 인조 잔디를 이용한다. 캐나다에서 열린 2015년 FIFA 여자 월드컵에서 남성 축구 경기에 사용된 천연 잔디가 아니라 인조 잔디에서 경기가 치러지자 선수들은 불만을 표시했다. 반면에 야구와 비슷한 경기들은 거의 항상 미리 준비된 표면에서 벌어졌는데, 이는 고대 아메리카까지 거슬러 올라간다. 고대 아메리카의 광장 중심부는 대칭적이고 기하학적인 운동장과 비슷했고 공을 사용한 다양한 종류의 시합을 치르기 위해 특별히 표면을 매끈하게 만들었다.[13]

　지금까지 논의한 구기 종목들은 전부 발로 차거나 던지는 경기이다. 또 다른 중요한 변형은 공(혹은 원반)을 스틱으로 치는 것이다. 이 경우에도 평평하고 매끈한 표면이 선호된다. 당구대는 때때로 완벽하게 평평한 표면의 예로 여겨지며, 당구대 위의 공들은 표면 어디에서건 일관되게 움직일 것으로 기대한다. 당구대의 녹색 펠트 표면은 잔디밭을 흉내 낸 것이다. 탁구는 딱딱하고 평평한 표면에 의지하지만, 마찬가지로 항상 탁구대 표면을 초록색으로 칠한다. 크리켓, 하키(인도에서 유래했다), 말이나 낙타를 타고 벌이는 아시아 지역의 경기들처럼 야외에서 진행되는 다양한 변종 경기에서도 원리들이 쉽게 적용되었다. 예를 들어 페르시아에서 시작된 폴로가 7세기경 중국에 전해져 승마, 사냥 같은 다른 격렬한 스포츠와 함께 상류 사회에서 큰 인기를 얻었다. 그러나 10세기에 중국 사회는 대중오락과 (평평하고 트인) 초원 지대에서 벌이는 전통적 활동에서 벗어났다. 지배층이 신체 활동을 경멸하기 시작했고 운동 시합을 하층계급의 전유물로 돌렸다. 최근 들어서야 유럽의 영향으로 중국에 현대 스포츠가 다시 도입되었다.[14]

　아마도 공정함이 가장 요구되는 경기는 크리켓일 것이다. 'It's not cricket(크리켓이 아니다)'이란 말이 공명정대하지 않거나 신사적이지 않은 행동을 가리키는 데 쓰일 정도다. 빅토리아 시대의 영국에서 나온 이 표현은 '영국식 정의British justice', '원칙대로 하기', 그리고 기독교 도덕의 황금률인 "자기가 대접받고 싶은 대로 남을 대접하라"와 나란히 공정한 경쟁을 나타냈다. 이런 평등주의적 이상에도 불구하고 영국의 크리켓에는 계급제도나 제국주의와 마찬가지의 애매한 면이 존재했다. 영국에서 크리켓 선수들은 '젠틀맨gentleman'과 '플레이어스players'로 나뉘었는데, 후자는 사회적으로 낮은 신분 출신의 프로 선수들이었다. 크리켓은 대영 제국에 그보다 훨씬 일찍 전해졌고 18세기에 미국, 이후 아프리카와 아시아에 전해졌다. 서인도 제도에서는 때로 흑인이 투수(볼러)를, 백인이 타자를 맡도록 요구되었다. 남아프리카공화국에서는 아파르트헤이트Apartheid(인종격리정책)가 끝날 때까지 인종이 경기의 많은 면을 결정했다. 사회적·정치적 불평등이 운동 경기장에까지 넘쳐흐른 것이다.

크리켓 경기장은 중간의 직사각형 구역(피치)을 면적 2만 제곱미터까지의 잔디밭이 둘러싸고 있다. 피치의 면적은 부지마다 다양하게 허용되지만 영국에서는 이미 1744년에 피치의 길이가 22야드, 즉 20.12미터로 결정되어 표준화 과정과 무장소성placelessness이 형성되기 시작했다.[15] 투수들은 공이 피치에 부딪힐 때 튀어 오르는 방향의 변화를 살핀다. 야수들은 공이 예상 가능하게 매끄럽게 외야를 구르길 원한다. 경기장이 거칠고 바위투성이라면 용감한 선수만이 한 손으로 공을 잡기 위해 땅으로 돌진할 것이다. 크리켓 경기에서는 피치의 표면을 준비하는 데 가장 큰 관심을 기울였다. 전통적으로 피치에는 깎은 잔디나 뗏장을 덮었는데 그 상태는 습기와 잔디의 성장에 따라 다양했다. 보통 경기가 진행되면서 잔디가 마모되면 '더 평평해지고' 예측성이 떨어졌다.

'평평한 위킷wicket'(크리켓 경기장 중앙에 약 20미터 간격으로 세워놓은 두세 개의 기둥 문 - 옮긴이)은 반동력이 약해서 빠른 공을 던지는 투수들은 싫어하지만 타자와 스핀을 걸어 느린 볼을 던지는 투수들은 좋아한다. 타자들은 흙이 드러난 맨땅이나 땅이 갈라진 곳처럼 속도와 반동에 예상치 못한 변화를 불러오는 불규칙하게 '변형'된 트랙과 건조하고 거친 표면을 두려워한다. 스포츠 과학자들은 풋볼 경기장 표면에 대한 공간적 분석과 동일한 방식으로 피치의 지형을 정량적으로 정확하고 세부적으로 매핑했다.[16] 일반적으로 관객들은 경기를 흥미진진하게 만드는 어떠한 균형을 선호한다. 역사적으로 크리켓 시합은 때로는 최종적으로 결과가 나올 때까지 수일간 지속되고 아주 느린 속도로 진행되어 가장 열렬한 관중을 제외하고는 누구나 단조로운 반복에 지루함을 느꼈다.

피치를 주의 깊게 설계하고 외야의 잔디를 깔끔하게 손질한 크리켓 경기장을 마련하려면 돈이 많이 든다. 지역적 수준에서는 종종 일반적인 땅이나 모래 해변에 이르기까지 최소한의 준비만 갖춘 표면에서 크리켓 경기를 해서 불예측성이 높아진다. 튼튼한 콘크리트 바닥에서 경기를 할 때는 때때로 종려 매트를 깐다. 18세기부터 영국에서는 보통 마을 중앙의 잔디밭에서 크리켓 시합을 했고 20세기까지 그런 형태가 낭만적인 모델로 남았다. 처음에는 경기장의 경계와 표면이 똑같이 녹색이었고 일반적으로 나무들로 표시했다. 양 팀의 합의에 따라 땅의 거의 어느 부분이라도 피치로 정할 수 있었다. 외야수들에게 피치와 경기가 분명하게 안 보였다는 이야기도 있다. 마찬가지로 1900년경에 바베이도스Barbados에서도 많은 경기가 "몇 제곱야드의 목초지에서 벌어졌다. 유일하게 평평한 땅에 상당히 훌륭하게 피치가 준비되었다. …… 걸리(포인트와 슬립 사이의 위치)에

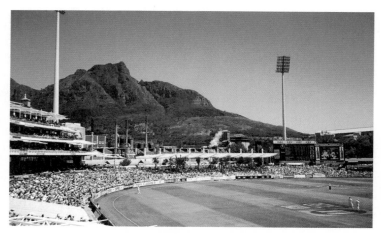

뉴랜즈 크리켓 경기장.(남아프리카공화국의 케이프타운)

서 타자의 좌측이 보이지 않았고, 돌출된 바위에 실리(피치와 가까운 위치)가 있는가 하면, 풀을 뜯는 염소와 양들로 천연의 경계선이 정해졌다".[17]

크리켓에서 페어플레이 환경을 만들려는 욕구는 내기나 도박과 연관되어 있다. 내기는 예측성에 의존하지만 장기적으로 승부조작과 사기를 조장한다. 처음에는 득점이 낮은 시합이 일반적이었는데, 피치를 평평하게 만들자 타자 쪽이 유리해졌다. 1849년에 영국에서 매회가 시작되기 전에 피치를 평평하게 밀거나 쓸어주는 것이 처음 허용되었다. 그러자 팔을 위로 올려 공을 던지게 되었고, 1864년에 이 방법이 합법화되자 곧 피치가 자연과 분리된 표면으로 바뀌었다. 최초의 경기장 관리인은 정원사들이었으며 장식 요소를 없애지 않으면서도 매끈한 표면을 만드는 임무가 주어졌다. 잔디 깎는 기계(처음에는 손으로 밀거나 말이 끌다가 전동식으로 바뀌었다)들이 피치와 덜 완벽하긴 하지만 외야를 매끈하게 다듬었다. 20세기 초가 되자 비유가 반대 방향으로 적용되어 이제는 미국의 평평한 들판들이 "거의 크리 켓 피치처럼 평평하다"고 묘사되었다.[18]

피치는 배수를 위해 주위보다 조금 높게 올리고 가장자리가 모 두 경사진 중심부에 위치했다. 레이저 기술로 요철이나 꺼진 부분을 없애고 완벽하게 균일한 경사를 만들기 시작한 것은 20세기 말이 되어서였다. 2010년에 시드니 크리켓 경기장에 이 방법이 처음 적 용되었다.

테이블 테니스, 즉 탁구는 라켓으로 공을 치는 경기다. 라켓은 보통 나무판으로 만들었고 점차 표면에 돌기가 있는 고무를 입혔다. 탁구대 자체는 가능한 한 평평하게 만들고 공은 완전히 매끈매끈하 다. 잔디나 점토 혹은 아스팔트나 콘크리트 위에서 경기하는 테니스 도 목적은 비슷하지만 펠트로 감싼 공을 치기 위해 탄성 있는 그물 망 표면으로 된 라켓을 사용한다. 공이 너무 반들반들해지면 교체한 다. 테니스와 유사한 초기의 다양한 경기들은 대개 특별한 준비 없 이 마당에서 진행했지만 16세기와 17세기에 유럽의 귀족들이 경기

탁구대의 표준규격.

를 실내로 들여와 지정된 장소에서 즐겼다. 오늘날 테니스는 보통 야외에서 치지만 매우 정교한 구장들에는 비가 오면 지붕을 덮는 기능도 있다. 스쿼시 역시 한때 야외에서 쳤지만 실내로 옮겨와 바닥과 옆면이 평평한 정육면체 코트에서 표면들을 모두 이용해 즐긴다. 공이 아니라 셔틀콕을 사용하는 배드민턴은 보통 충격 흡수를 위해 고무나 비닐 바닥, 혹은 용수철이 들어 있는 경재로 된 바닥을 이용한다.

테니스 선수들은 공이 코트 표면에 닿았을 때의 속도, 바운드, 방향의 비예측성을 이용하기 위해 노력한다. 전통적으로 코트 표면은 잔디나 점토였다. '론테니스lawn tennis'의 본거지인 윔블던에서 사용하는 잔디에서는 공의 속도가 빨라지고 바운드가 낮지만 가변적이다. 가변성은 잔디의 매끄러움과 깎인 상태에 따라 달라지고 잔디의 마모와 드러난 맨땅에 따라 높아진다. 프랑스와 이탈리아 오픈 테니스 경기에서 사용하는 흙(점토)으로 된 코트에서는 바운드 후에 공의 속도가 느려지고 톱스핀을 썼을 때 공이 좀 더 균일하고 높게 튀어 오른다. 미국과 오스트레일리아 오픈 경기는 아크릴 소재의 코트에서 열린다. 아크릴 표면은 가장 평평하며, 좀 더 예측 가능한 중간 정도의 속도를 내고 톱스핀을 썼을 때 중간 정도의 높이와 균일한 바운드가 나타난다. 가장 유명한 국가 대항 토너먼트인 데이비스컵에서 국가들은 때때로 경쟁 선수들이 싫어하는 표면의 경기장을 선택하는데, 특히 흙 코트를 좋아하는 선수들이 예측 불가능한 잔디와 싸우게 만든다.

1990년대에 이동식의 정사각형 잔디를 깔아 설치하는 테니스 코트가 생겨났지만 이음매를 따라 생기는 부식 때문에 새로운 위험이 나타났다. 딱딱한 아크릴 코트 표면에는 미세한 거칢이 있고, 마모의 차이(마모된 부분은 더 반들반들해져서 미끄러워지기 쉽다)로 마찰력이 증가하고(부상을 일으킬 수 있다) 비예측성이 높아진다. 이런 부분적인 차이는 시합의 '공정성'을 떨어뜨리고 선수들의 부상 위험을 높인다.

'자연' 환경에서 가장 자주 즐기는 구기 경기가 골프이다. 현대에 설계된 골프 코스들은 정확하게 가공한 부지에 자연 세계의 요소들을 그대로 모방하려고 노력한다. 페어웨이는 잔디를 짧게 깎아놓은 매끄러운 구역이지만 기복이 있고, 가장자리에는 나무나 물이라는 위험 요소가 그대로인 가늘고 긴 '러프rough' 지대가 있다. 그린은 표면이 매끈할 것이라고 기대되지만 꼭 평평하지는 않기 때문에 그린에 떨어진 공이 달아나버리거나 뒤로 굴러갈 수 있다. 따라서 그린의 미세한 경사를 '읽는' 것이 선수들의 과제이다. 스코틀랜드의

골프 코스.(영국의 레딩 컨트리클럽, 2005년)

골프 코스들은 다양한 지형을 많이 보존하고 있기 때문에 예측성이 떨어져서 외부에서 온 사람들이 때때로 '불공평'하다고 생각한다.

2004년에 세계 최장의 골프 코스가 제안되었다. '널라버 링크스Nullarbor Links'라고 불린 이 골프 코스는 오스트레일리아의 사막을 가로지르며 서로 간격을 두고 위치한 18개의 홀로 되어 있다. 이 골프 코스를 만든 목적은 종종 '특색 없고 지루하다'고 여겨지는 '세계에서 가장 건조하고 덥고 평평하고 단조로운 사막들 중 하나'를 지나는 1,400킬로미터에 걸친 여정을 중간중간 나누는 것이었다. 페어웨이는 어쩔 수 없이 흙이지만, 그린에는 오일샌드가 깔려 있다. 2009년에 개장한 이 골프 코스는 많은 인기를 끌어 관광상을 받기도 했다.[19]


## 보드와 가상현실 이미지

컴퓨터 게임에 대한 현대의 열정은 고대의 전쟁과 스포츠까지 거슬러 올라간다. 레슬링과 권투는 처음에는 폭력에 제약이 없었고 경기자들에게 동일한 조건을 제공하려고 표면을 꼭 평평하게 만들지도 않았다. 실제 전쟁에 대비한 초기의 기동훈련은 신체적 폭력과 부상, 심지어 죽음까지 뒤따랐다. 이런 유형의 연습은 사용 가능한 화력의 위력 때문에 모의 전투가 너무 위험해진 최근에야 거의 하지 않게 되었다. 그러나 고대에는 이런 공연식 경기와 함께 전사나 무기를 본떠 만든 말을 이용해 평평한 보드 위에서 하는 전쟁 게임도 개발했다. 보드 표면은 동일한 크기의 영역으로 나뉘어 있었다. 전형적인 게임이 고대 인도에서 유래한 체스다.

　체스는 평평한 정사각형 보드에서 하는 게임이다. 보드에는 흰색과 검정색의 작은 정사각형이 교차되며 가로 여덟 개, 세로 여덟 개의 격자무늬를 이룬다. 현대에는 육각형과 마름모꼴 등으로 변형된 보드도 나왔다. 비주류인 '구형 체스'를 제외하면 보드는 항상 평평한 것으로 보이는 반면에 말은 엄청나게 다양하다. 말은 대개 정교하게 조각되었으며, 때로는 말을 세우기 위해 보드의 구멍에 끼울 핀이 필요하다. 체스 외에도 무수히 많은 보드게임(모든 보드게임이 전쟁을 흉내 낸 것은 아니다)이 존재하고 모든 시대와 장소에서 널리 즐겨왔

정사각형으로 나뉜 체스판.

지만 대부분 평평한 격자무늬의 표면을 사용한다. 돌이나 콘크리트에 격자무늬를 새기거나 색칠을 하여 실외 '보드'도 만들었는데, 때로는 집의 평평한 지붕 위에 만들기도 했다. 또 휴대할 수 있게 게임판 모양으로 매트를 짜서 평평하게 펴서 사용했다. 예를 들어 카드게임과 도미노 게임은 (어떤 면에서는) 균일하고 평평하다는 동일한 가치를 일부 공유하며, 공정성을 보장하기 위해 보통 테이블 위에서 한다. 주사위도 마찬가지인데, 집에서건 카지노에서건 여섯 개의 평면으로 된 주사위를 평평한 표면에서 굴린다.[20]

체스는 경기자의 신체적 기량과 상관없고 운에 달려 있지도 않고 순수하게 지적인 활동이기 때문에 이상적인 전쟁 게임으로 여겨졌다. 그러한 이유로 체스는 가장 인기 있는 보드게임이었던 적도 없다. 가장 인기 있는 전쟁 게임은 사람을 죽이고 피를 흘리게 하는 폭력적인 게임들이다. 오늘날에는 평면 디스플레이 화면에서 전자식 가상현실VR(1980년대에 탄생했다)로 이런 게임을 한다. 이 게임들은 운, 평탄하지 않은 지형, 예상치 못한 적의 등장을 기꺼이 강조한다. 따라서 현실에서는 매우 치명적인 시가전이 비디오게임에서는 탁 트인 평평한 전장에서 보기 어려운 기회를 제공하고 역사에서 벌어진 실제 전쟁들의 다양한 지형을 결합시킨다.[21]

가상현실 게임은 그 지형적 다양함으로 현대 스포츠와 구분된다. 현재 대부분의 접촉 스포츠들은 명확한 경계선과 한계선, 구역이 표시되고 상대적으로 규모가 작은 평평한 전용 경기장에서 이루어진다. 가상현실에서 게임을 하면 차원성이 높아지고 지형이 다양해서 연속적인 평평한 표면으로 보이던 곳에 갑자기 깊은 틈이 나타나는 등 예상치 못한 위험에 부딪힌다. 완전히 몰두하면 실재하는 세계처럼 생생하게 느껴진다. 가상현실이 2차원의 평면 이미지에 의지한다는 사실은 중요하지 않으며, 가상현실은 평평함을 자연 상태에 근접하도록 만드는 방법의 일부일 뿐이다.

# 제7장
# 평평한 물질들

세계는 복잡하고 동적이며 다차원적이다. 종이는 정적이고 평평하다.
_에드워드 R. 터프트, 1990년[1]

 

도로와 철도의 건설부터 평평하게 다듬은 잔디밭과 풋볼 경기
장에 이르기까지 모든 면에서 점점 더 빠르게 진행되는 세계의 평평
화는 자연에서는 발견되지 않는 물질들, 인공적 평평함으로 특징지
어지는 물질들의 개발과 밀접하게 관련되어 있다. 많은 경우 이 평
평한 물질들, 특히 콘크리트, 유리, 강철, 알루미늄은 풍경과 구축 환
경을 평평하게 하는 데 사용되어왔다. 그 외에 '자연에 없는' 평평한
물질들은 이보다는 눈에 덜 띄게 우리 세상에 들어왔지만 어디에나
존재한다. 종이와 플라스틱이 대표적이다. 그중에는 고대에 선조가
있는 것들도 있지만, 대부분의 물질은 완전히 현대에 등장했고 세상
에 큰 기여를 한 것은 모두 현대 세계에서이다. 이 물질들은 세계에
직접적으로 기여하기도 하고, 전체 세계에 규칙적인 기하학적 구조
를 적용해 간접적으로 영향을 미치기도 한다.

평평한 물질들은 르 코르뷔지에가 '혼란스러운 자연'의 한가운데에 기하학적 질서를 부여하려는 인간의 야심이라고 불렀던 개념에서 중요한 역할을 한다. 일상의 경험에서는 절충이 필요하고 3차원적 공간을 돌아다녀야 하지만, 우리는 "종이, 비디오, 스크린으로 이루어진 끝없는 평지의 2차원성에 계속해서 갇힌다". 1990년에 에드워드 R. 터프트Edward R. Tufte는 "평평한 세계에서의 탈출은 정보를 상상하는 데 필수적인 작업이다. 우리가 이해하려고 하는 모든 흥미로운 세계(물리적 세계, 생물 세계, 가상 세계, 인간 세계)는 불가피하면서도 적절하게 본질적으로 다변적이기 때문이다. 평지가 아니다"라고 말했다.[2] 따라서 인간이 지구를 평평하게 하고 지구의 자원들을 인공적인 평평한 사물로 만들기 위해 어떻게 노력하는지 설명하려고 시도해야 할 뿐 아니라 왜 평평한 표면들이 우리의 정보 표현과 심상을 지배하는가라는 더 광범위한 문제로 질문을 확장해볼 필요도 있다. 이러한 지배는 순전히 평면이 지닌 현실적 측면에서 나온다. 평면이 일상생활에서 실용적일 뿐 아니라 경제적 효율성과 금전적 이익에도 상당히 기여한다는 뜻이다.

제조업자, 유통업자, 소매업자들에게 평평함은 수익을 의미한다. 유통에서 평평한 물질들은 빈틈없는 포장을 가능하게 하는 규칙적인 표면과 기하학적 구조로 제품의 표준화에 뚜렷하게 기여한다. 냉장고나 컨테이너선, 파일 캐비닛이나 국가기록보관소에서 바닥부터 꼭대기까지(평평한 파일부터 가장 작은 냉동식품 박스, 최고층 빌딩의 사무실에 이르기까지) 공간이 서로 딱 들어맞는 직선 면의 단위로 나뉘기 때문이다. 용기들은 더 이상 그 안에 담길 내용물의 형태를 반영할 필요 없이 평평한 획일성만 제공하면 된다. 이는 합리적인 기계시대의 공

간 이미지이며 대량생산과 운송의 전제 조건이다. 추상적 심미주의
가 자연에 거둔 이러한 승리는 건축 및 상품 제조 못지않게 미술과
음악에서도 표현되었다. 최근 들어 디지털 혁명이 정보 저장 방식을
변화시켰지만 이 기술들은 여전히 평평한 화면에 평평한 이미지를
제시한다.

## 자연의 특성을 지닌 불안정함

고대의 기술들에서 사용된 대부분의 재료는 천연 물질이었다.
일부 사회에서만 도자기나 야금冶金 같은 인공적이거나 변형된 형
태의 천연 물질을 채택하거나 발명했다. 나무, 돌, 갈대, 짚, 이끼, 얼
음이 건축의 기본 자재였다. 도구로 이들을 비교적 평평하게 만들거
나 단순히 서로 끼워 맞추거나 엮었다. 목재를 대략적인 형태로 만
드는 데는 도끼, 자귀, 톱 형태의 도구를 가장 많이 사용한 반면에 좀
더 정밀한 표면을 만드는 데는 대패가 필요했다. 어떤 경우든 건축
자재들은 자연에서의 삶의 증거를 간직했다. 목재에는 옹이가 박혀
있고 돌에는 단층이 남아 있었다. 이 자재들을 합쳤을 때 연속적이
고 균일한 표면을 형성하는 경우는 드물었다. 아프리카와 아시아에
서 널리 사용된 진흙은 젖으면 모양이 쉽게 바뀌기 때문에 매끄럽게
만들기 위해 진흙을 더 바르거나 다져주었다. 최근에 유동적 형태의
분쇄된 물질들로 플라스터판이나 석면을 만들었는데 이 자재들은
대개 유해한 결과를 불러왔다. 유기적 물질들도 가공하여 베니어판,
합판, 섬유판, 펄프 판지 등과 같은 평평한 제품을 만드는데 이 자재

들은 일반적으로 원래의 성질이 바뀌지 않는다.

이 평평한 물질들 중에서 크고 높은 구조물 건설을 지원하는 것은 없다. 건축에 드는 비용과 불안정성은 도심 주거지가 장기적으로 비교적 평평해지는 데 일조했다. 많은 노동력과 자원을 이용할 수

소나무 마루청. 평평하고 네모나게 톱질했지만 옹이가 진 나무의 원래 특성을 드러낸다.

있는 통치자와 기관들만 야심 찬 공사를 시도할 수 있었다. 고대 세계에서 가장 큰 구조물은 돌이나 흙으로 지은 피라미드였다. 면밀하게 정사각형으로 자른 거대한 석재로 대피라미드를 건설했지만, 흙과 진흙은 형태를 만들고 안정화시키기가 훨씬 더 어렵기 때문에 더 낮지만 꼭 더 평평할 필요는 없는 구조물을 올리는 데 사용되었다. 벽돌은 각 면이 평평한 모양이고 모르타르로 접착해 일관된 표면을 형성하지만(특히 시멘트를 발랐을 때) 지진대에서는 불안정한 것으로 드러났고 모든 지역에 수직으로 올리는 데 제한이 있다.

## 쓰임새가 다양하고 유연한 직물

천연 물질로 제조된 직물에는 유연한 평평함이 있어서 8,000년 전부터 다양한 기능을 수행해왔다. 직물의 역사가 매우 오래되었다는 것은 (평평한) 세상을 만드는 일을 때때로 깔개나 융단, 마법의 양탄자를 펴는 것에 비유하는 데서 분명하게 드러난다. 직물의 평평함은 직조 기술의 결과물이다. 일반적으로 직조 기술은 재료를 팽팽하게 잡아당기고 날실과 씨실을 엮어 길이는 굉장히 길어질 수 있지만 폭은 제한된 격자무늬의 직사각형 옷감을 짜는 베틀에 의지한다. 이처럼 직물은 파피루스·종이와 공통점이 많으며, 옷을 만들거나 글을 쓸 때 동물 가죽처럼 좀 더 변형하기 어려운 재료들을 대체한다. 마찬가지로 디자인한 무늬를 직물에 찍을 때는 평평한 스크린이나 윤전기를 사용할 수 있는데, 이는 활판인쇄가 평판에서 오프셋으로 발전했던 것과 비슷한 변화다.

깔개와 카펫은 종류가 다양하지만 기본적으로 파일pile(직물 표면을 덮고 있는 부드러운 입모나 루프 - 옮긴이)을 넣지 않고 짠 유형과 파일이 있는 유형으로 구분된다. 파일을 넣은 깔개는 다양한 색깔의 촘촘한 매듭으로 디자인이 표현되지만 파일을 넣지 않은 유형은 대부분 날실들 사이에 색깔이 있는 씨실을 넣어 무늬를 표현하기 때문에 보통 더 얇고 말기 쉽다. 두 유형 모두 베틀(때로는 수직 방식, 때로는 수평 방식)을 사용하고 양모사, 털, 비단, 무명 등 무슨 재료를 사용하건 본질적으로 평평함을 가지고 있다. 전통적으로 파일이 없는 유형은 가난과 고행, 부드러운 털로 덮인 유형은 고급스러움, 부와 연결되었다. 그러나 전자가 유연성이 높아 쓰임새가 더 다양하다. (평평한 표면에 펴서) 바닥을 덮는 데 사용될 뿐 아니라 기도용 깔개, 안장용 깔개, 벽에 거는 장식품으로도 쓰이는데, 어떤 용도건 모두 쉽게 말리고 옷처럼 반반하다. 파일이 없는 직사각형 매트는 들고 다니기 편하기 때문에 때때로 텐트를 만드는 데도 사용되는데, 특히 이런 직물들이 발달한 중동 같은 사막 지역의 유목민들이 그런 용도로 많이 쓴다. 반면에 파일이 있는 깔개는 좀 더 딱딱해서 도시의 타일이 깔린 바닥에 더 적합하다.[3]

수학의 최소 표면 이론을 바탕으로 한 모델링을 통해 새로운 소재들이 풍경에 등장하기 시작했다. 대개의 경우 그 출발점은 접고 구부려서 변형시킨 평면으로, 지질이나 플라톤의 다면체를 연상시킨다. 마찬가지로 비누막의 원리(비누막은 표면을 가능한 한 작게 형성하려는 성질이 있다는 원리 - 옮긴이)가 직물에서 유래한 유연한 복합 소재들에 적용되었는데, 텐트처럼 팽팽하게 펴서 설치하는 캐노피가 가장 좋은 예다. 재단한 납작한 천 조각으로 옷이 만들어지는 것처럼, 이 경우 원래 평평한 소재가 두루마리로 보관되다가 여러 형태의 가공품으로 만들어진다. 먼저 예상하는 3차원의 건축 형태에 절개선을 정해야 하고, 그렇게 해서 나온 비평면의 '조각들'을 '평평하게 펴야' 직물 두루마리에서 정확하게 재료를 잘라낼 수 있다. 평평한 시트로 구를 만드는 것이 불가능한 것처럼, 이때 나타나는 근본적 문제는 땅을 평평한 종이에 매핑할 때의 문제와 본질적으로 동일하며, 직물 건축에 적용되는 해법은 지도 제작에서 시도되는 해법과 매우 비슷하다. 따라서 구조물에서 총 곡면이 클수록 평평한 조각의 수가 더 많이 요구된다. 지도 제작에서처럼 어떤 해법도 완벽하지 않지만 직물의 경우 본질적으로 유연하다는 이점이 있다.⁴

## 현대건축의 평평함을 만들다

콘크리트와 유리는 직물이 지닌 것과 같은 유기적 유연성은 부족하다. 콘크리트와 유리 역시 아주 오래전부터 존재했지만 흔히 사용하게 된 것은 19세기 말이 되어서였다. 강철과 알루미늄이 알려진 것도 얼마 되지 않았다. 판유리는 17세기에 영국에서 발명되었지만 산업적 방식으로 생산되기 전까지는 매우 고가였으며, 1851년에 런던에서 수정궁Crystal Palace(런던의 하이드파크에 세워진 만국박람회용 건물 – 옮긴이)의 주 건축자재로 선을 보였다. 알루미늄이 산업적 규모로 생산된 것은 19세기 말이 되어서였지만 가벼운 성질 덕분에 곧 '공기역학적 모더니즘과 슈퍼모빌리티supermobility'의 상징이 되었다. 콘크리트는 고대에도 사용되었고 기원전 100년경에 세계의 일부 지역에서는 잘 알려진 자재였다. 그러나 콘크리트가 새 생명을 얻은 것은 강철을 섞어 강화한 뒤 높은 수준의 강도와 강성을 지닌 단단한 평판이나 슬라브로 만들어 이를 콘크리트 기둥들로 수직적 혹은 수평적으로 받쳐 사용할 수 있게 되면서였다. 이 자재들은 19세기가 되어서야 비교적 저렴해지기 시작하고 서로 결합하면서 새로운 생명을 얻어 현대성의 동인이자 평평함의 기본 요소인 불변의 상징이 되었다. 더 최근에 나온 소재인 플라스틱은 1950년 100만 톤에 불과했던 생산량이 2010년에는 2억 6,500만 톤으로 증가하여 강철보다 더 많았다.[5]

이 현대의 소재들 중 어떤 것도 표준적인 형태가 없고, 액상이거나 녹이거나 가열된 상태로 타설해 평평하게 처리하거나 엄청나게 다양한 형태로 만들 수 있다. 타설된 콘크리트는 습윤 상태에서는 진흙과 특성을 공유하지만 마르면 더 강해진다. 강철과 결합되면 수평적으로 늘릴 수도, 훨씬 더 높이 올릴 수도 있다. 모더니즘 건축에서 판유리와 철근콘크리트로 지은 특유의 직사각형 고층 건물은 중력을 거스르지만 그 기본 요소들은 평평한 표면들로 이루어진다. 이 평평한 표면들은 녹이거나 (유리) 열처리 (강철과 알루미늄)를 했을 때 유동 상태가 되거나, 혹은 갈거나 연마하여 동일하게 매끄러운 표면을 얻을 수 있는 자재들이다. 모더니즘 양식의 건축은 목재, 진흙, 벽돌, 자연석을 사용한 장식이 많은 건물보다 콘크리트, 강철, 유리, 알루미늄을 사용해 장식을 최소화한 평평하거나 매끄러운 표면을 만든다. 이 건물들은 거리에서 보면 높이와 수직적 평평함이 깊은 인상을 주지만 내부적으로는 수평 상태를 지지한다. 그래서 르 코르뷔지에는 대형 유리창이 긴 띠처럼 뻗어 있고 지붕이 평평한 오픈플랜

유리와 강철.(미국 필라델피아의 컴캐스트 타워, 2001년)

식(건물 내부가 벽으로 나뉘지 않은 방식) 건물을 선호했는데, 이 모든 것은
강화콘크리트로 가능해졌다.

　　실제로 완전히 평평하지 않은 표면은 모르타르 칠을 하거나 회
반죽을 바르거나 페인트칠을 해서 매끄럽게 만들 수 있다. 이 물질

들은 진짜로 표면을 평평하게 만들지는 않지만 질감과 색깔을 균일하게 하여 평평하다는 인상을 주는 데 도움이 된다. 그러나 이 기법들의 성공은 조명에 크게 의존한다. 분산된 빛에서는 평평해 보이던 표면이 태양광이 특별한 각도에서 비치거나(하루 중 짧은 시간뿐이지만) 측광이 가로지를 때면, 특히 광택 페인트를 사용한 경우 불완전한 상태를 뚜렷하게 드러낸다. 뿐만 아니라 매끄러운 표면을 만들려고 콘크리트를 바른 벽돌로 지어진 집은 흙손이 지나간 자리가 드러날 경우 문제가 더 악화된다. 정밀 연삭 작업은 대부분의 주택 건축 공사에서 사용하기엔 비용이 너무 높기 때문에 장식과 비스듬한 조

르 코르뷔지에가 1914년에 제안한 돔이노Dom-ino 구조. 2014년 베니스 건축 비엔날레를 위해 재건축되었다.

명을 적절히 사용해 평평해 보이는 착각을 일으키는 것이 기대할 수 있는 최상이다. 거주자들은 조금 거친 것에 너무 신경 쓰지 말라는 충고를 듣는다.[6]

순수주의 모더니즘에서 가소성물질을 사용해 얻은 평평함은 1970년대 들어 '명확한 통일성보다 혼잡한 활력'을 선호하는 '탈근대적' 복잡성의 도전을 받았다. 매끈함이라는 성질이 살아남긴 했지만 프랭크 게리Frank Gehry(1929~ )의 구겨지고 불안정한 디지털 디자인에서처럼 변형될 수 있었다. 이런 건물들은 보통 모더니즘 건축의 표준적인 평평한 물질들을 사용(일종의 종이접기 방식)했지만 게리의 최근 프로젝트에서는 전통적인 자재들, 특히 벽돌을 적용하면서 신선한 도전을 시도하여 구겨진 표면으로 예상치 못한 반향을 불러일으켰다.[7] 이와 대조되는 접근 방식을 안토니 가우디Antoni Gaudí(1852~1926)의 독특한 건축물에서 볼 수 있는데, 가우디는 모더니즘을 1세기 이전의 전통적 구성 요소들 및 유기적 형태들과 혼합시켰다. 그러나 외면을 아무리 매끄럽게 하든, 구기든 간에 모든 건축물은 평평한 바닥의 실용성과 효율성을 존중한다.

## 고대의 파피루스부터 평면 스크린까지

그림 등 수많은 형태를 표현할 때는 일반적으로 평평한 표면을 이용해왔다. 나무 몸통이나 돌기둥에 이미지를 표현하고 관리하기

204쪽 : 색칠된 회반죽벽(위)과 은색으로 칠해진 벽돌 벽(아래).

는 비교적 힘들고 판독하기도 어렵다. 동굴 벽이나 사막의 모래와 마찬가지로 휴대성도 없다. 쓰기와 읽기의 발명은 평평한 표면에 대한 수요를 극적으로 증가시켰다. 기록을 보존하는 한편 메시지를 효과적으로 교환하기 위해 가볍고 부피가 작은 표면이 필요했다. 고대부터 저자들은 주변에서 발견할 수 있는 재료들로 적절한 표면을 마련하려고 노력했다. 우리가 살펴본 것처럼 자연은 거의 도움을 주지 않는다. 나무에서 벗겨낸 껍질을 사용할 수 있었지만 열을 가하거나 매끄럽게 다듬은 뒤에야 쓸 수 있었다. 야자수와 알로에 같은 일부 식물들의 잎도 사용되었지만 적절한 크기의 평평한 나뭇잎을 어디서나 구할 수 있는 건 아니었고 가장 알맞은 나뭇잎이라도 미리 매끈하게 만들어야 했다. 동물의 가죽도 글을 쓰거나 그림을 표현할 수 있는 표면을 제공했지만 마찬가지로 미리 매끈하고 평평하게 다듬어야 했다. 벽돌, 목재, 금속(구리와 놋쇠), 도자기 모두 매끈하고 대체로 평평한 표면이지만 이 재료들은 부피가 커서 포장과 보관 면에서 비실용적이고 서로 합치기도 어려웠다.

이렇게 각양각색의 표면을 이용하다가 기원전 3000년경에 고대 이집트에서 새로운 필기 재료인 파피루스가 등장했다. 파피루스는 이를 구할 수 있는 사람들이 문학적 글을 쓸 때 선택하는 재료가 되었다. 먼저 파피루스 줄기를 얇게 갈라 격자 형태가 되도록 서로 수직으로 겹치게 놓고 두들기거나 누른 다음 햇볕에 말렸다. 그런 다음 돌로 연마해 완벽하게 매끄러운 표면을 만들었고 여러 장(보통 20장)을 연결해 두루마리로 만들었다. 파피루스 두루마리는 표준화된 너비와 품질로 만들어져 평평하고 유연한 표면을 제공했다. 보통 문학적 글을 쓰기에 가장 좋은 흰색이나 노란색이었고, 갈대 붓이나 펜으로 글을 썼다. 처음에는 두루마리의 오른쪽 끝에서 시작해 세로로 글을 썼으며, 나중에는 파피루스 안쪽 표면의 가로 섬유질을 따라 가로로 단을 나눠 글을 썼다. 보통 안쪽에만 글을 썼지만 값이 비싸고 물량이 부족해서 원래 쓴 것을 지우고 다시 쓰거나 뒤집어서 쓰기도 했다. 두루마리는 지중해 세계에서 거래될 때 튼튼하긴 했지만 읽는 사람에게 불편한 점들이 있었다. 앞의 구절을 참고하려면 두루마리를 다시 펴야 했고 가장자리가 해졌다.[8] 뿐만 아니라 충분히 평평하지도 않았다.

그러다가 두루마리의 경쟁자로 코덱스codex(책자본)가 등장했다. 코덱스는 파피루스를 여러 장 포갠 뒤 반으로 접어 앞면에서 뒷면으로 연이어 양면에 글을 쓰는 형태였다. 코덱스는 낱장을 끈으로 묶었는데, 이런 방식은 파피루스뿐 아니라 평평한 밀랍판이나 양피지에도 적용되었다. 코덱스는 처음에 파피루스 한 더미, 즉 한 '첩'으로만 이루어졌지만 점차 여러 첩을 묶게 되었다. 코덱스가 인기를 얻은 것은 기독교의 확산과 연관되어 있으며, 파피루스가 귀했던 것도 그 이유 중 하나였다. 400년경에는 지중해권에서 가장 흔한 문학 기록 수단으로 코덱스가 두루마리를 대체했다. 코덱스와 파피루스 두루마리 둘 다 비교적 고가였고, 파피루스는 일부 지역에서만 재배되었기 때문에 대부분의 지역에서는 이용하지 못했다. 아즈텍족과 마야족 같은 일부 문명에서 이에 상당하는 매체가 개발되기도 했지만 많은 지역에서는 여전히 소통의 기본 수단인 말에 의지했다.

이후 '현대 세계의 상징적 물건들 중 하나'인 종이가 발명되면서 대변혁이 일어났다.[9] 종이는 본래 섬유를 단섬유로 해리한 뒤 얇고 평평한 층으로 엮어서 만든다. 종이 제조 과정에서 물기가 있는 펄프가 만들어지는데, 펄프는 유동성이 있어서 자체적으로 자연 수위로 돌아가고 건조되거나 다시 합쳤을 때도 유지된다. 이런 특성은 콘크리트, 그리고 더 유동성이 큰 녹은 판금, 유리, 플라스틱과 비슷한 점이 많다. 이렇게 종이는 얇지만 강하며, 충분히 평평할 때는 (유연성은 있지만) 쉽게 쌓거나 책으로 묶을 수 있을 뿐 아니라 작은 부피에 다량의 데이터를 담을 수 있다. 종이의 문화적·지적 영향력은 엄청났다. 필기 기술들이 단어를 공간에 집어넣는 데 오랫동안 기여해왔지만 종이책은 정보를 담는 '용기'를 제공했고 점차 정보에 정확한 주제를 부여했다.

인쇄는 이 과정을 더욱 발전시켰는데, 인쇄 공간 내에 단어와 그림을 공간적으로 배치할 때 시각적 가치를 중시하고 페이지와 책을 정확하게 똑같이 여러 부 생산할 수 있게 했다. 원문이 고정되었고 지도는 표준화되어 지도책으로 만들어졌다. 이러한 혁신은 보편적인 과학 체계의 토대를 닦았다. 이렇게 평평한 종이 페이지들이 만들어낸 책의 반복성과 동질성은 평등한flat 지식 환경을 형성하는 데 기여했고, 이런 면에서 평평함의 특성인 불변성이라는 기본 원칙에 부합한다.[10]

종이는 기원전 200년 이전에 중국에서 처음 발명되었으며 600년경에는 나무껍질, 대나무, 등나무, 대마, 천으로 만든 종이가 흔히 사용되었다. 그러나 이 종이들은 모두 수작업으로 한 번에 한 장씩 만들어 펼친 뒤 햇볕에 말렸다. 평평함의 정도는 다양했다. 이 기법들은 중국에서 먼저 한국과 일본으로 전파되었는데, 이 두 나라에서는 가로쓰기보다 세로쓰기를 선호했다. 800년경이 되어서야 종이 제조 기술이 서쪽의 유라시아로 전파되기 시작하여 서서히 양피지와 파피루스를 대체했다. 서구에서는 14세기 전까지 영국에 종이가 거의 알려지지 않았고 양피지가 지배적인 공식 기록 수단이었다.[11]

19세기 말까지도 종이는 손에 들 수 있는 크기의 틀로 한 장씩 만들었다. 철망이 쳐진 직사각형의 나무틀을 사용했고, 넝마를 두드려 나온 펄프에 물을 부은 뒤 펠트 위에 올려서 말렸다. 철망과 닿은 면은 '거친' 반면에 펠트와 닿는 면은 '매끄러웠다'. 육안으로는 뚜렷하지 않지만 철망에 닿은 쪽 면의 거칠기는 표면에 빛을 비추어보면 쉽게 확인할 수 있었다. 종이의 평평함은 압축으로 높아졌다. 정교화의 정도는 용도에 따라 달랐지만, 종이의 용도가 쓰기와 그리기에 국한되지는 않았다. 한국과 일본에서는 아주 큰 얇은 종이를 유리창 대신 썼고 기름을 먹인 두꺼운 종이는 바닥재로 사용했다. 벽지는 1550년에 중국에서 유럽으로 전해졌다.[12]

균일성이 뛰어나고 가격이 낮은 종이의 대량생산은 19세기 말에야 시작되었다. 이런 발전은 매우 긴 종이를 제조해 원통에 감는 연속 생산 기법에 의지했다. 물론 파피루스 두루마리가 하나의 모델이 되었지만 생산 규모와 체계는 많이 달랐다. 수요가 높아지면서 소재가 넝마에서 목재펄프로 바뀌어 표면의 품질은 떨어졌지만 양은 엄청나게 증가했다. 종이와 판지가 아주 다양한 용도로 사용되었고 온 세상에 넘쳐났다. 신문과 '싸구려 통속소설'들이 갑자기 저렴해졌다. 집에 벽지를 발랐고 판지(때로는 골판지)로 물건을 담는 용기를 만들었다. 휴지는 두루마리로 생산되었다. 이 모든 것이 이런저런 평평한 표면을 형성했고 지구상에 있는 거의 모든 사람이 영위하는 일상생활의 일부가 되었다.

기록할 수 있는 평평한 표면을 구할 수 있게 된 것은 세계의 문화 발달에 중요한 역할을 했다. 가장 직접적으로, 이 평평한 표면을 만드는 데 사용된 소재들이 필기 형태의 발달에 영향을 미쳤다. 돌, 나무, 점토는 부드러운 곡선보다 직선을 새기기 더 쉬운 반면에 파피루스, 야자수 잎 혹은 양피지의 경우에는 펜과 붓을 사용해 장식체 글씨와 필기체를 쓸 수 있었다. 그다음으로, 목판인쇄부터 구텐베르크의 활판인쇄, 그리고 석판인쇄까지 어떤 '인쇄' 기술을 사용하건 이미지의 기계적 복제는 거의 항상 평판에 놓인 평평한 물질들에 의존했다. 보통 다른 (잉크를 묻힌) 평평한 표면으로부터 원본 패턴을 받았는데, 특히 이동식 활자와 목판이 두드러졌다. 때로는 원통의 원판에 잉크를 묻혀 평평한 표면에 굴려 인쇄했다. 19세기 말부터 사용된 현대식 윤전인쇄에서는 두루마리에서 종이가 풀려나와 회전하면서 원통에서 잉크가 묻은 이미지를 받았다. 카메라 필름은 감광시켜 현상하여 음화를 만든 뒤 인쇄한다.

어떤 공정에서건 평평한 물질들이 대부분의 복제 단계에 포함되어 있었고 최종 결과물은 거의 항상 평평하게 접힌 신문이나 책, 혹은 일정 유형의 평평한 '출력물'이었다. 활판인쇄는 이와 비슷하게 글자꼴의 표준화도 요구했고 어디서나 볼 수 있는 20세기의 글자체인 산세리프체, 특히 1957년에 개발된 헬베티카체의 단순함에서 절정을 이루었다. 마찬가지로, 획수를 생략한 중국어 간체(1956년에 공식적으로 도입되었다)의 상대적 경제성은 세로로 오른쪽에서 왼쪽으로 쓰던 전통적 방식이 아니라 왼쪽에서 오른쪽으로 가로쓰기를 한다는 점에서 혁신적이었다. 동아시아 전역에서 비슷한 현상이 나타났는데, 생물학적 이점보다는 주로 서구의 영향과 활자 인쇄 기술의 엄격한 수평성에 대한 대응이었다.[13]

20세기에는 커뮤니케이션을 주도하는 평평함에 도전하는 것 같은 새로운 기술들이 등장했다. 특히 데이터의 전자식 저장과 컴퓨터를 이용한 데이터 조작에서 이런 추세가 두드러졌다. 그러나 초기의 컴퓨터들은 펀치카드와 테이프에 의존했고 마이크로필름과 마이크로피시(A6판, 105×148mm 크기에 60장의 상을 복사할 수 있는 카드 형태의 마이크로필름 - 옮긴이) 역시 본질적으로 평평함을 보유했다. 디지털 기술들과 레이저 인쇄가 이 모든 것을 바꾼 것처럼 보일 수 있지만, 예상했던 '종이 없는' 사무실은 실현되지 않았고 세계의 종이 생산량은 계속 증가해 지난 20년간 거의 두 배에 이르렀다. 마찬가지로 현재 일상의 커뮤니케이션을 장악한 전자 기기의 스크린은 거의 모두 표면이 평평하고, 인쇄매체의 경우 수직성을 유지하는 일본에서도 왼쪽에서 오른쪽으로 가로쓰기가 지배적인 경향이다. 디지털 기술들은 실제 공간개념을 '평평하게' 만들었고 수평적 코드와 기호 체계들을 만들어냈다.[14]

'전자식 페이지'들은 고대의 평판에서 시작한 평평함과 직사각형 모양, 구조를 유지한다. 3차원의 '책'은 거의 사라질 수도 있지만 철학부터 금융 계좌, 과학의 다이어그램과 어려운 수학 방정식까지 모든 것을 기록하는 데 이상적인 평평한 표면의 정수라 할 수 있는 페이지는 사라지지 않는다. 컴퓨터 그래픽 기기들은 평평한 2차원 화면 위에 이미지들을 만들어내고 화면의 각 지점을 두 개의 실수로 된 좌표로 확인한다. 그러나 세 번째, 심지어 네 번째 측정점을 부여할 잠재력이 있어 쉽게 시각화되는 복잡한 곡면 표면을 생성할 가능성도 있다. 웹페이지는 가상으로 존재하고, (신이 십계명을 새겼던 표면까지 그 기원을 거슬러 올라갈 수 있는) 평판tablet은 디지털 시대에도 유지되고 있다.

데이터가 어떤 방식으로 저장되고 처리되고 전달되건, 우리가 이를 시각화하는 방법은 우리 앞에 평평한 2차원의 표면 위 하나의 상으로 펼쳐진 세계의 평평한 이미지에 대한 해석과 여전히 연결된다. 인간의 시각 체계는 이미지의 깊이 단서를 이용해 구성 요소들의 공간적 배치를 구성하고 3차원 속성들을 인식하도록 발달했지만, 컴퓨터가 생성한 디스플레이를 모니터 화면으로 볼 때 관찰되는 왜곡이 어떤 경우에는 평평함의 단서로 설명될 수 있다. 평평함에 대한 이런 단서들이 나타나는 것은 모니터를 볼 때 초점거리가 고정되어 있고 머리 움직임이 제한적이기 때문이다.[15] 큰 평면 스크린의 몰입형 디스플레이로 보면 거리도 마찬가지로 과소평가된다. 이런 인식 상의 문제가 있고 눈과 프레임에 해를 미칠 수 있음에도 불구하고 어떤 메시지이건 대개 그 전달 매체는 계속해서 평평한 표면이다.

어떤 경우에는 유기물질을 효과적으로 보관하기 위해 완력으로 평평하게 만들기도 한다. 예를 들어 표본집에 식물을 보존할 때 마분지 사이에 압지를 끼우고 그 위에 표본을 올린 뒤 눌러서 말리고, 완전히 마르면 도화지에 올리는 방법이 오랫동안 사용되어왔다. 이때 눌러서 평평하게 만드는 작업은 훼손에 따른 손실을 줄이는 실용적 역할을 하는 동시에 최종적인 보관 해결책이다. 다루기 힘든 솔방울 같은 표본들만 평평화 작업을 피해갔다. 동물 표본은 보통 평평화 작업을 하지 않지만 원통형 용기에 넣었을 때 생기는 시각적 왜곡을 피하기 위해 평평한 면으로 된 병에 보관하라고 권고된다. 이때 평평화 작업을 통한 보존에서 자연이 수행하는 독특한 역할에 주목해보면 도움이 된다. 고생물학에서는 식물과 동물의 자국이 지질학적 기록에서 단면으로 발견되는데, 이는 아주 오랜 기간에 걸쳐 지층이 퇴적되고 평평한 층들이 쌓인 결과이다. 이런 압축 방식은 평평함의 또 다른 면, 즉 식물이나 동물의 형태가 화석화된 부재 혹은 공허로 보존된다는 사실을 반영한다.

## 포장은 평평한 상자에!

현대 세계에서는 판지나 튼튼한 종이로 만든 평면 용기를 어디서나 거의 동일하게 볼 수 있다. 두루마리나 도자기 항아리보다 평면으로 된 일반적인 종이나 책을 더 효과적으로 쌓고 보관할 수 있는 것처럼 현대의 포장 방법은 봉투부터 컨테이너선에 실린 (금속) 상자들에 이르기까지 모든 것에서 평평한 요소들에 많이 의지한다. 평면으로 된 표준화된 상자들은 평평한 물건들뿐 아니라 깨지기 쉽고 특이한 모양의 물품들도 안전하게 보관한다. 또한 이 용기들의 변형이 적을수록 더 빽빽하게 채워 넣을 수 있다. 특히 1960년경부터 자동화된 절단 및 접기 기술이 적용되면서 용기를 만드는 원재료부터 시작해 절차가 간소화되었고, 점차 평평한 마분지나 두꺼운 종이가 원재료가 되었다. 종이 한 장에서 용기 전체가 만들어져 나왔다.[16] 그중 한 가지 예가 우리에게 친숙한 피자 박스다. 이 박스는 평평한 종이에서 버리는 부분을 최소화해서 자른 뒤 평평한 박스로 접어 평평한 원반 모양의 피자를 넣는다. 각 박스를 차곡차곡 효과적으로 쌓아 피자 자체의 미세 형상을 감출 수 있다. 단순해 보이는 다른 박스들은 더 복잡한 도안을 사용해 평평한 종이를 잘라서 만들고

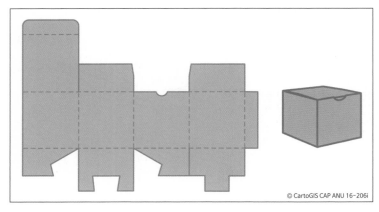

© CartoGIS CAP ANU 16-206i

정육면체 도안과 접어놓은 상자. 바닥은 자동으로 봉합되고 뚜껑 부분을 끼워 넣는 상자다.

버리는 부분이 더 많다.

종이와 판지 포장재 및 모듈의 표준화와 평평화 역시 피드백 효과가 있어서 그 안에 담긴 요소들을 평평화하는 데 기여했다. 가장 좋은 예가 1950년대 말에 스웨덴의 가구 회사 이케아ıĸᴇᴀ가 개척한 '플랫팩flat pack'(납작한 상자에 부품을 넣어서 파는 자가 조립용 가구 - 옮긴이)이다. 플랫팩 방식은 좀 더 편리하게 운반하고 효과적으로 보관하기 위해 부피가 큰 물건이나 가구의 다리처럼 불편하게 튀어나온 부품들을 단순한 평면 상자 안에 들어가도록 해체했다. 조립은 소비자의 몫으로 넘어가는데, 이 소비자들은 현대적이고 스타일리시한 것, 아마도 약간 파격적이면서도 수수하고 저렴한 것을 찾는 사람, 앨런 볼트용 렌치를 사용할 수 있고 지시 사항을 따를 수 있는 사람으로 인식된다.[17] 그다음 단계는 가구의 구성 요소들 자체를 다시 디자인하여 평평한 부품을 가능한 한 많이 만들어, 포장했을 때 최소 공간을 차지하도록 하는 것이었다. 평평한 구성 요소들, 특히 목재를 절단하고 모양을 만들 때 원통이나 곡선으로 된 부분을 최소화하면 버리는 부분이 가장 적어진다. 이 점은 미니멀리즘 예술과 가공품부터 시작해 20세기 초의 디자인 경향(주로 스칸디나비아 지역)과도 연결된다. 1970년 대에는 원목, 특히 소나무가 천을 씌운 가구 표면을 대체하기 시작 했다.

  그 결과, 극단적인 경우에는 모두 평평한 상자에 담겨 배달된 평평한 가구들이 평면으로 된 방을 채우고 곡선이 최소화되었다. 궁

게릿 리트벨트가 1918년에 디자인한 「빨간색과 파란색으로 된 의자」. 네덜란드 위트레흐트의 슈 뢰더 하우스에 있다.(사진·프랑크 덴 아우스턴)

극적으로는 집 전체를 플랫팩으로 구매하여 조립식 구성 요소들이 트럭 한 대로 배달될 수 있었다. 더 작은 규모에서도 비슷한 결과를 관찰할 수 있는데, 식품을 예로 들 수 있다. 1920년대에 경이로운 발명이라고 불리는 '잘라서 파는 빵'이 등장하여 엄청나게 다양하고 불규칙한 형태에 껍질이 갈라진 빵들이 표준화된 네모난 조각으로 대체되었다. 기계가 자른 각각의 표면이 완벽하게 평평해 도시락 상자에 넣기에 더할 나위 없이 좋았다. 물론 아주 옛날부터 전 세계의 다양한 지역에서 다양한 형태의 납작한 빵들이 알려져 있지만 기계가 성취한 정확한 평평함을 갖춘 빵은 없었다. 가공된 슬라이스 치즈와 원통형 용기에 포장하는 포테이토칩 만들기, 햄과 베이컨 썰기, 소고기 커틀릿을 만들기 위한 고기 두들기기, 신선한 생선과 육류의 뼈를 발라내고 저미기 등에도 같은 원칙이 적용되었다. 이렇게 해서 나온 생선과 육류의 살코기는 슈퍼마켓의 선반에 효과적으로 배달하기 위해 점차 납작한 폴리스티렌 용기에 담겼다. 뿐만 아니라 현대에 신선한 육류와 식용유를 점점 더 쉽게 구할 수 있게 된 것은 평평한 표면에서 재료를 굽고 싶은 열망의 증가와 관련되어 있다. 육류와 뜨거운 금속 간의 접촉면은 둘 다 평평할 때 가장 커진다.

플랫팩은 보통 가구와 관련되어 있지만 1960년대부터 세라믹 플랫팩 집적회로가 둥글거나 원통형의 트랜지스터를 대체하면서 전자 기기의 발전에도 중요한 자리를 차지했다.[18] 어디서나 볼 수 있는 컴퓨터 '칩'은 보통 네모난 모양의 작은 평판이며 주변기기들과 연결된다. 유리, 금속, 도자기 표면들 사이의 상호작용에서 문제가 발생했지만, 여기에서는 종이로 된 평평한 세계와의 연관성이 사라진다. 그리고 무기물의 부활은 우리를 다중 매체로 이루어진 고대의 울퉁불퉁함으로 다시 데려간다.

　선적용 컨테이너로 가득 찬 환적장 역시 막대그래프와 닮은 모습이지만 이 컨테이너들은 배에 실리면 훨씬 더 획일적으로 보이는 경향이 있다. 컨테이너들은 일반적으로 도로나 철도를 달리는 차량들에 옮겨져야 하므로 크기가 제한되어 있다. 하지만 이런 제한 때문에 고속도로가 확장되고 곧아졌으며 풍경이 국지적으로 평평해졌다. 선적용 컨테이너들은 각각 혹은 함께 묶여 기능적인 현대건축의 구성 요소로도 사용되어왔다. 모듈들이 국제적인 수준에서 표준화되어 본질적으로 획일성을 부여한다.[19] 이 모든 혁신이 빠른 속도로 전파되면서 전 세계에 특유의 다양한 평평함을 퍼뜨렸다.

# 제8장
# 그림은 평면화를 넘어설 수 없을까?

> 회화의 더 이상 축소될 수 없는 본질은
> 오직 두 개의 구성적 관행 혹은 규범으로 이루어져 있다.
> 평평함과 평평함의 한계가 그것이다.
> 클레멘트 그린버그, 1962년[1]

왜 평평한 표면이 우리의 정보 표현과 그림들을 지배하는가? 이 질문은 현대의 물리적 세계를 지배하는 평면성을 설명하는 데 가장 중요한 개념적 요소다. 이 문제는 앞에서도 암시되었는데, 앞 장에서는 현대 세계를 구성하는 엄청나게 많은 물질을 물리적 평면성이 점차 지배하게 된 현상을 추적하여 평평함이 일상생활에서 실용적이고 경제적인 효율과 수익성에 상당히 기여하는 것이 주된 원인이라고 주장했다. 이 문제는 또한 제5장에서 논의한 공학 원리들, 즉 세계의 표면이 평평해져온 기법들과도 직접적으로 관련된다. 제5장에서는 물리적 재료들의 재배치로 평평한 표면들이 만들어졌다. 이번 장에서는 실제 세계와 가상 세계의 울퉁불퉁함이 그림을 이용한 표현에서 어떻게 평평하게 펴질 수 있는지를 묻는다.

그러면 몇 가지 부수적인 질문이 떠오른다. 첫째, 우리는 평평함을 어떻게 '그리는가?' 글과 음악, 소묘와 회화에 소환된 이미지들은 모두 공간적 표현을 할 수 있지만 서로 대조되는 기술들로 서로 다른 해법을 발견한다. 둘째, 평평한 표면의 지배가 다양한 그림 매체, 장르, 소재에서 어떻게 작용하는가? 예를 들어 사진, 소묘, 회화, 인쇄, 애니메이션에서 평면성이 어떻게 다르게 작용하는가? 사실주의에서 인상주의, 추상표현주의에 이르기까지 현대의 회화 전통에서 평면성이 어떻게 전개되었는가? 초상화, 풍경화, 지도 제작, 삽화에 평면성이 어떻게 존재하는가? 이 모든 형태는 나무껍질이건, 종이건, 팽팽하게 펼친 캔버스건, 전자식 스크린이건 평평한 표면에서의 표현에 적용한다. 셋째, 이런 요건들은 우리의 관점을 고려하지 않고 적용되는가? 우리가 그린 그림은 주변 세계에서 눈으로 본 것을 포착하려고 시도하는가, 아니면 마음속으로 본 것들을 표현하는가? 혹은 이 별개로 보이는 개념들을 하나의 이미지로 통합하는가?

평평한 표면에 대한 강박의 중심에는 그림 표현의 가장 근본적인 문제들 중 하나, 즉 3차원 형상들(우리가 머릿속으로 보는 상)을 2차원 표면으로 옮길 때의 어려움이 자리 잡고 있다. 구나 홀로그램처럼 표현 자체가 3차원인 경우에는 이런 문제가 존재하지 않는다. 그러나 현대 세계에서 우리는 대개 평평한 표면의 그림들을 선호한다. 지도책이 지구본보다, 사진이 마네킹보다 선호된다. 레이저 스캐닝으로 얻은 전신 이미지는 거부감이 들 정도로 부자연스럽고 홀로그램은 여전히 으스스한 느낌을 주는데다 흔하지도 않다.[2] 우리는 왜 이렇게 평평한 표면에 사로잡혀 있는가? 그리고 표현의 문제는 어떻게 해결되는가?

이 질문들에 대한 대답 및 관련 이론은 지도를 제작할 때의 투영법부터 미술에서의 직선원근법 개념에 이르기까지 수천 년 동안 사람들이 몰두해온 문제다. 하지만 그 근원적인 가설에 대해서는 거의 의문의 여지가 없다. 실제로 사전들은 '그림'을 일반적으로 혹은 전형적으로 평평한 표면 위의 표현이라고 정의한다. 2차원적 그림 표현을 이용해 3차원 세계를 묘사하려는 욕구는 초기 구석기시대, 아마 그 이전까지 거슬러 올라간다. 일반적으로 그 표현 과정은 평평한 토대를 가정하지만, 수학적 지도 제작의 경우 '굽은 땅 표면의 한 부분을 평평한 종이에 표현하는 것'이 중요한 문제가 되었다.[3] 왜 지도 제작자와 예술가들이 자신이 보거나 상상한 것을 묘사하기 위해 평평한 표면을 선택해야 한다고 가정하는가? 평평한 표면에 대한 대안들도 있고 그중 일부는 한때 많은 인기를 누렸다. 가장 간단한 방법이 3차원 세계를 축소된 규모로 표현하는 것이다. 지도 제작자에게는 지구본, 조각가에게는 돌이나 나무로 형체를 빚는 것이 그런 해법이다. 점토로 빚은 형체는 특히 매력적이고 불에 구우면 오래간다. 실물을 축소한 모형들이 고대 고고학 유적지, 특히 부자와 권력자들의 무덤에서 발견되고 현대의 디오라마diorama(배경 위에 모형을 설치하여 하나의 장면을 만든 것 - 옮긴이)로 이어진다. 마찬가지로 연극용으로 제작된 모형들이 원형 공연장과 극장에 설치되었다. 또 막대, 실, 철사나 코코야자나무 잎의 주맥으로 항해 노선도를 만들어 2차원 혹은 3차원의 공간적 관계를 보여줄 수 있다. 이렇게 현실을 조형적으로 표현하는 방법은 서서히 혹은 일부 경우에는 매우 빠른 속도로 주거지와 동굴의 벽과 모랫바닥에서 시작해 평평한 표면을 이용한 미술과 지도 제작으로 대부분 대체되었다.

회화와 소묘가 이러한 변화를 정착시켰고, 극장에서는 마치 액자에 담긴 그림을 보는 것처럼 아치를 통해 무대를 보게 되었다. 사진과 영화, 전자식 평면 스크린은 평평한 표면이 우선순위임을 확인해주었을 뿐이다. 자연 세계를 볼 때 우리는 반사체에 숨겨진 부분이 드러나더라도 단일 프레임을 보지만 양안시와 상대운동이 함께 작용해 현실의 깊이와 3차원의 상을 인식한다. 반면에 평평한 표면에 표현된 그림들은 이런 시각적 단서들을 이용할 수 없기 때문에 화가들은 보는 사람이 공간성을 감지하도록 돕기 위해 다양한 방법에 의지해야 한다. 평평한 표면에 그린 선 몇 개나 색칠한 부분이 3차원 장면의 심적 표상을 표현하여 그림을 보는 사람이 캔버스가 평평하다는 사실을 잊는다는 것이 놀랍다.

텅 빈 캔버스나 페이지는 '본질적으로' 평평할 뿐 아니라 거의 항상 직사각형이다. 왜 이 형태가 그렇게 적절한 것일까? 인간의 정상 시야는 수평적으로 약 170도, 수직적으로 120도의 영역을 볼 수 있지만 이 공간은 평평하다기보다는 곡선(구 내부의 한 지점에서 보이는 것처럼)이다.[4] '텅 빈' 페이지나 캔버스는 미술 혹은 커뮤니케이션과 독립적으로 존재하는 것처럼 보이고, 붓이나 펜을 한 번 놀렸을 때에야 작품이 시작된다. 따라서 그림을 그리기 전에 표면의 형태는 수직적·수평적 선들의 결합으로 미리 정해져 있는 것처럼 보인다. '초상화'와 '풍경화'를 그릴 때 직사각형을 회전시킬 수 있지만 그래도 여전히 직사각형이다. 정사각형의 경우에는 회전이 의미가 없다. 하지만 그림이 그려진 부분이나 페이지는 삼각형이나 원형이 될 수도 있다. 지도에서는 지구의 반구를 흔히 원으로 표현하는데 이 원들은 항상 직사각형 종이 위에 그려진다. 종이가 평평한 이유는 본질적으로 실용적이고 경제적이기 때문이다. 직사각형인 이유도 마찬가지다.

현대에 들어 종이와 캔버스가 산업적으로 생산되면서 정확한 표준규격이 정해졌고, 효과적으로 포장되고 프린터에 딱 맞게 들어가고 선반에 가지런히 정리할 수 있게 되었다. 이런 크기 요건들은 비용 대비 효과 및 자본주의적 수익 보장에서 평평함이 갖는 근본적이고 현실적인 이점과 잘 맞아떨어진다. 또한 이들의 평평함은 벽면에 작업한 프레스코화와 벽화에서 비롯된 효율성, 즉 많은 회화와 액자에 넣은 작품을 미술관 벽에 걸 때의 이점을 반영한다. 이런 시각적 효율성의 중요성은 건축가들이 정도에서 벗어났을 때 분명하게 나타난다. 1959년 맨해튼에 개관한 프랭크 로이드 라이트의 구겐하임 미술관은 평평한 표면을 없애고 본질적으로 원통형인 구조물을 탄생시킨 것으로 유명하다. 그러나 화가와 큐레이터들은 그림을 작품에 맞는 면에 걸지 못하고 기울어지고 휘어진 벽뿐 아니라 평평한 바닥을 대신한 경사로에 만족해야 하는 것에 불평했다.[5]

손상되기 쉬운 축척 모형과 달리 평평한 표면 위의 이미지는 포장하고, 차곡차곡 쌓고, 제본하고, 먼 거리를 쉽게 운반할 수 있다. 이들은 튼튼하지만 가벼운 물질로 만들어질 수 있고 수명이 길다. 또 현대의 인쇄물처럼 결과적으로 저렴해지고 무한 재생산이 가능해진다. 실용성은 그림 표현의 문제에 대해 너무 단순한 해결책처럼 보일 수 있지만 텅 빈 표면의 평평함은 표현 작업의 용이성과 비용 감소, 재생산에 상당한 기여를 했다. 동시에 이를 위해서는 세계를 시각적으로 정확히 묘사하고 전시된 작품을 이해하려는 노력이 화가와 관람자 양자에게 필요하다. 이 과정이 쉽지는 않다. 일반적인 평평한 표면이 지배적 위치가 된 이유가 논리적 필요성 때문이 아니라 단순한 현실적 편리성 덕분이었건 아니건 그 결과는 엄청난 영향을 미쳤다.[6]

또한 평평한 표면을 사용하면 새로운 주제를 다룰 수 있었다. 조각이건 도자기건 유리건 간에 축척 모형 제작은 거의 항상 개별적인 대상에 초점을 맞추었지만 평평한 표면 위의 그림은 풍경 전체, 이상적으로는 시야에 들어오는 모든 것을 포착하려 시도할 수 있었다. '풍경'의 경우가 특히 그러한데, 풍경은 축척 모형이나 조형예술에서는 쉽게 포착하기 어렵지만 평평한 표면에 그리거나 평평한 화면에서 보도록 촬영할 수 있다. 풍경과 그 풍경이 묘사되는 평평한 표면의 관계를 의식한 미술은 서구에서 비교적 현대에 나타났지만, 동양에서는 표현 매체에 대한 인식이 서구의 추상표현주의 개념과 비슷하게, 예를 들어 안개가 자욱한 산들을 담은 수묵화뿐 아니라 서예에서 볼 수 있는 중국인들의 붓 터치까지 거슬러 올라갈 수 있다.

동영상에서 3차원 필름은 깊이의 착각을 성공적으로 불러일으킬 수 있고, 고화질 홀로그램과 가상현실 헤드폰과 같은 전자 기기를 이용하면 우리가 다른 세상에 있는 것 같은 느낌이 든다. 하지만 이 모든 것은 최근에야 나왔고, 그런 경험을 하려면 특별한 기술이 필요하고 보는 사람에게 새로운 요구를 한다.[7] 역사의 많은 기간 동안 세계를 그림으로 표현하는 작업은 평평한 표면에서 이루어졌고 예술가들이 가끔씩 원근법을 이용해 3차원의 착시효과를 얻으려 했을 뿐이다.

## 둥근 지구를 그린 평평한 지도

지구가 평평하다면 지도라는 그림으로 표현하기가 아주 쉬울 것이다. 크기와 축척을 정하고 무엇을 포함시키고 제외할지만 선택하면 되는 간단한 작업일 테니까 말이다. 지도는 일부 영향력 있는 창조의 이미지처럼 원통이나 카펫처럼 돌돌 말았다가 펼 수 있다. 지구가 실제로는 둥글다는 인식은 초기 기하학의 중요한 문제들 중 하나를 유발시켰다. 전 세계를 하나의 평평한 표면에 표현하려는 시도는 예나 지금이나 시각화와 기법에 있어 하나의 도전이다. 지구본으로 표현하는 간단한 해법이 있는 것처럼 보이지만 이 방법은 곧 축척과 표현이라는 현실적 난관에 직면하고 단일 관점으로 세계의 이미지를 제공하는 데 항상 실패한다. 또한 우주에서 지구를 보는 것이 아무리 멋진 경험일지라도 그렇게 본 지구의 모습을 표현하려면 마찬가지 어려움에 부딪힌다.

토착민들이 지표면을 표현한 그림은 대개 공기원근법(멀리 떨어진 물체일수록 흐릿하게 보이는 현상을 원근감의 표현에 이용하는 것 - 옮긴이)을 사용했다고 이해되며, 서구의 전통적인 평면지도와 비교된다. 그러나 서구의 지도 제작자들은 이런 지식을 측정과 기기를 이용해 습득한 반면 토착민들의 지식은 그 공간 내에서 수 세대 동안 살고 움직이면서 얻은 것이다. 오스트레일리아 원주민들의 말처럼 그들에게는 "땅이 지도다".[8] 종종 미술 작품들이 땅의 수평적 표면에 제작되어 수직으로 세워지거나 환경과 분리되지 않는데, 모래 예술sand art이 대표적인 경우다. 이런 작품은 그 지역의 일부다.

선사시대의 지도 중 대부분은 상대적으로 작은 세계를 표현했고 지구가 평평한지 아닌지는 문제가 되지 않았다. 지표면이 평평하다는 가정이 실제로, 그리고 좁은 지역에 대해서는 심각한 오류를 불러일으키지 않았다. 그러나 이런 지역 지도는 때때로 하늘을 그린 지도와 공존했다. 하늘은 보통 평평한 지붕으로 이해되었지만 2차원 도표로 표현하기 위해 평평하게 펴야 했다.[9] 선사시대의 유적지에서 우주 지도도 발견되었는데, 이런 지도 중 대부분은 세계수世界樹나 하늘의 사다리 개념과 관련되거나 구가 평평한 원반 혹은 사변형이라는 생각을 받아들인 것으로 보인다. 구형 모형(기원전 6세기에 등장)을 받아들였다 해도 바로 천구의와 지구의를 사용하지는 않았고 이들이 처음 사용된 시기에 대해서는 아직까지 의견이 다양하다. 오히려 구형의 지구에 대한 초기의 이해는 평평한 표면 위에 원으로 표현되었지만 이런 그림은 생물이 사는 평평한 세계가 지구의 해양으로 둘러싸인 이미지로 오해받기 쉬웠다.[10]

고대 지도 제작의 역사를 약간 건너뛰면, 클라우디우스 프톨레마이오스Claudius Ptolemy(100?~168?)의 연구에서 지도 제작 기술이 정점을 이루었음을 알 수 있다. 프톨레마이오스는 광범위한 세계에 대해 축적된 지식을 집대성하여 르네상스 시대에 이르기까지 천문학과 지리학 연구에 강력한 영향력을 끼쳤다. 프톨레마이오스의 『지리학 Geographia』은 지금까지 남아 있는 고전 문헌 중에서 유일한 지도 제작 관련 논문이다. 프톨레마이오스는 고대 지리학과 측지 기술의 연구 성과를 바탕으로 위도와 경도에 대한 이해를 지도 제작에 처음(우리가 알기로는) 적용한 인물이다. 또한 각도(바빌로니아인들이 개발한, 하루와 황도대를 360등분한 것)를 이용해 위선과 경선의 원호를 측정한 혁신적인 인물이었다. 유클리드가 평행선 공준에서 부딪혔던 기하학의 근본

문제는 지구의 곡면을 지도를 그려 넣을 표면에 투영하는 모든 시도에 현실적인 영향을 미쳤다. 위선들은 서로 나란히 늘어서서 원을 형성하고 각기 지축과 직교하는 면에 놓여 있다. 반면에 경선은 반원을 그리고, 점점 좁아지다가 극에서 만나며 경선을 이루는 면들이 지축에서 교차한다.

프톨레마이오스의 지도는 방대하게 축적된 광범위한 지역들의 좌표(위도와 경도가 교차하는 지점)를 바탕으로 작성되었다. 프톨레마이오스는 지구가 구 형태임을 결코 의심하지 않았고, 구를 사용하는 것이 상대적 비율을 보존하는 최상의 방법임을 잘 알고 있었다. 하지만 구 형태의 지도는 한눈에 볼 수 없다는 해결하기 어려운 문제를 인정했고 축척과 관련된 현실적 어려움도 이해했다. 구의 사용을 막은 특히 설득력 있는 근거는 프톨레마이오스가 찾은 '세상에 존재한다고 알려진 장소'들이 제한적이어서(실제 세계의 약 3분의 1) 지도 표면의 대부분이 비어 있는 쓸모없는 공간이 된다는 점이었다.

따라서 비교적 정확한 비율과 간격을 나타내고 평평한 표면(아마도 파피루스 두루마리)에 구형의 느낌을 표현하고 싶은 욕구를 충족시킬 방법을 찾는 것이 과제였다. 본질적인 문제는 지도에 위선과 경선을 어떻게 표시하는가이다. 이 작업은 평평한 표면에 위선과 경선을 나타내는 격자선이나 경위선망을 그려서 수행한다. 경위선망의 구조가 어떠하든 간에 불가피하게 왜곡이 생기기 때문에 타협이 필수적이다. 프톨레마이오스는 지구가 곡면이라는 인상을 주는 방법(위선은 동심원, 경선은 한 지점에서 교차하는 직선들로 나타나는 수정된 원뿔도법을 사용)과 상대적 거리의 왜곡을 제한시키는 방법을 결합시켰다. 프톨레마이오스의 목표는 자신의 지리학적 여정을 함께할 도표를 만드는

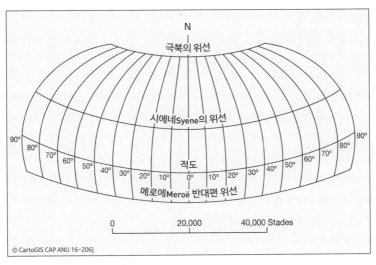

N

극북의 위선

시에네Syene의 위선

90°    적도    90°
80°                80°
70°                70°
60°              60°
50°            50°
40°         40°
30°      30°
20° 10° 0° 10° 20°

메로에Meroë 반대편 위선

0        20,000        40,000 Stades

© CartoGIS CAP ANU 16-206j

프톨레마이오스의 두 번째 투영도.

것이었고 형태나 지역에는 실질적인 관심이 없었다.[11]

이런 상당한 발전에도 불구하고 프톨레마이오스 이후 서구 기독교 사회의 많은 지도 제작자들은 상징적 혹은 종교적 모형으로 퇴보했다. 특히 눈에 띄는 것이 T-O 세계지도로, 여기에는 때때로 에덴동산의 위치가 포함되었다. 저자들은 지구가 평평한 원반이라는 개념을 끈질기게 홍보하곤 했다. 기독교가 전파된 동양에서는 이교도의 유산이 더 완벽하게 거부되었으며, 세계가 평평할 뿐 아니라 예배당처럼 정사각형으로 묘사되기도 했고, 그리하여 T-O 모형의 원까지 부정했다.[12]

18세기부터 이슬람 세계가 융성하기 시작하면서 지도 제작의 중심지가 옮겨갔다. 이슬람교 전통에서는 사람이 거주할 수 있는 반구의 지도들이 평평한 표면에 '투영'하는 방법으로 제작되었다. 즉 원으로 묘사되었다. 천구 평면도와 우주에 대한 2차원 모형을 제공하는 '평면의' 혹은 '평면으로 펼친' 아스트롤라베astrolabe(별의 위치, 시각, 경위도 등을 관측하는 데 쓰던 천문 기구 – 옮긴이)에서는 천구를 적도에 접한 평면에 투영하는 평사도법을 볼 수 있다. 18세기에 알 비루니는 구를 평평한 표면에 투영하는 일곱 가지 기법(그중 세 가지는 그가 고안했다)을 언급했고 '별자리의 투영과 구의 평면화'에 관한 소책자를 썼다. 14세기에 이슬람교의 지도 제작자들은 경위선망을 개발했지만 때때로 경선과 위선이 아닌 '기후대'(하루의 길이를 기초로 한다)를 이용했다. 이 경위선망은 지표면의 곡면을 모델링하기엔 너무 엄격했다.[13]

중국에서도 과학적 지도 제작이 창의적으로 이루어진 시기가 있었고 17세기까지 중단되지 않고 계속되었다. 그러나 그 기본 가설은 중국이 세계의 중심이라는 것, 그리고 실용적 지도는 평평한 여러 장의 종이에 그려진 평행선으로 된 2차원의 직사각형 격자판을 바탕으로 그릴 수 있다는 것이었다. 여기서 평면성 개념의 역사에서 중요한 점은 등고선 지도를 제작하려는 초기 시도가 17세기부터 중국의 지도들에서 나타나기 시작했다는 것이다. 아마 중국의 많은 지역에서 관개농업을 위해 가파른 비탈을 계단식으로 조성한 풍경이 시계를 지배한 데서 영감을 얻은 것으로 보인다. 그 뒤를 이어 나무를 깎아 만든 지형 모형이 나왔지만 곡면으로 된 표면에 만들어지지는 않았던 것으로 보인다. 17세기부터 서구와 접촉하면서 두 전통이 합쳐졌지만, 중국의 지도 제작자들은 자신들의 직사각형 격자 체계를 마지못해 포기했고, 때로는 하나의 지도에 격자선과 위선-경선을 함께 표시했다.[14]

서구의 모형과 지식을 거부하려는 태도는 한국에서도 나타났다. 한국에서는 과학적으로 순진하고 상상력이 가미된 천하도天下圖

〈하늘 아래 전 세계의 지도〉가 19세기까지 인기가 높았다. 천하도는 한국인들이 받아들였거나 사실이길 원했던 개념인 평평한 세계를 묘사했다. 그러다가 천하도에 곡선 격자선을 도입하려는 시도들이 나타나면서 이런 제작 양식은 끝이 났다. 1895년에 중국이 일본에 패한(청일전쟁 - 옮긴이) 이후 문화의 많은 다른 영역에서처럼 지도 제작에서도 서구의 방식을 받아들이는 데 대한 거부감이 급속도로 사라졌다.[15]

다시 지도 제작의 역사를 조금 건너뛰면 15세기에 서구에서 프톨레마이오스의 투영 원리를 재발견하고 좌표 격자판을 사용했음을 알 수 있다. 이 현상은 유럽의 제국주의와 관련되어 있다. 수 세기 동안 지방이건 식민지건 국가건 경계선은 대개 상당히 비어 있는 평평한 지도에 그려졌다. 제국주의 국가의 관료나 평화회의의 입장에서 보면 상세한 지형학적·문화적 지식이 없는 상태에서 특히 경선이나 위선을 따른 직선은 손쉬운 해결책이었다.

이런 태도와 관행이 가장 큰 영향을 미친 곳은 아프리카일 것이다. 현장에서 측량사들은 과학적 등고선 지도 제작의 기초가 되는 고도에 대한 정확한 데이터를 수집했을 뿐 아니라 기하학적 질서도 부여했다. 좀 더 상징적인 수준에서 보면 세계지도의 작성은 제국주의의 자만심을 부풀리는 하나의 방법이었다. 20세기까지 영국에서는 메르카토르Mercator의 투영법이 큰 인기를 끌었는데, 이 도법이 대영 제국을 실제보다 크게 묘사했기 때문이라고 한다.[16]

1569년에 고안된 메르카토르의 투영법은 원통도법이다. 이 도법으로 작성된 지도는 기하학적 원근법을 이용해 평면이나 원뿔 혹은 원통(파피루스 두루마리나 유명한 탄생 신화를 연상시킨다)에 투영하지만 원하는 선을 따라 절개하면 항상 '평평하게 펼쳐지는' 세계지도 유형에 속한다. 원통도법은 메르카토르의 경우처럼 대개 원통의 축이 지구의 회전축과 일치하고 위선과 경선이 투영되어 직사각형 격자를 이루는데, 경선과 적도에서는 축척이 정확하지만 위선을 따라 극지방으로 갈수록 점점 과장된다. 그러다가 극에서는 무한대가 되어버리기 때문에 양극이 표시되지 않는다. 메르카토르의 지도는 일정한 방위각을 나타내는 선(항정선)이 직선으로 표시되어 예나 지금이나 항해사들에게 유익하다. 그러나 지표면을 펼쳐 평평한 직사각형 표면으로 만들면 그린란드가 남아메리카보다 더 크게 그려진다. 실제로는 남아메리카가 열 배 더 크다. 이러한 왜곡에도 불구하고 메르카토르의 투영법은 단순한 직사각형과 평평함 덕분에 우리가 아는 세계의 이미지를 지배해왔다. 그 대안들은 대개 그림이 그려진 오렌지 껍질을 평평하게 편 모습과 비슷하고 껍질이 여러 부분으로 나뉘어져 있다. 대부분의 지도 사용자들은 이러한 공간적 비일관성에 당황한다.[17]

　메르카토르의 투영법을 수정한 도법들이 대축척 지도 제작에 유용한 것으로 나타났다. 그중 가장 중요한 것이 '횡축' 메르카토르 도법으로, 원통이 적도가 아니라 한 쌍의 반대 경선이 형성하는 큰 원을 따라 지구의와 접하도록 하여 투영한다. 이 도법은 좁은 경도대의 좁은 지역에 대해 땅의 형태가 보존되는 신뢰할 만한 정각正角 지도를 작성할 토대를 제공한다. 수학자 가우스는 '이중 투영'을 이용해 자신의 등각等角 개념을 이 문제에 적용시켰다. 그는 라그랑주Lagrange가 18세기 말에 개발한 방법을 따라 먼저 구에 타원체를 투사한 뒤 메르카토르의 공식을 이용해 구를 면에 투영했다. 이 방법에서는 횡축

메르카토르 도법이 완전히 정각 도법이 되지만 중앙 경선은 축척이 다양하다.[18] 그러나 아무리 다양하고 많은 투영법을 적용해도, 그리고 지세를 묘사하려고 시도했건 아니건 최종 결과물은 거의 대부분 평평하다. 심지어 지형 모형들도 테이블이나 그와 비슷한 평평한 표면에 올려야 한다는 실용적인 이유 때문에 대개 평평한 기반에 만들어진다.

　일반적으로 지도 제작자들은 평평함을 자신들이 하는 작업의 본질로 생각하고, 그 과정이 왜곡을 발생시킨다는 것을 잘 알고 있다.[19] 물론 지도로 사실을 표현하지 못하는 것이 평면화 과정 때문만은 아니지만 문제의 시작점이긴 하다. 이 문제는 생략이나 일반화 혹은 규모의 문제가 아니라 지도 제작자가 실제 세계를 평평한 표면에 옮기기 위해 기꺼이 감수하는 선에서 나온 직접적 결과물이다. 지도 제작자가 이 문제를 반성할 이유는 거의 없어 보인다. 평면화는 그저 해야 하는 일일 뿐이다. 평면의 역사의 많은 부분에서처럼 그 이유는 대단히 현실적인 것들이다. 구나 원뿔이나 원통은 종이

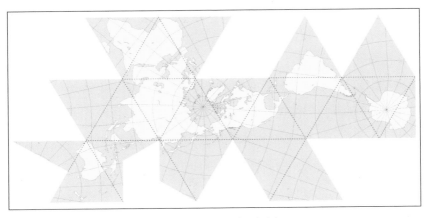

지구의 대륙을 정이십면체에 투영한 지도로, 펼친 모양이다.

지도나 지도책과 달리 보기 힘들고 깔끔하게 포장되지도 않는다. 평면이 가진 이런 이점들은 우리 앞에 펼쳐진 평평한 지도의 실용성을 위해 사실성을 희생시키는 것을 정당화하기에 충분하다. 어쨌든 신화와 상상을 제외한 3차원 세계는 심지어 공중에서도 한눈에 전체를 관찰할 수 없다.

## 공중에서 내려다보는 풍경

비행은 본질적으로 현대적인 경험이며 기계, 기능주의, 독창적 미학이 결합되어 있다. 하늘은 더 이상 인간이 갈 수 없는 영역이 아니다. 비행은 또한 소외감이나 땅으로부터의 분리 의식, 심지어 다양한 초현실주의나 종교적 경험을 낳았다.[20] 지구가 둥글다는 건 틀림없는 사실이지만 수직 항공사진에서처럼 공중에서 땅을 똑바로 내려다보면 평평해 보이는 것도 맞다. 평평한 경관을 천천히 이동할 때의 단조로움이 새로운 현대적 이미지에 의해 정복되고 대체되었으며, 이 이미지는 사진으로 포착될 수도 있지만 공간적·지적 개념으로 발전될 수도 있다.

비행기aeroplane, airplane라는 이름 자체가 공중을 보통 수평면으로 날 수 있는 능력에서 유래했다. 실제로 『옥스퍼드 영어사전』을 보면 'aeroplane'이라는 단어가 1860년대에 곤충의 비행을 묘사하기 위해 처음 사용되었다가 나중에 항공기 날개에도 적용되었음을 알 수 있다. 이 단어는 "원래는 평면이었지만 이후 공기역학적으로 곡선이 된 평평한 구조물로 항공기의 주된 양력면을 형성한다"고 설명되어 있다. 'aeroplane'은 점차 비행기 전체를 지칭하는 단어가 되었고, 세상을 보는 새로운 방식, 즉 공중에서 내려다보는 관점을 제시했다. 이 관점에서는 땅이 평평한 면으로 보인다.

비행기 여행은 20세기 초에 '문화적 희열cultural euphoria'을 불러일으켜서 예술가와 작가, 사진작가, 영화 제작자뿐 아니라 도시계획자와 건축가들에게도 영향을 미쳤다. 예를 들어 프랑스의 건축가 르 코르뷔지에는 공중에서 리우데자네이루를 보고 해방감을 느꼈다. 르 코르뷔지에는 린드버그Lindbergh(미국의 비행가 - 옮긴이)가 기적적으로 대서양을 횡단한 지 불과 2년 뒤인 1929년에 처음 브라질을 여행했고, 하늘을 날면서 '지금까지 탐사되지 않은 평원'을 이론적으로 발견하는 새로운 방법을 즉시 알게 되었다. 평원이 평평한 표면, 새로운 '지형'으로 보였기 때문이다. 실제로 그는 비행기에서 아래를 내려다보며 도시 설계안을 스케치했다고 주장했다.[21] 비행기에서 내려다보니 아무리 높은 지점이라 해도 땅에서 보던 시선과는 엄청난 차이가 났다. 비행기에서는 이미지가 비스듬할 뿐 아니라 수직으로 보일 수도 있어서 추상적이고 부자연스러운 기하학적 표면을 제시하기 때문이다. 지도처럼 보였지만 실제였고 지도의 '복사판' 같았다.[22]

미국의 작가 거트루드 스타인Gertrude Stein도 1934년에 비행기에서 미국 중서부를 처음 보고 비슷하게 영감을 받았다. 스타인은 '모든 것을 평평하게 봄으로써' 지도의 '임의적인' 격자선과 구분선, 작명 관례를 극복했다. 그녀는 풍경의 평평함과 그 비어 있는 물질성을 이용해 미국의 정체성을 재해석했고 서사의 전개에서 자유로운, 분할되지 않은 연속적 표면을 보았다.[23] 스타인에게 위에서 바라본 풍경의 평평함은 자유로움을 안겨주었고, 자아가 시간과 공간에 고정되어 있지 않고 자유롭게 발달하고 진화한다고 생각하게 해주었다. 이것은 미국을 그토록 강력하게 특징짓던 구분과 차이라는 현실을 부정하는 한 방법이었다.

1970년대부터 비행기 여행이 흔해지면서 이 경험이 주는 신비도 점차 희미해졌다. 이제 여행객들은 보기 드문 멋진 실제 세계의 광경이 펼쳐지더라도 (비행기의 중간 좌석에 앉지 않을 만큼 운이 좋다면) 비행기 창의 덧문을 내리고 풍경보다 (평평한) 화면을 보는 쪽을 선호하게 되었고 비행기 여행이 불편하다고 투덜거리게 되었다. 대부분의 사람들은 더 이상 감탄하지 않는다.

## 직선원근법의 재발견

공기원근법과 위성 영상으로 지도 제작 모형이 자연스러워지기 전에 그림을 이용한 표현은 좀 더 근거 있는 기법들에 의존했다. 아마도 그중 가장 중요한 것이 서구에서 '재발견'되어 콜럼버스 이후 제국주의적 식민주의자들이 널리 사용한 개념인 직선원근법일 것이다. 직선원근법의 기본 원칙은, 실제로는 평행한 선들이 멀리서는 만나는 것처럼 보이고 멀리 있는 물체들이 가까이에서 볼 때보다 작아 보인다는 것이다. 이 규칙들의 근본 가설은 한 명의 관찰자가 고정된 지점에서 본다는 것이다.[24] 이 원칙은 기하학과 측지학을 통해 고대 그리스인들에게 잘 알려져 있었다. 반면에 유클리드 이전의 양식들은 여러 관점에서 그림을 구성했고 기억된 이미지와 이 관점을 기꺼이 결합시켰다.

직선원근법의 재발견은 흔히 1420년대(콜럼버스의 항해보다 불과 70년 전)에 르네상스 시대의 피렌체에서 이루어졌다고 보지만, 아랍의 과학에서 유래한 광학의 발달과 아랍의 문서들에 담겨 있는 유클리드 기하학에까지 거슬러 올라갈 수 있다. 이 기법이 본질적인 개념과 기법 면에서 토지측량이나 투영적 기술 도안과 공유하는 부분이 많다는 점은 놀라운 일이 아니다. 직선원근법 개념의 더 큰 중요성(제국주의의 도구로서, 그리고 현대 세계의 토대로서)에 대해서는 열띤 논의가 벌어지고 있지만 미술사와 경관 인식이라는 좀 더 제한된 영역에서의 중요성에 대해서는 의문의 여지가 없다.[25]

미술에서 원근법 문제의 근간에는 모순점이 존재한다. 시력이 정상인 사람의 경우 2차원 이미지가 처음에 망막에 맺혔다가 3차원 상의 형성을 가능하게 하는 단서와 함께 뇌로 보내진다. 화가들은 망막의 평평한 이미지에 접근하는 것이 아니라 인지된 3차원 이미지만 이용해 평평한 캔버스에 재창조해야 한다. 이는 원근법 규칙(뇌에서 이해한 대로)을 명암, 폐색occlusion(한 물체가 다른 물체에 의해 부분적으로 가려 안 보이는 것 - 옮긴이), 연무 표현과 함께 적용함으로써 성취할 수 있다. 또 다른 모순은 거리지각이 약한 화가들이 '세계를 평평하게 보기가 더 쉬울 수 있기 때문에' 이미지를 표현하는 데 뛰어날 수 있다는 것에 있다.[26]

직선원근법은 평면성 개념의 역사에서 여러 가지 면으로 중요하다. 첫째, 평평한 풍경은 '소실점' 효과를 증명하는 데 이상적인 배경이다. 예를 들어 평행하는 철도가 관찰자의 눈높이와 일치하는 먼 지평선의 한 점에서 좁아지는 것처럼 보인다. 둘째, 재발견된 직

선원근법 개념을 초기에 도입한 화가들은 그림의 전경에 보도블록
이 깔린 광장이나 체커보드 문양의 바다 같은 평평한 표면을 자주
포함시켰다. 이들이 만들어내는 격자무늬는 단순한 (수평적) 기하
학적 패턴으로 새로운 관점을 보여주는 데 사용할 수 있었다. 실제
로 가두풍경 자체가 직선원근법의 고안에 기여했다는 이야기가 있
다. 셋째, 투시도 체계에 대한 설명은 일반적으로 화가들에게 실제
세계에서 보이는 것을 평평한 스크린(그림의 면)이라는 필터를 통해
평평한 종이에 옮기는 길을 보여주었고, 이 평면은 틀에 부착된 끈
으로 만들어지는 정사각형의 격자로 나뉘어졌다. 화가들은 계속 한
쪽 눈을 감고 시계를 속여 광경을 평평하게 보았다.

　　화면의 평평함은 그 과정에 필수적이었고, 보는 사람의 눈에서
투영된 광선이나 직선으로 형성된 '시각적 피라미드'가 평면과 교
차하면서 소묘나 그림을 그리는 방식이었다. 이 모형은 과학으로 뒷
받침되지는 않지만, 빛이 눈에 들어오는 방식을 현대적으로 이해하
기 전에 지배적이던 시각 이론에 가장 잘 들어맞았다. 이 원리들은
서구의 식민주의와 함께 전해져 식민지인들에게 강요되었지만 때
로는 일본의 경우처럼 18세기까지 거부당했다.[27] 역설적이게도 일
본 미술에서 가정된 평면성이 19세기 말에 유럽 화가들의 마음을
끌어 몇몇 장르에서 평평함의 토대를 형성하기도 했다.

　　이푸 투안은 중국 풍경화의 오랜 전통(도교의 자연신비주의를 상징하
는 그림)이 북미인과 서구 유럽인에게 비현실적으로 보일 수도 있지
만 실제로는 중국 지형의 일반적인 특징을 정확하게 표현했다고 주
장한다. 1970년에 투안은 실제로 대부분의 중국인이 가파른 산들
이 파편이나 첨탑처럼 극적으로 삐죽 솟아 있고 비틀린 침엽수가 산

봉우리나 비탈에 매달려 있는, 옅은 안개에 뒤덮인 "평평한 충적평 야에서 삶을 보낸다"고 말했다. 그들의 미술은 풍경에 내재된 수직 적·수평적 대조와 지질학적 구조의 세부 사항을 정확하게 포착했 다.[28] 또한 공백이 가지는 긍정적인 정신 가치에 대한 생각을 구현했 는데, 중국의 이론가들은 화가가 '공백과 공허'를 위한 공간을 항상 남겨두어 보는 사람에게 상상의 여지를 줘야 한다고 주장했다. 딱딱 하고 평평한 닫힌 선이 아니라 안개와 구름으로 가려진 지평선은 이 런 기회들을 암시했다. 중국의 철학은 공허를 포용하는 세계관을 두 려워하지 않았고, 비어 있음과 가득 참이 상호작용한다고 보았다.[29]

유럽의 미술사에서 사람이 없고 서사가 빠진 최초의 독립적 풍 경화는 일반적으로 16세기와 17세기에 평평하기로 악명 높은 네덜 란드와 독일 남부 지역에서 작업했던 화가들이 그리기 시작했다고 본다. 이런 작품에서 도입된 많은 혁신은 네덜란드의 해양화에 의지 했다. 해양화는 낮은 지평선과 넓은 전망, 빛과 날씨의 영향이 원근 법을 통해 함께 작용하여 분위기를 형성한다.[30] 이런 모티프는 경계 없이 유동적인 공간을 떠도는 옅은 안개가 비어 있음과 충만 사이의 관계를 드러냈다가 흐릿하게 만들었다가 하면서 자아내는 분위기 를 강조한다는 점에서 중국의 풍경화와 비견된다. 하지만 중국의 경 우 일반적으로 평평한 풍경이 아니라 산이 많은 경치를 담았다.

18세기 러시아에서는 훈련받지 않은 화가들이 '있는 그대로 그 리는' 스타일의 초상화들을 제작했다. 이 작품들의 가장 분명한 특 징은 '거의 2차원적으로 평평한' 직선형 외관이다. 이렇게 신체 앞 부분을 다 드러낸 스타일은 학계의 양식과 뚜렷한 차이를 나타냈지 만 동방정교회의 성화들, 이탈리아의 많은 초기 작품뿐 아니라 페르

시아와 중국의 화가들이 10~15세기에 사용했던 혼합식 소묘 체계를 지배하는 평면성과도 잘 맞는다.[31]

미국에서 서구 전통을 따른 화가들은 새로운 국가의 산, 협곡, 강이 흐르는 골짜기, 폭포를 평야와 초원보다 훨씬 더 자주 작품 소재로 삼았다. 나이아가라 폭포를 담은 그림 중 알려진 최초의 작품이 1697년에 나왔고 상상한 폭포의 모습부터 경이로운 경관에 이르기까지 많은 그림이 뒤를 이었다. 1820년대부터 화가들은 폭포를 더 광범위한 맥락에 포함시키려는 시도를 시작했지만 이 폭포의 기원인 '끝없는 평평함' 때문에 어려움을 겪었다. 나이아가라는 차별 침식에 의해 형성된 폭포들 중 하나라서 넓은 고원을 부드럽게 흘러가다가 가장자리에서 갑자기 우레 같은 소리를 내며 쏟아져 내리기 때문이다.[32] 그러나 공기원근법과 항공사진으로 화가, 건축가, 기획자들이 땅을 보는 방식이 바뀌기 전인 1860년대부터 이미 미국의 풍경 사진들은 공간의 '풍부한 평면성'을 통해 신비로울 정도로 아름답게 만들어진 이미지를 보여주기 시작했다.[33]


## 현대미술과 평면성


제1차 세계대전 이전에 모스크바에서 활동한 미래파 화가 카지미르 세베리노비치 말레비치Kazimir Severinovich Malevich(1878~1935)는 입체파 화가들의 비유클리드 기하학 기법들을 채택했지만 비행이라는 개념에 사로잡혔다. 말레비치는 비행을 시간적·공간적 제약으로부터의 탈출이라고 생각했다. 그는 작품 「비행사Aviator」(1914)에서 비행기 조종사를 중력의 제한에서 해방된 사람이라고 보았고 그림 표면의 평평함은 '무한을 향한 돌파'를 가리켰다. 말레비치는 곧 절대주의 양식을 채택해 하얀 바탕에 색칠된 면으로 구성된 회화로 눈을 돌렸고 "나는 끝없는 공허 속으로 옮겨진다. 이 공허에서 당신은 우주의 창조점들을 당신 주변에서 감지한다"고 말했다. 1915년 작품인 「검은 사각형Black Square」은 '전적으로 검고 뻔뻔할 정도로 평평하여' 원근법의 가능성을 막아버렸다.[34]

'평면성' 개념은 1940년대부터 1960년대까지 특히 미국에서 미술사 이론에 관한 많은 토론에서 지배적인 주제였지만 그 뿌리는 19세기 말의 프랑스까지 거슬러 올라갈 수 있다. 평면성 개념은 사람들의 관심을 그림 표현의 구성(장면)에서 창조 행위의 재료들로 돌렸고 현대성을 나타내는 은유 역할을 했다. 이런 양식의 화가들은 부분적으로는 사진의 위협에 대한 대응으로 착시를 일으키는 데서 벗어나 그림의 표면에 대한 의식적 인식, '평면성'으로 균형을 바꾸었다. 이런 평면화는 균일한 질감을 제시하는 것부터 깊이에 대한 단서가 없는 투영 원칙을 이용해 회화의 상징체계를 광학적 배열과 단절시키는 것에 이르기까지 다양한 기법으로 성취될 수 있다.[35] 착시와 그림 표면의 분리가 인위적으로 보이게 되었지만 평면성은 미술 철학에서 중요한 역할을 했다.

'통일된 평면성의 장'이라는 시각과 연관되어 있는 '모더니즘 회화의 닫힌 상자closed box' 개념은 다른 차원에서 작품을 보면 이의가 제기될 수 있다. 예를 들어 말레비치의 주요 작품들은 멀리서 보면 '회화 특유의 평면성'을 지니고 있지만 가까이에서 보면 깊이의 착각과 관계없이 거친 부분들이 있다. 한나 B. 히긴스Hannah B. Higgins는

카지미르 말레비치의 「검은 사각형」. (1923~1929년, 리넨 캔버스에 유화, 79.5×79.5cm)

화가들은 "종종 자신의 평평해 보이는 작품들과 관련해 음악이나 조각의 효과를 이야기한다. 이 문제는 다차원적인 만지기나 듣기를 통한 신체적 개입에 대해 분명하게 말하고 있다"고 이야기했다.[36] 보는 사람은 일반적으로 인정되는 거리를 택하는 경향이 있으며, 관람객이 너무 가까이 다가가면 경보가 울리는 미술관들에서 허용하는 제한된 범위 내에서 그림 전체를 본다. 그림이 거리와 차원의 변화에 따라 평평했다가 평평해지지 않을 수 있다는 사실에는 관심이 없다.

미국에서는 1960년대에 최고의 명성을 얻었던 클레멘트 그린버그Clement Greenberg(1909~1994)의 글들로 평면성 개념이 비판의 중심

마크 로스코의 「1957 #20」.(1957년, 캔버스에 유화, 233x193cm)

에 놓였다. 그린버그는 평면성이 회화를 정의하는 특징이며, 특히 마크 로스코Mark Rothko(1903~1970) 같은 미국의 미니멀리즘 화가들의 경우 더욱 그러하다고 보았다. 로스코의 작품은 회화적인 모든 것을 매도했다. 모리스 루이스Morris Louis(1912~1962)의 「알파 파이Alpha-Phi」(1961)처럼 많은 작품이 명시적으로 공백을 표현했다. 색면추상(1940년대와 1950년대에 미국 화단을 지배한 추상표현주의의 한 흐름으로, 단순하고 강렬한 색면 회화를 추구한다 - 옮긴이)의 대표적 화가인 모리스 루이스는 '비어 있는' 캔버스의 면들에 '단순히' 페인트를 여러 줄 붓는 방식으로 작업했다. 그 목적은 회화의 평면성과 명확하게 비구상적인 실체를 강조하는 것이었다. '색채의 환각coloristic illusion'(그린버그는 '시각성opticality'이라고 불렀다)만이 그러한 미술이 경계를 넘어버리지 않도록 막아, 텅 빈 캔버스의 노출에 따른 '완전한 평면성'을 피하면서도 '화면의 평면성'을 어떻게든 존중하게끔 해주었다.[37]

이 화가들 중 일부, 특히 잭슨 폴락Jackson Pollock은 캔버스를 수평으로 놓고 작업한 뒤 작품이 완성되었을 때에야 똑바로 세움으로써 구성의 개념까지 부인하려 했다. 그러한 작품의 형식적 야심은 '평면성', 착시적 해석은 쉽게 되지 않으면서도 2차원의 표면에 그림을 그리는 신체 행위에 대한 존중을 보여주기 위해 2차원으로 이해되는 이상적인 무언가를 성취하는 것이었다. 여기에서는 작품을 그림이나 풍경의 환기로 생각하기보다는 그림을 그리는 행위가 중요한 가치가 된다.[38]

T. J. 클라크T. J. Clark는 1999년에 그림이 평평한 표면이라는 근본적 사실은 '입체감 묘사의 대상이 될 수 있는 것이 평면에서 어떠한지 발견함'으로써만 인정할 수 있다고 주장하면서 평평함/입

체감이라는 이분법의 역설을 강조했다.[39] 뿐만 아니라 공간기하학과 수학의 곡률에 대한 이해가 바뀌면서 입체감이라는 개념 자체에 의문이 제기될 수 있다. 입체파는 지도 투영 방식으로 현실을 납작하게 두드려 조각조각 분할했다. 입체파 화가 조르주 브라크Georges Braque(1882~1963)는 사물의 앞뒤가 동시에 보이도록 차원을 변화시킴으로써 대상의 여러 면과 공간의 덩어리를 전달하려고 노력하면서 푸앵카레의 비유클리드 기하학에 직접적으로 의지했다. 모더니즘 화가들은 미술 작품의 물질성(3차원인 척하는 2차원)을 해명해야 한다는 생각에서 벗어나 "중세의 성화 이후 보지 못한 방식으로 화면에 평평함을 되돌려준다"는 확신을 가지고 나아가려 했다. 입체파와 미래파는 소재의 3차원성을 표현하는 새로운 방법을 상상하여 사물의 모든 표면을 동시에 보려 했고, 그리하여 평면성 문제 자체를 작품의 주제로 삼았다.[40]

절단된 선들이 그림의 프레임 너머까지 확장되는 풍경을 가리키는 피에트 몬드리안Piet Mondrian(1872~1944)의 작품에서 전형적으로 볼 수 있는 것처럼, 평면성은 자연에서 발견되는 공간적 연속성을 암시하는 방법으로도 사용될 수 있다. 어쨌든 몬드리안은 네덜란드의 화가였고 '제일란트Zeeland 주의 평평한 해안' 풍경으로 작업을 시작했다. 1911년에 몬드리안은 제일란트 주의 이미지를 '직선적으로 과장된' 순색의 '넓은 평면'으로 표현했다. 그러나 피카소의 초기 입체주의를 접한 뒤 곧 파리로 옮겨가 뜰, 지붕들이 펼쳐진 풍경, 버려진 건물 등 직사각형과 평면성으로 특징지어지는 대상들을 그렸다. 1914년 초에 몬드리안은 "나는 보편적인 아름다움을 유연하게 표현할 수 있도록 평면에 복잡한 선과 색을 구성했다. 가능한 한 의식적으로"라고 자신 있게 선언했다. 1940년 뉴욕으로 이주한 그는 생의 마지막 몇 달 동안 자신의 아파트를 디자인하는 데 몰두하여 (평평한) 가구를 만들고 색칠된 평평한 카드를 벽에 붙였다. 몬드리안이 네덜란드의 '복잡한 모더니즘 디자인'에 기여했다고 칭송받는 것은 "그가 평평하고 빈 캔버스처럼 보이지만 정신적·금전적으로 가치가 큰 장소 전체를 압축해서 보여주었기 때문이다".[41]

마찬가지로 조각에 판유리, 박강판, 알루미늄, 퍼스펙스(유리 대신에 쓰는 강력한 투명 아크릴수지 - 옮긴이)를 사용하면 투명함을 확보하고 비어 있는 듯한 착각을 일으킬 수 있다. 사진과 팝아트의 유연하고 무감정한 공허에 힘입어 그림과 조각의 경계가 점차 사라졌다. 또 그림이 '완전히 평평해지자' 액자에 끼운 그림 내부의 요소보다 주변 환경, 즉 그림이 걸리는 벽과 더 많은 관계를 맺기 시작했다. 그러자 '평면의 그림이 벽에 동화될 수 있는' 위험이 나타났다. 하지만 미술 작품은 여전히 개별적이고 들고 다니기 쉬웠으며 대규모 건축과 동일한 평평한 물질로 만들어졌다. 많은 사회에서 나무껍질이나 가죽을 땅바닥에 평평하게 펼쳐 휴대할 수 있는 그림을 그렸으며, 그 과정에서 그림이 이리저리 돌려져 고정된 시점의 방향이 없어졌다. 모더니즘 미술은 때때로 이런 기법을 이용했지만 일반적으로 그림들은 벽에 걸렸다.[42]

반면에 풍경을 형성하는 인간의 활동에는 땅 표면에 새겨지는 작품인 고대 및 현대적 형태의 '대지미술'이 포함된다. 최근에 나온 이런 유형의 자의식이 강한 작품들(1960년대에 등장했다)은 순수하게 미적인 의도로 제작되었다. 일부 경우에는 평평한 표면에 형태를 양각하지 않고 마른 호수나 평원(애리조나 같은 장소)을 파서 미술의 '차원성'이 '완전히 수평적'으로 보이는 직선적 저지대를 만들었다. 계단식 지형을 만든 예술가들도 있고, 일부는 위선과 경선을 흉내 낸 격자판으로 땅에 '지도를 그려' 종이나 캔버스에 그린 지도와 유사하게 땅을 암시적으로 평면화했다.[43] 공공 미술이 항상 대중의 찬동을 얻는 것은 아니다.


## 사진의 평면성


카메라의 광학거리는 사람의 눈이 사물을 보는 과정과 비슷하다. 빛을 받은 물체가 그와 관련된 모든 정보를 담은 파장을 형성한다. 이 물체파는 예를 들어 스크린을 이용해 광 경로의 평면에서 보이도록 만들 수 있지만 관찰자는 명시야明視野를 이해하지 못할 것이다. 사진 필름을 스크린 위치에 놓으면 처리 과정에서 물체파가 흐릿해지지만 빛의 강도(진폭이나 밝기)만 기록되어 2차원 이미지를 만들어낸다. 모든 물체의 형태에 관한 위상 정보는 잃는다. 물체가 렌즈를 통해 필름에 맺히는 경우도 마찬가지다.

사진은 1839년에 처음 나온 뒤 일련의 기술적 혁신을 겪었다. 먼저 평평한 유리판이나 평평한 셀룰로이드 필름에 도포된 사진유제에 잠상이 포착된다. 잠상이 '현상'되고 인화되면 보거나 투영하기 위해 대개 다른 평평한 물질들로 옮긴다. 21세기에 빠른 속도로 지배적 기술이 된 디지털 사진은 빛이 포착되는 방식을 변화시켰지만 최종 결과물(종이나 화면)은 여전히 평평하다.

스틸 사진이건 동영상이건 혹은 고정점에서 육안으로 장면을 보건 그 결과물은 항상 평평한 이미지이다. 홀로그래피는 예외다. 홀로그래피는 물체파를 완전히 재구성하여 관찰자가 보는 것을 물체의 3차원 이미지로 투영할 수 있게 한다. 홀로그래피는 레이저광을 이용하고 필름에 이미지를 기록하지만 인식된 이미지는 평평하지 않고 평평한 화면에 국한되지도 않는다. 그러나 19세기 초(사진이 등장한 시기)에 홀로그래피 원리가 알려졌는데도 실제로 처음 적용된 것은 1963년이 되어서였고 홀로그램을 보는 것은 아직까지도 흔치 않은 경험이다.[44]

디지털 기술들은 무수한 색채 및 명도 단위로 이미지를 구성하는 픽셀(화소)로 사진에 격자판을 부활시켰다. 이는 평평한 2차원 콜라주에 가깝다. 이런 전자식 기법들은 형식 면에서 철저하게 평평하지만 이미지의 품질과 입체감을 나타내는 능력은 격자, 즉 dpi(1인치 면적 안에 표시할 수 있는 점의 수)가 높을수록 커져서 결과적으로 평평함을 부정하게 된다. 우주망원경이 기록한 먼 행성과 은하의 무색 이미지에는 색조와 명도를 선택하고 적용하여 생명을 불어넣는데, 이는 모더니즘 화가나 애니메이션 제작자들이 색채를 사용해 평평한 기하학적 구조에 활기를 주는 것과 같은 방식이다.[45]

## 움직이는 이미지의 문제

그림, 소묘, 대지미술, 스틸 사진 등이 평면성을 확보하는 이유는 이들이 모두 본질적으로 움직임이 없는 '스냅숏snapshot'이기 때문이다. 움직이는 이미지는 평면성을 얻기가 더 힘들다. 중복되는 한 쌍의 사진을 연속 배치하여 분명한(부자연스럽게 과장되긴 했지만) 3차원의 입체감 있는 이미지를 제공하는 입체사진이 그 간격을 어느 정도 메웠다. 또 연속사진을 더 길게 촬영하여 움직임을 표현할 수 있었는데, 처음에는 카드를 돌리는 방법을 사용하다가 구멍을 뚫어놓은 기구를 거쳐 필름과, 좀 더 최근에는 디지털 방식을 사용하게 되었다. 그러나 거의 모든 경우, 움직이는 것처럼 보이는 착시(때로는 4차원이라고 불린다)는 평평한 화면에 평평한 이미지를 투영하는 데 의존한다. 사진은 이미지를 현상하고 인화하기 위해 그림보다 더 평평하고 매끈한 표면에 의지하고, 따라서 초기의 동영상들은 놀라울 정도로 사실적인 3차원으로 보였다. 이후 1950년대부터 사용된 3D는 극적인 효과가 훨씬 적었다.

동영상이 나오기 전까지 오랫동안 연극은 경사진 계단식 좌석으로 둘러싸인 평평한 표면 위의 '원형 무대', 혹은 서 있거나 앉아 있는 관객들 한가운데에 주위보다 높게 만든 무대에서 공연되었다. 17세기 중국에서는 이동식의 임시 공간에서 연극을 공연했는데, 보통 실내나 실외에 간단히 빨간 카펫을 펼쳐 무대로 삼았다. 경계가 없었고 관객들은 다양한 시야를 확보하기 위해 여기저기 돌아다녔다. 때로는 운하나 호수 같은 물 위에서 공연하기도 했다. 그러나 18세기 서구에서는 평평한 무대를 보는 창인 프로시니엄 아치proscenium arch(극장의 객석과 무대를 구분하는 무대 전면의 액자형 틀 - 옮긴이)의 도입이 일반화되었다. 프로시니엄 아치는 평평한 캔버스 위의 눈속임 그림이 일으키는 착시와 달랐다. 3차원이었지만 깊은 수평면에 의지했고, 바닥면이 무대 디자인에서 가장 중요한 요소가 되었다.[46] 발레의 경우에도 같은 원칙이 적용되었다.

19세기 말에 등장한 미니멀리즘 예술과 사진의 급속한 발달 사이에는 흥미로운 관계가 있다. 서구의 예술은 미적인 순수성과 대조되는 표현적인, 즉 '연극적인' 역할과 싸움을 시작했다. 예술가들은 그림이 깊이와 부피를 가진 세상을 보는 창이 아니라 사실은 평평한 물체라는 인식을 보여주려고 노력했다. 예를 들어 피카소와 마티스는 '장식적 평면성decorative flatness'을 제시했다. 장식적 평면성은 극장의 낭만적 사실주의와 거리가 먼, 피할 수 없는 텅 빈 평면성을 수용하기 위해 풍부한 입체감 표현에서 등을 돌린 모더니즘 회화의 중요한 요소다.[47]

모든 영화가 자연에서 도출된 이미지나 배우들이 연기한 드라마를 보여주는 것은 아니다. 실생활을 흉내 내려고 시도하기보다 추상적인 2차원 형상에 의지하는 애니메이션 장르가 초기부터 존재했다. 만화영화로 만들어진 이미지는 서구의 순수미술(그중 일부는 일본의 단조로운 양식에 의지했다)뿐 아니라 동양의 전통적인 미술 관행에서 영감을 얻어 이 요소들을 대중문화에서 도출된 구성 요소와 결합시켰다. 이런 식으로 상업적 양식과 전위적 양식이 중첩되고 상호작용하여 순수미술과 대중미술, 초현실과 잠재의식의 경계가 흐릿해졌다. 이러한 뿌리로부터 월트 디즈니의 작품들에서는 매체의 평면성과 그 재미있는 잠재력을 받아들이는 것(「고양이 펠릭스」의 세계)과 「백설공주와 일곱 난쟁이」에서 볼 수 있는 것처럼 3차원의 실제 세계에 원근법과 중력의 법칙을 되찾고 싶은 욕구 사이에 오랫동안 충돌이 발생했다. 제2차 세계대전 이후 순수예술 비평가들은 '순수예술'의 미니멀리즘에 스며든 '만화 쓰레기'에서 파생된 요소들의 역할을 부인하려고 했다. 그러나 에스더 레슬리Esther Leslie가 주장한 것처럼 '만화는 평

면성, 착시, 추상화에 대한 연구가 가장 공들여 수행되는 곳'이다.[48]

(일본) 애니메이션에서 이미지들의 구성은 평면화와 '비계층화dehierarchization'를 수반한다. 이 이미지들에는 명백한 중심이 없기 때문에 보는 사람의 눈이 '가로 방향으로 움직이면서' 표면을 훑어보고 바쁘게 움직이라고 독려된다. 토머스 라마르Thomas Lamarre는 그 결과 '평평해진 면들이 하나의 면에 확산되어' 우선순위와 입체감이 결여된다고 주장한다. 그러나 일본 애니메이션은 움직이는 듯 보이게 하는 작업을 포함한다. 그리고 일단 움직임이 묘사되면 움직이는 요소들이 자연적으로 우선순위를 얻고 보는 사람의 인식 전면으로 밀려나와 주위의 평평함을 가로지르거나 침투하여 입체감을 형성한다.[49]

서구에서 '예술'영화 감독들은 때때로 지루하고, 따라서 '단조로운flat' 영화를 만들어 명성을 얻었다. 지루함은 '바쁜 시대'인 현대와 맞지 않기 때문에 끊임없이 변화하는(명멸하는) 이미지들에 대한 새로운 요구가 나타났다. 영화의 한 프레임이 너무 길면 지루하고 "단조로워 보이기 시작한다". 새뮤얼 베케트Samuel Beckett(1906~1989)의 희곡에서 중심이 되는 단조로움과 반복이 따분하고 지루하고 공허해 보일 수 있는 것과 비슷하다.[50] 베케트는 작품 활동을 하는 내내 입체감이라는 개념과 씨름했고 '예술 매체, 회화의 표면, 무대 프레임, 영화의 평면성, 텔레비전이라는 상자, 언어 자체'에 끊임없이 관심을 기울였지만 자신이 만든 인물들이 관객 앞에 있음을 항상 의식적으로 염두에 두었다.

베케트의 「엔드게임Endgame」(1957)에서 로봇 같은 하인 클로브는 작은 망원경으로 바깥세상(햄의 머리 밖 세상)을 내다보지만 '아무것도'

보이지 않는다. 또한 1970년 작품 「더 적은 것Lessness」에서 베케트는 단지 '끝없는 단조로움'만 본다. 앨런 애커먼Alan Ackerman의 말처럼 "베케트는 아무것도 보지 않지만 모든 것을 본다".[51] 그 의미를 이해하기는 쉽지 않다. 삶의 많은 부분이 실제로 반복 요소들로 이루어져 있고 생존은 이 요소들의 단조로움과 예측 가능성에 직접적으로 의존하는 것이 현실이다. 현실이 컴퓨터 게임의 가상 세계(땅이 우리 발 밑에서 갈라져 벌어진 깊은 틈을 뛰어 건너야 하는 세계)라면 우리 삶은 짧게 끝날 것이다. 이 책에서는 일상에서 평평함이 갖는 실용성에 여러 번 주목했는데, 평평함이 주는 안정성이 그러한 실용성을 뒷받침해준다.

베케트가 활약하기 전인 1927년에 E. M. 포스터E. M. Forster는 소설 쓰기에서 '평면적 성격flat characters'을 분석하는 데 많은 공을 들였다. 평면적 성격의 인물들은 일관된 생각이나 성격을 나타내며 입체적이거나 복잡한 존재가 아니다. 훗날 논평자들은 포스터가 말한 평면적 성격을 종종 부정적으로 해석했지만, 사실 포스터는 평면적 성격이 유용한 역할을 하며 독자들에게 영원히 변하지 않는 것에서 위안을 느끼게 해준다고 믿었다. 그러한 1차원적인 인물들은 신뢰할 수 있고 쉽게 기억된다는 이점이 있다. 포스터는 찰스 디킨스가 창조한 인물들은 '거의 모두 평면적'이라고 평했는데, 이것은 나쁜 이야기가 아니다. 반면에 원형적 성격round characters은 독자들에게 놀라움을 안겨줄 수 있어야 하며 설득력이 있어야 한다. 작가에게 쉬운 일은 아니다. 평면적 인물들의 행동에는 원형적 성격과 대조되는 일관성이 필요하다. 평면성에 대한 모든 은유에서처럼 평면적 인물들은 정해진 모델에서 벗어나지 못한다. 이들은 한결같이 악하거나 가련해야 한다.[52]

베케트의 평면적 인물들과 텅 빈 풍경은 핵무기로 인한 절멸에 대한 냉전 시대의 두려움을 반영하지만, 21세기에는 단조로운 반복을 새로운 수준으로 끌어올린 전자/디지털 기술의 지배력이 점점 더 강해지면서 베케트의 우울한 정신 모델이 재발견되었다. 디지털 카메라, 아이폰 등에 포착된 이미지들은 빠른 속도로 엄청난 양이 축적되고 전 세계에 바로바로 공유된다. 그러나 대개 소재가 제한적이고 사소해 보일 뿐 아니라 자기 지시적(셀피)이다. 마찬가지로, 포르노물은 다 똑같아서 금세 더 이상 자극을 주지 않는다. 하지만 현대의 커뮤니케이션 기술들은 장면, 시리즈, 시트콤을 반복적으로 보라고 장려한다. 그래서 2013년 오버하우젠 국제단편영화제는 '단조로움 : 인터넷 이후의 영화'를 주제로 정하고 단조로움을 '현대의 존재론적 범주, 정서적 상태, 디지털 형태론'으로 탐구했다. 50편이 넘는 영화 혹은 '동영상 작품'이 항상 전원과 연결되어 소비지상주의적 오락 네트워크라는 쾌락의 쳇바퀴를 돌리는 것이 어떤 느낌인지 기록했다. 영화의 정서적 단조로움은 주관적 표현의 부재로 특징지어지며, 인간이 복제 가능한 '부품'이 되고 베케트의 폭탄 대신 인간-기계가 인간성을 위협하는 세계를 반영한다.[53] 이러한 정신병리는 18세기에 시작된 상품(이미지 포함)의 대량생산이 낳은 최종적인 결과로 해석될 수 있다.


## 음악에서 말하는 평면성

음악가들은 대개 자신의 작품이 감정이나 사건처럼 구체적인 풍경을 반영한다고 생각하지만 이런 장소들이 어떻게 곡목 해설 없이 소리로 전달되는지 정확하게 밝히려고 애쓴다. 화가들과 마찬가지로 미국의 작곡가들은 대초원이나 그레이트플레인스보다 허드슨 강, 나이아가라 폭포, 그랜드캐년에서 더 자주 영감을 얻으려 했다. 음악은 평평한 초원의 온화함부터 우레 같은 폭포 소리까지 시각예술에서는 빠져 있는 요소들을 구현할 가능성을 제시한다. 이러한 드라마로 편곡될 기회가 없는 풍경들은 덜 매력적이며 국경 같은 좀 더 광범위한 주제에서만 소재로 채택된다. 또한 도시의 분주함이 평평한 땅들을 이겼다. 미국의 말과 멜로디의 '평평해진' 윤곽을 결합시키려 했던 스티브 라이히Steve Reich조차 뉴욕 시에 초점을 맞추었다. 라이히의 「사막의 음악The Desert Music」(1984)은 모하비 사막을 빠르게 지나갔던 경험을 바탕으로 삼았지만 분명 시각적 이미지보다 윌리엄 카를로스 윌리엄스William Carlos Williams의 시에 뿌리를 두었다. 라이히는 이 곡이 '사막을 그림처럼 환기'시키지는 않는다고 주장하면서도 적어도 한 부분은 사막이 "평원 저편에 지옥처럼 펼쳐져 있다"는 느낌이 들었음을 인정했다. 이 곡은 라이히의 특징으로 유명한 미니멀리즘 음악과 다르지만 은유적 평평함보다 비어 있음을 더 많이 이야기했다.[54]

자연경관에서 평평함이 지배적 특징인 곳에서는 그만큼 음악적 생활에 입문할 가능성이 더 높다. 고국의 경관에 강한 영향을 받은 오스트레일리아의 작곡가 피터 스컬소프Peter Sculthorpe(1929~2014)는 음악과 말의 국가적 특성들을 결합시켰다. 그는 토착민과 백인의 음악 모두 "시간 범위가 특히 넓다"고 생각했는데, 곡이 빠르건 느리건 상관없이 사건이 거의 없고 '화음 변화가 아주 느린' 음악이라는 뜻이다. 또한 스컬소프는 '멜로디 형태의 어떤 저하와 연장'을 확인했다. 그는 악보가 종종 "딱 보이는 그대로 소리를 낸다"고 언급했고 자신의 음악에서 많은 부분이 "수평적으로 보인다. 내 음악의 길고 중복되는 형태는 이 대륙의 지질도와 비슷한 모양이다"라고 생각했다. 1998년에 빈센트 플러시Vincent Plush는 1960년대에 작곡된 스컬소프의 「태양의 노래Sun Music」 연작이 오스트레일리아의 '광대함'과 '대륙의 오만한 평평함'을 연상시킨다고 평했다.[55] 스컬소프는 21세기 초에 자신의 모든 곡에 디제리두didgeridoo(아주 긴 피리같이 생긴, 오스트레일리아 원주민의 목관악기 - 옮긴이)의 음과 이 악기의 특징인 낮은 진동을 도입했고, 원주민 음악이 수천 년에 걸쳐 풍경에 의해 형성되었다고 주장했다.

전통적(토착적) 음악이 반향이나 반복음 혹은 끊임없이 지속되는 단조로운 저음부를 강조할 때 때로는 '평면적'이라고 여겨진다. 음악은 사람들에게 들리는 방식이 풍부하고 즉각적인 감정을 다채롭게 불러일으킨다. 이는 시각예술이 성취하려고 애쓰는 부분이다. 시각예술에 항상 표면이 필요한 것과 달리 음악, 그리고 모든 소리는 일반적으로 촉각으로 알 수 있는 물질성으로 평평한 표면을 에워싼다. 성가실 정도로 반복된다 해도 소리는 일시적이다. 시각예술도 모래그림의 경우처럼 수명이 짧을 수 있지만 조건만 잘 맞아떨어진다면 1,000년 동안 보존될 수도 있다.

모더니즘 음악은 모더니즘 미술 및 건축과 공유하는 요소가 많으며 20세기 초에 비슷한 영향들에 대응해 비슷한 시기에 등장했다. 이 요소들에는 매끈한 선, 거의 기계 같은 규칙성과 함께 구성의 통일성과 단순성이 포함되고, 전자악기들이 한몫을 할 수 있게 되었다. 디디에 말레브르Didier Maleuvre는 이고르 스트라빈스키Igor Stravinsky의 1910년 작품 「불새The Firebird」의 '콜라주 구성'에 중립성과 '음조의 평면성'이 들어갔다고 보았고, 이런 음악은 듣는 사람이 악기들을 개별적으로 듣길 기대했다. 반면에 음악사가 로버트 핑크Robert Fink는 스트라빈스키의 음악에서 다음과 같이 풍경과 관련된 용어들로 이해되는 일련의 연장과 점진적 진행을 보았다. "각각의 고원이 내부적으로 반복되어 귀에 새겨지고, 고원들이 거의 끊이지 않고 순차적으로 연속하여 차례차례 정렬한다." 다른 작곡가들은 인식의 중심이 하나로 흘러가는 데 대한 거부로 입체주의 방식처럼 무조음악無調音樂을 도입한 반면에 음렬음악serial music(열쇠의 개념을 음높이뿐만 아니라 음의 모든 파라미터에 적용시킨 음악 – 옮긴이)은 말레비치와 몬드리안의 노선을 따라 엄격한 수학적 접근 방식에 의존했다.[56]

제2차 세계대전 이후 스타일이 더 정제되었는데, 특히 음렬주의와 미니멀리즘에서 그러했다. 이러한 추세는 존 케이지John Cage와 라이히의 초기 곡들에서 전형적으로 나타난다. 1952년에 초연된 케이지의 유명한 작품 「4분 33초」는 시공時空의 상대적 개념들을 구현했고 미니멀리즘 예술을 반영했다. 이 곡의 악보는 커다란 오선지에 나눠 쓰여 있지만 음표가 하나도 없다. 하지만 1953년에 케이지는 '흰색 회화'(아무런 이미지도 그리지 않은 채 캔버스 전체를 흰색으로만 칠한 작품 – 옮긴이)를 참조하여 흰 종이에 직선들을 그린 도안 악보를 창안했다. 주변 환경의 소리를 끌어들인 케이지의 음악(들을 때마다 다르게 들린다)은 소리의 부재와 침묵의 가능성을 부인했다. 1957년에 케이지가 한 말에 따르면 "비어 있는 공간 혹은 비어 있는 시간 같은 건 없다. 항상 볼 무언가, 들을 무언가가 있다". 뿐만 아니라 "현대의 조각과 건축 분야에는 이런 개방성이 존재한다. 미스 반 데르 로에Mies van der Rohe가 유리로 지은 집들은 주변 환경을 반영하고 구름이나 나무, 풀의 모습을 눈으로 보게 한다".[57]

표면에 초점을 맞추면 내용이 비워지고 궁극적으로는 움직일 수 없는 2차원의 평면으로 환원되지만 순수하고 걷잡을 수 없이 자유로우며, 따라서 급진적이고 혼란스럽다. 선도적 평론가인 프레드릭 제임슨Fredric Jameson은 '하이모더니즘high-modernism과 포스트모더니즘의 순간'을 구분하면서 포스트모더니즘의 가장 분명한 형식적 특징이 '새로운 유형의 평면성 혹은 깊이 없음depthlessness, 가장 글자 그대로인 새로운 유형의 피상성superficiality의 등장'이라고 보았다. 제임슨에게 이 평면성은 음악뿐 아니라 미술과 건축, 그리고 새뮤얼 베케트의 희곡에서 볼 수 있는 감정의 둔화('감정마비flattening of affect'라고도 불린다)와 함께 나타난다. 그 형태는 단지 공간적 은유가 아니라 콘크리트와 유리, 참을 수 없는 침묵으로 표현된다. 핑크는 제임슨이 "포스트모더니즘을 완전히 납작하게 두드렸다"고 말한다.[58]

미니멀리즘은 '고전음악'에 한정되지 않고 전자음악, 실험적 음악, 환경음악, 소음, 그리고 대중적 장르들에도 존재한다. 이 양식들 대부분은 궁극적으로 강박적 반복에 의존하여 청자들의 인내심을 한계까지 몰고 간다. 서구의 음악적 창작품인 이 요소들은 단선율의 평성가(목소리만으로 노래하는 성가 - 옮긴이)와 독일의 작곡가 리하르트 바그너Richard Wagner, 구스타프 말러Gustav Mahler까지 거슬러 올라갈 수 있고 미국의 미니멀리즘 작곡가인 필립 글래스Philip Glass와 라이히에 의해 추진되었지만, 세계적 맥락에서 보면 최면을 거는 듯한 저음부와, 반복적인 박수와 북 치기는 훨씬 더 깊은 역사를 가지고 있다. 아시아와 아프리카의 음악은 아주 영향력이 큰데, 이 점은 종종 라비 샹카르Ravi Shankar와 동일시되는 인도의 전통적 기악을 도입한 데서 가장 분명하게 나타난다. 이 모든 흐름은 1975년에 브라이언 이노Brian Eno가 환경음악을 창안하면서 통합되었다.[59] 브라이언 이노의 동생인 로저 이노Roger Eno는 나중에 자신의 환경음악 작품들, 특히 「평지The Flatlands」(1998)라는 타이틀의 CD에서 클래식 음악, 특히 드뷔시Debussy와 사티Satie의 음악에 의존했다. 이 CD에는 '평지Flatlands'뿐 아니라 '고도Elevation', '펠림프세스트Palimpsest'(원래의 글을 지우고 덮어 쓴 필사본 – 옮긴이)라는 트랙도 포함되어 있다. 오브젝트Objek의 데뷔 앨범인 「평지Flatland」(2014)는 '잔물결처럼 번지는 테크노 리듬과 빠른 일렉트로 펑크를 결합'시켰는데, 트랙들이 평평함의 공간적 개념과는 분명한 연관 관계가 없었다. 일렉트로 어쿠스틱 음악은 상상과 선禪 식의 텅 비어 있음을 위한 공간을 열면서 침묵을 연장하는데, 이따금 청각을 최고조에 이르게 하여 르 코르뷔지에의 도시 경관에서와 같은 평면성을 만들어낸다.

독일 그룹 크라프트베르크Kraftwerk는 '순수한 전자적 미학'을 개발하려고 노력했다. 초기에 이 그룹의 상징적 의도는 고속도로와 철도의 리듬을 복제하는 것이었다. 앨범 「아우토반Autobahn」(1974)은 방랑벽, 현대성, 길의 자유(매끈한 표면에 의해 가능한 속도와 함께), 그리고 낭랑한 가사들이 곁들여진 순수한 로봇식 전자음의 최면을 거는 듯한 테크노/기계식 리듬을 결합시켰다. 이 앨범은 표지 삽화가 유명한데 에밀 슐트Emil Schult가 운전자의 관점에서 디자인했다. 이 독창적인 독일식 재킷은 넓은 계곡 사이로 해가 떠오르는, 저 멀리까지 끊이지 않고 이어지는 도로 표면이 화면을 지배한다.[60] 영상 버전에서

앨범 「아우토반」을 낸 크라프트베르크가 무대에서 공연하는 모습이다.(1974년)

는 차선을 분리하는 페인트가 칠해진 선들을 강조하여 아스팔트 위에 떠 있는 평평한 직사각형의 흰색 면들로 바꾸었다. 나중에 크라프트베르크는 공연에서 기계적 혹은 로봇 같은 평평함으로 특징지어지는 시각적 이미지를 많이 활용했지만 다다이즘 예술과 구성주의, 그리고 바우하우스 건축에 의식적으로 의지했다.

　미술, 건축에서와 마찬가지로 음악에서도 모더니즘에 뒤이어 포스트모더니즘이 등장하여 음악이 장난기 많고 절충적인 경향을 띠었다. 그렇다고 평면성이 사라졌다는 말은 아니다. 실제로 포스트모더니즘 회화는 심리적 평면성 혹은 모방 작품과 시뮬레이션으로 특징지어지는 피상성을 가졌다고 설명되어왔다. 건축에서도 비슷한 무언가를 볼 수 있다. 데이비드 조슬릿David Joselit의 주장처럼 "글로벌화된 세상에서 우리가 경험하는 평면성 혹은 깊이 없음은 단순한 광학적 효과를 넘어선다. 이것은 우리 자신의 이미지를 바꿀 때,

즉 후기자본주의 세계에서 공공 영역에 들어가기 위한 필수 조건인 강제적인 자기 스펙터클화self-spectacularization(자신을 볼거리로 만들기)할 때 치르는 대가를 빗대는 효과적인 은유다".[61] 이렇게 전 세계가 평평해져왔다.

# 제9장
# 다가올 평면성의 명암

> '초평면'은 미래로 가는 단계다.
> _무라카미 다카시, 2000년[1]

지표면을 평평하게 다지고 현대 생활의 거의 모든 면에 평평한 기하학적 표면을 주입하기 위한 인간의 프로젝트들은 예언자들이 암시하는 세상의 변화와 우주적인 시간의 척도에 비하면 보잘것없어 보인다. 장기적인 지질학적 변화와 신의 분노가 먼 미래에 지표면을 근본적으로 바꾸기 시작할 것으로 보이지만, 평면화에 대한 예측들은 훨씬 더 가까운 시기를 이야기한다.

## 최후의 날에 세상은 평평해지리니

세상이 어떤 모습으로 종말을 맞을지에 대한 예측은 다양하다. 세상이 최종적으로 납작해진다는 것은 그중 좀 더 두드러지는 예측들 중 하나일 뿐이다. 일반적으로 역사적 문서들은 이 종말론적 사건이 산들이 평평해지면서 일어난다고 묘사했다. 예를 들어 요한계시록에서는 큰 지진으로 모든 산과 섬이 없어지고 하늘이 두루마리처럼 말린다고 쓰여 있다. 지질학적 평면화와 동시에 사회 계급과 지배 계층이 하나의 공통된 급으로 평평해진다. 코란에서는 심판의 날에 지구가 평평해지고 사람들이 벌거벗은 채 모여 신의 분노와 마주한다. 반면에 불교의 종말론은 (중국의) 세계가 '(이상향의 이미지로) 매우 납작하게 평평해지고' 사람들이 '모든 면에서 동등해진다'고 본다. 고대 이란(조로아스터교)의 경전들은 대개 산을 신성한 장소로 여겼지만 때로는 원래 평평한 지형이던 선한 창조물을 악령이 공격하여 산들이 생겨났다고 생각하기도 했다.[2]

이런 급진적인 예측들에서는 시간이 끝날 때 세상이 평평해진다. 그 중심에는 마침내 악이 극복되고 온 인류가 하나 되어 같은 언어를 말할 때 '위쪽'도 '아래쪽'도 없는 완벽하게 평평한 지구가 회복된다는 개념이 자리 잡고 있다. 평면화는 평등주의적이며, 지형의 변화를 사회와 지배구조가 가진 수직적 계층의 몰락, 그리고 제국주의적 기업들의 혁명적 해체와 일치시킨다. 이런 주제들은 '힘 있는 자들을 낮추고 낮은 자들을 높임으로써' 사회의 '평준화'를 촉진하는 급진적 이념들을 연상시킨다.[3]

구약성서의 가장 강력한 예측들 중 하나는 이사야서 40장 1~5절에 나온다. 기독교인들에게 이 구절은 세례요한의 도래와 주님(예수)을 통한 구원을 예언한다고 해석된다. 헨델의 「메시아Messiah」(1743)의 첫 장면도 이 구절에서 가져왔다. 여기에서는 고통받는 예루살렘 백성들에게 귀를 기울이라고 말한다.

THE STEAM ROLLER

스팀롤러를 탄 미국의 여성 참정권론자들이 사회적 평준화라는 평등주의적 정치 의제에 반대하는 의견을 납작하게 뭉개고 있다. (1917년)

외치는 자의 소리여 가로되 너희는 광야에서 여호와의 길을 예비하라. 사막에서 우리 하느님의 대로를 평탄케 하라. 골짜기마다 돋우어지며 산마다, 작은 산마다 낮아지며 고르지 않은 곳이 평탄케 되며 험한 곳이 평지가 될 것이요.

크리스토퍼 코네리Christopher Connery는 이 세계는 "모눈종이처럼 특색 없고 2차원적이며 추상적으로 보일 것이다"라고 썼다. 그러나 평평화와 직선화는 이사야의 여러 예언에서 중심적 역할을 하는 '성산聖山' 혹은 '주님의 산'이 돋보이게 하는 예비 단계다.[4]

태양을 중심에 둔 구형의 우주 모형에 반대했던 중세 초기의 기독교 사상가들은 자신들을 비방하는 사람들에게 하늘에서 별들이 떨어지고 지구의 진짜 형태가 밝혀지는 최후의 날들에 공포를 경험할 것이고 다른 믿음에 대해 벌을 받을 것이라고 경고했다. 하지만 지옥의 풍경은 보통 물리적 평평함보다는 광대함과 비어 있음(궁극적인 획일성)으로 특징지어진다.[5] 실제적이고 물리적인 미래에 대한 두려움에 뿌리를 둔 다른 주장들은 지구 자체에 대한 이야기들에서 아주 쉽게 발견할 수 있다.


## 해수면이 높아지면

종말론적 예측들은 때때로 물에 완전히 덮인 지구를 상상한다. 창세기에서 이런 모습은 첫째, 하느님이 천지를 창조하고 땅과 바다를 나누기 전의 세상에서, 둘째, 많은 문화에서 기억하는 사건인 대홍수에서 나타났다. 그러나 대홍수에 대해 구약성서에서는 물이 빠지자 한때 매끈했던 땅이 이제 육지를 침범할 듯 위협하는 거친 바다와 높은 산들이 특징인 폐허가 되어 드러났다고 나온다. 반면에 요한계시록(21장 1절)은 '더 이상 바다가 없고' 옛 하늘과 땅이 없어지고 '새로운 하늘과 땅'이 생기는 마지막 상태를 예언했다.[6] 현대 세계에서는 기후변화로 인한 해수면 상승의 영향이 절대적이지는 않지만 비슷하게 위협적이다. 원인이 무엇이건 해수면 상승은 전체적인 지표면의 '평평함'을 항상 증가시키지만 지형의 구성 요소들의 평평함은 감소시키는 경향이다. 가장 평평한 땅이 가장 먼저 물에 잠길 것이기 때문이다.

침수 가능성은 평평함보다 고도와 더 밀접하게 관련되어 있지만, 낮음과 평평함의 연관성이 높다는 점은 낮고 평평한 작은 섬들이 먼저 물에 잠길 것임을 의미한다. 아주 낮은 장소들은 항상 평평하다. 따라서 티베트 고원은 평평하지만 침수를 면하는 반면에 태평양의 투발루 같은 섬들은 물에 잠길 위험이 높다. 인도양의 경우 1,000개 이상의 섬이 해수면에서 3미터가 안 되는 높이에 위치한 몰디브 제도와 마찬가지로 위협을 받는다. 아주 작은 변화만 생겨도 섬이 잠길 수 있는데, 현재의 변화 추세라면 2030년경에는 그 대부분의 섬이 사라질 것이다. 해수면 상승은 또한 플로리다 주의 에버글레이즈Everglades처럼 자연적으로 형성된 지대이건 네덜란드의 해안 간척지처럼 인위적으로 조성한 지역이건 기존의 해안 저지대를 위협한다. 물론 그 영향력이 인간 문화에 한정된 것은 아니다. 식물과 동물들도 온도와 노출의 변화에 적응해 보통 해안에 수평적으로 서식하게 된다.

세계 전반에 걸쳐 인구가 장기적으로 해안 지역으로 이동한 현상은 도시화와 함께 해수면 변화가 인간 사회에 미치는 의미를 증대시킨다. 이런 인구학적 변화는 무역과 여행의 편리함을 포함해 바다 근처에 살 때의 많은 이점, 그리고 자연적인 지질작용이 종종 현재의 해수면과 비슷한 높이에 평평하고 비옥한 땅을 형성하여 인간의 정착을 유도하는 역할을 했다는 사실을 반영한다. 일부 좁고 긴 평평한 해안 지대에서는 조수 변동으로 매일, 그리고 계절에 따라 해

인도양에 있는 몰디브의 말레.(2004년)

수면에 큰 변화가 나타나고, 때로는 먼 하구 퇴적지와 강에까지 영향을 미친다. 땅이 자연적으로 평평하지 않은 곳에 주변보다 높은 해안 장벽 공사를 하면 때때로 회랑 지대가 생겨 해수면이 상승했을 때 바닷물이 내륙으로 퍼질 수 있다. 도로와 철도에 맞게 설계된, 언덕 가운데를 좁게 깎아서 낸 길, 터널, 비탈은 그 자체로는 국지적인 풍경을 평평하게 하는 작은 요소이지만 바닷물의 평평한 정도와 지구 표면에서 바다가 차지하는 지분이 좀 더 극적으로 증가하는 데에 도관 혹은 약한 연결고리가 된다.

　　낮은 해안 지대를 휩쓰는 폭풍은 흔히 대단히 파괴적이다. 인간은 여기에 상당히 쉽게 적응해왔고 매년 찾아오는 홍수를 사실상 이용하기도 한다. 쓰나미는 지나가는 길의 모든 것을 '납작하게' 무너뜨리면서 좀 더 파멸적인 영향을 미치지만 다행히 자주 발생하지는 않는다.[7] 나일 강과 갠지스 강 유역의 거대한 삼각주는 세계에서 인구가 가장 밀집된 지역의 젖줄이다. 그러나 낮고 평평해서 범람하기 쉽고 효과적인 방어물을 구축하는 데 너무 많은 비용이 들 뿐 아니라 복잡한 공사가 필요하다. 그러나 더 많은 자금을 투자할 수 있는 곳에서는 대담한 단기적 전략을 시도할 수 있다. 일례로 몰디브에서는 물에 잠긴 산호초 위에 잘게 부순 산호초를 이용해 건설한 직사각형 섬에 새로운 수도(훌루말레)를 조성하는 작업을 1997년에 시작했다.

해수면의 상승 폭이 크면 그 영향이 해안 지역의 사회와 생태계 너머로 퍼져나가 대륙 내부의 지역까지 피해를 입을 것이다. '가장 낮은 대륙'인 오스트레일리아의 경우 해수면이 70미터 상승(세계의 만년설과 빙하가 녹은 뒤 예상되는 수위)하면 큰 내륙호가 생기기에 충분할 것이다. 그렇게 얼음이 없는 세상이 오면 방글라데시, 네덜란드, 덴마크, 그리고 많은 인구가 사는 중국의 일부 지역이 사라질 것으로 보인다. 그러나 이런 극단적인 상황까지 치닫지 않더라도, 해수면이 1~2미터만 상승해도 뉴욕부터 멜버른까지 많은 대도시가 심각하게 파괴된다.


## 지구온난화와 원자력의 미래

최종적인 평평함은 지구온난화의 직접적 결과물이 될 수 있다. 영국의 우주론자 프레드 호일Fred Hoyle이 쓴 공상과학소설『10월 1일은 너무 늦다October the First is Too Late』에서 이런 예측이 발견된다. 호일은 복제된 지역으로 이루어진, 시대가 맞지 않는 지구라는 관점에서 시간과 공간개념을 탐구했다. 이 지역들은 일부는 과거에 존재했고 일부는 미래에 존재한다. 그래서 호일의 소설에서 북아메리카는 18세기의 어느 지점에 있는 반면에 프랑스는 1917년에 곤경에 빠진다. 영국만 이 책이 출간된 해인 1966년에 있다. '새로운 낯선 세계'의 지형학적 특질을 조사하려고 동쪽으로 날아간 연구원들은 광대하고 텅 빈 무지갯빛의 평평한 벌판을 발견했다. 연구원들은 '우랄산맥이 있어야 하는' 어딘가에 착륙하기로 결정했다. '평평한 장소를 찾는 데는 아무런 문제가 없었다. 전부 평평했으니까.'[8] 땅에 내리자 규모를 가늠할 수 없어서 '갈피를 잡지 못하고 겁이 났지만' 과학자들은 많은 검토 끝에 이 '거대한 유리 벌판'이 요한계시록(4장 6절, 15장 2절)에 나오는 '유리 바다'를 연상시키는 '지구의 종말'을 나타낸다고 결론을 내렸다. 요한계시록의 종말론적인 유리 바다는 '불과 섞여 있지만' 호일의 유리 벌판은 (핵전쟁이 아니라) 지구온난화로 인한 극도의 열에 녹는다. 이곳은 사람이 없는 텅 빈 세상이다. 여기에서 평평함은 대체 우주의 세계에서 하나의 가능성, 마지막 상태이지만 그 못지않게 시작도 나타낸다.[9]

핵문제를 다룬 북미의 영화들은 종종 아마겟돈(지구 종말에 펼쳐지는 선과 악의 대결)과 세상의 종말을 암시하는데, 여기에는 파멸적으로 납작하게 무너지는 도시 풍경이 뒤따른다. 거대한 쓰나미가 도시에 밀려들거나 날리는 모래가 인간이 지은 거대하게 높은 빌딩들을 천천히 뒤덮어 지표면이 새로운 높이가 된다. 이 경우에도 지구의 인구가 한꺼번에 사라지면 처음으로 되돌아갈 가능성이 생기는데, 대개는 고작 몇 명의 생존자에게 다시 인구를 늘려야 하는 과제가 주어진다. 일본 영화에서는 고질라가 쿵쾅거리면서 돌아다니고 불을

폭발의 중심지(그라운드 제로)에 세워진 기념비.(나가사키, 2008년) 원폭 희생자들을 기리기 위해 1956년에 세워졌다.

뿜어 도시를 납작하게 깨부순다. 그러나 평평함의 공간성은 문명이 축적해오고 소중하게 아끼던 모든 것의 상징적 파괴만큼 중요하지는 않다.[10] 산들이 종말을 예고하면서 납작해지는 것이 아니라 현대의 도시가 평평해지고, 도시가 심취했던 평평한 표면이 괴수들과 사나운 기상 악화로 짓밟힌다.

오스트레일리아의 풍경이 지닌 평평함은 다양한 영화 장르에 이바지했는데, 대개 평평한 경관이 줄 수 있는 고립과 테러의 공포를 이끌어냈다. 영화 「제로지대Ground Zero」(1987)는 사우스오스트레일리아의 사막에서 스토리와 촬영지를 발견했다. 1950년대에 영국 정부가 이 사막에서 핵실험을 실시하여 이후 장기적으로 원주민들의 건강에 문제가 생기고 사망자들이 속출했다. 주인공은 정부가 숨기려 애쓰는 진실을 밝히려고 고군분투하면서 개인적으로 자아 발견의 여행을 하게 되고 핵무기가 불러오는 대참사에 대한 이해가 높아진다.[11] 핵폭탄이 실제로 터진 지점은 방첨탑으로 표시된다. 영국과 오스트레일리아 정부의 관점에서 보면 폭탄은 경관을 거의 바꾸지 않는다. 사막은 이미 평평하고 '비어 있기' 때문에 무기를 실험하기에 이상적인 장소로 보였다. 반면에 오스트레일리아의 또 다른 사막을 배경으로 한 「매드맥스Mad Max」 3부작은 사막의 헐벗고 황량한 풍경을 당연하게 받아들였고 특이한 인물들이 등장할 여지가 많다고 보았다.

인구 증가, 자원 고갈, 기후변화, 유성의 충돌에 대한 두려움으로 지구인들은 지표면의 제한된 풍경을 넘어서는 해결책을 강구하게 되었다. 예를 들어 영화 「세계가 충돌할 때When Worlds Collide」(1951)에는 미래의 평면성에 대한 비교적 희망적인 생각이 나타난다. 이 영화에서는 지구의 생물들을 파괴한 재난에서 살아남은 소수의 생존자들이 새로운 행성으로 향한다. 새 행성에서 이들은 지평선까지 뻗은 '광대하고 평평한 목가적인 풀밭'으로 상징된 자신들의 미래를 본다.[12] 풀은 아무 자원도 없는 호일의 유리 벌판보다 대초원에 더 가까운 무언가를 암시한다.

세상의 풍경이 모든 측면에서 변화하면서 19세기부터 평평한 땅의 긍정적 가치에 대한 인식이 높아졌다. 실제로 오스트레일리아, 북아메리카, 러시아의 정착민 사회에서 평평함의 가치에 대한 칭송이 발견되고, 이는 새로 등장한 국가적 정체성 개념과 연결되었다. 일반적으로 이러한 평가는 사진가들과 귀족 사회에서 시작된 뒤 문학에서 번성하다가 지구물리학적 용어로 이해하게 되었다. 비행기와 항공사진이 평평한 풍경의 지형학적 복잡성을 드러내어 세계를 다른 방식으로 보는 데 중요한 역할을 했다. 평평한 땅에서는 올라가서 아래를 내려다볼 산뿐만 아니라 눈을 들어 올려다볼 언덕도 없었기 때문에 그전에는 이런 복잡성을 알지 못했다. 그리하여 시각적 인식, 정신적 관념, 지질학적·지형학적 사실들 사이에 복잡한 상관관계가 나타났다.

쫓겨난 토착민들은 조상 대대로 물려받은 땅을 잃어버렸을 뿐 아니라 서구의 정착민 사회가 태고의 신성한 풍경을 콘크리트와 아스팔트 포장 아래로 봉쇄하고 새로 생긴 평평한 표면들이 그 아래에 놓인 중요한 것들을 감추어버리는 것을 한탄했다. 미묘한 정신적 의미를 담은 풍경이 사라지고 끔찍하게 납작해진 외피가 그 자리를 차지했다.

## 밋밋한 풍경 뒤에 가려진 것들

인간이 느끼는 근본적인 두려움은 종종 상실, 향수와 연결되고 우리가 미래를 알지 못한다는 사실이 여기에 어두운 그늘을 드리운다. 현대사회에서는 여러 가지 색실로 짠 예전의 다채로운 태피스트리가 플라스틱의 밋밋함으로 대체되었다. 그래서 에드워드 렐프Edward Relph는 1976년에 첫 출판된 『장소와 장소 상실place and placelessness』에서 당대 대부분의 문화에서 다양한 장소에 대한 진짜 경험을 할 기회가 줄어드는 것에 유감을 표했다. 대신 세상이 점점 더 획일적이고 표준화되고 있다. "의미 있는 장소들이 거의 없는 환경으로 향해 가는 경향이다. 장소가 상실된 지리학, 밋밋한 풍경flatscape, 의미 없는 건물들을 향해 가고 있다."[13] 렐프는 크리스티안 노르베르그-슐츠Christian Norberg-Schulz가 1969년에 현대 도시성의 공허를 비판하면서 사용했던 '밋밋한 풍경'이라는 용어를 빌려왔다. 렐프에게 이 용어는 '의도적 깊이가 결여되어 있고, 흔하고 평범한 경험을 할 가능성만 제공하는' 풍경을 의미한다.[14]

미래 풍경의 평평함을 내다보면 읽고 쓰는 능력, 계획, 공간적 질서에 근거한 계급사회 형성에서 평면성이 수행하는 역할에 대한 설득력 있는 근거가 쌓일 수 있다. 물질세계의 표준화는 모든 공간적 수준에서 발견되지만, 그리고 평평함에 국한되지도 않지만 선형성 증가와 화면의 화소부터 직사각형 측량에 이르기까지 전 영역에 걸쳐 격자선이 적용되는 것에서 가장 일관되게 나타난다.[15] 격자선은 인간의 문화와 사회에서 발견되는 자연스러운 다양함을 감소시켜 '세상을 차츰 평평하게 만드는 것'으로 보이지만 그와 동시에 창조적 가능성도 있으며 새로운 상징 및 지식 체계를 등장시킨다.[16] 분명 격자선은 과학에서 예술에 이르기까지 모든 분야에서 생산적이고 정확한 측정, 공간적 배치, 투영, 크기 조정을 가능하게 한다. 그러나 창의성을 기하학적 격자판 덕으로 돌리는 것은 평면성을 2차원으로 보기 때문이고, 반대로 격자판의 점과 선은 다른 차원으로 확장될 수 있다. 또 풍경을 나타내는 은유로서의 평면성은 지구를 에워싸고 있는 사이버공간의 추상적 평면과 함께 전 세계의 연결과 비장소성으로 발생하는 공간적 연속성으로 대체되고 있다고 주장할 수 있다.

최근의 기술 동향들은 이 책에서 살펴본 근대적 모형보다 덜 평평한 세계를 암시한다. 미래는 자연스러운 생물학적 형태를 바탕으로 형성될 것으로 보이고, 이러한 경향이 생체모방과 생물공학에서 유기체부터 기계의 표면에 이르기까지 여러 다른 사물에 적용될 것이다. 항공 기술들은 지표면과 직접 접촉할 필요가 없어서 이점이 많다. 그래서 작은 무인항공기가 평평하지 않은 땅을 곤충처럼 휩쓸고 지나가면서 씨를 뿌리고 비료를 주고 수확을 할 잠재력이 커진다.

3D 인쇄술의 발달 역시 좀 더 유연한 세계의 도래를 알린다. 3D 프린팅 제품들은 예전의 엄격한 평면 기술과 평평한 물질 없이도 최소 표면의 특성을 이용할 수 있다. 마찬가지로, 신속하게 처리되는 전자현미경 이미지 시스템을 인체 지도 제작에 적용하면 구글 맵스가 개발한 기술들을 활용해 인체의 해부적 구조를 탐구할 기회가 열린다. 이런 발달은 '풍경'을 지구 전체에서 인체와 가장 작은 부분에 이르기까지 엄청나게 광범위한 차원에서 볼 수 있음을 한 번 더 강조한다. 변함없는 것은 적어도 현재에는, 그리고 홀로그램을 제외하면, 이 이미지들 거의 모두를 평평한 표면에서 본다는 점이다.

　평평한 표면이 현대의 구축 환경을 지배하는 것은 '실외'의 도시 풍경을 모델링하는 데 중요한 영향을 미친다. 막대한 양의 디지털 데이터 수집 능력으로 도시 풍경의 모든 기하학적 복잡성을 매우 상세하게 시각화하고 분석할 수 있지만, 실제로 '점군point clouds'(물체에 수십에서 수백만 개의 레이저를 발사해 얻은 형상의 X, Y, Z로 표시되는 3차원 좌표들 - 옮긴이)과 '밀집 그물망dense meshes'을 사용하면 건축물의 근원적인 '의미 구조'가 가려진다. 특히 기획 목적을 위해 세계를 질감이 있는 일련의 평면 표면으로 보면 효과적인 모형을 구축할 수 있다. 이 방법은 현대 도시에서 효과적인데, 가설을 단순화하면 실제 세계와 크게 모순되지 않고 소수의 데이터 포인트를 대부분의 목적에 적절히 사용할 수 있기 때문이다. 이러한 도시 표면의 '평면화'는 과제에 적합한 허용 오차 내에 충분히 들어가 시각적 이미지를 왜곡시키지 않는다.

　자동화는 두 개의 평평한 표면이 접촉하는 곳에서 가장 빠르게 진행된다고 한다. 이 원리는 접착이나 용접으로 물질을 강하게 결합시켜야 하는 제조 분야에 적용되고 평평한 카펫을 깨끗하게 쓸고 다니는 이동식 청소 로봇 같은 작업 자동화 분야에도 적용된다. 또 플라스틱 신분증이나 신용카드, 바코드를 평평한 센서에 접속시키는 등의 처리 작업에서도 이 원리를 볼 수 있다. 스캐너는 덜 평평해도 되지만 평평한 표면을 읽을 때 최상으로 작동한다. 슈퍼마켓의 계산원이 빠른 판매를 위해 치즈 덩어리를 감싼 바코드 스티커의 숫자를 직접 입력하는 것은 스티커의 표면이 평평하지 않기 때문이다.

원래 표면이 곡면이던 텔레비전과 사실상 거의 모든 전자광학 디스플레이 장치들이 1970년대 이후 빠른 속도로 평면화되어왔다. 이런 변화의 주된 원인은 얇고 가벼운 평판의 제작이 가능해져서 이동이 쉬워졌기 때문이다. 이미지 품질이 꼭 개선된 것은 아니어서 어떤 경우에는 평판을 똑바로 봐야만 한다. 평판디스플레이는 휴대폰부터 랩톱, 디지털시계, 노트북컴퓨터, 디지털카메라, 태블릿에 이르기까지 많은 제품에서 볼 수 있고 광원이 음극선관에서 액정, 플라즈마, 유기재로 바뀌면서 계속 평평하게 유지되어왔다. 2000년에는 전 세계적으로 평판디스플레이 기기가 20억 개에 이르렀다. 점점 더 많은 사람이 이런 기기들이 제공하는 2차원의 이미지를 보면서 하루의 많은 부분을 보내고 3차원 화상의 실제 세계에서 사는 시간이 줄어든다. 그리고 자연적 평평함을 포함한 자연 세계의 형태적 다양성을 간과한다. 이렇게 평면화된 2차원의 가상 세계에 중독된 사람들이 받는 심리학적·생리학적 영향은 파멸적일 수 있다. 일본에서 이런 중독자들은 히키코모리로 불리는데 보통 집, 혹은 심지어 자신의 침대를 떠나기 싫어하고 실제 세계보다 가상 세계를 더 좋아해서 때때로 굶어 죽거나 방치되거나 자살까지 이르는 젊은이

들을 가리킨다. 이런 현상이 세계적 문제가 될지는 지켜봐야 한다.[17]

 이런 경향이 보편적으로 보이지만 기술과 세계화로 주도되는 미래의 평등한 세계 혹은 공정한 경쟁의 장을 향한 발전이 모든 사람과 모든 문화에 동등하게 공유되고 있지는 않다. 실제로 구축된 물질세계 어디에서나 볼 수 있는 평평한 표면은 일상의 현실이 되어 눈에 잘 띄지 않지만, 우리의 주목을 끄는 경제와 사회의 비유적인 '평평한 세계'는 사실 훨씬 더 실체가 없다. 세계화는 경제활동의 균등한 확산이나 임금의 평등화 혹은 부의 불평등 감소에 도움이 되지 않았다. 그보다는 중심지를 새로운 지역으로 옮기는 역할을 했다. 세계 소득 분포 같은 일부 지표들은 사실 더 불공평해졌다. 인구 증가는 가장 가난한 국가들과 지역들에서 가장 빠르다. 이제 농촌인구가 도시인구보다 적어졌고, 부와 기회의 중심지로 옮겨가려는 사람들의 필사적인 노력은 기존의 차이를 보여주는 증거이자 격차를 더 늘리는 데 기여한다. 이렇게 집단 이동이 줄을 이을 경우 기존의 이득을 침해받지 않기 위해 이를 방해하는 장애물이 나타난다. 세계경제는 여전히 번영의 최고봉과 빈곤의 깊은 골짜기로 특징지어진다.[18]

 그래서 〈뉴욕 타임스〉의 칼럼니스트 토머스 L. 프리드먼Thomas L. Friedman이 쓴 『세계는 평평하다The World is Flat』가 2005년에 출간되었을 때 큰 반향이 일었다. 프리드먼에게 '세상의 평평화'는 텔레커뮤니케이션, 인터넷, 아웃소싱과 오프쇼링(아웃소싱의 한 형태로, 기업들이 경비 절감을 위해 생산, 용역, 일자리 등을 해외로 내보내는 현상 - 옮긴이), 노동의 상품화, 화물의 컨테이너 수송, 그리고 급격하게 감소된 운송비로 세계가 상호 연결됨을 나타냈다. 그러나 에드워드 E. 리머Edward E. Leamer 같은 비평가는 다음과 같이 주장했다.

특색 없는 평면에서의 경쟁은 지리적 경쟁을 수학적으로 모델링하는 데 선호되는 공간이다. 평평함이 자연과 많이 닮아서가 아니라 강과 바다, 언덕과 산이 있는 실제 지형에서의 경쟁을 모델링하려면 대수학의 범위를 넘어서기 때문이다.

이 모든 지적을 보면 프리드먼이 말한 평평함은 매우 대담하고 두려움을 증대시키지만 세계경제 패턴의 실체에 뿌리를 두고 있지 않은 '터무니없는 비유'가 된다. 프리드먼의 주장은 불가피한 신자유주의적 세계화(사실상 미국화)에 대한 정당화로 해석되며 사회진화론을 거슬러 올라가 지금은 신뢰를 잃은 일련의 사회 이론들과 연결된다.[19]

## 초평면

2000년에 무라카미 다카시村上隆(일본의 현대미술가 - 옮긴이)는 "미래의 세계는 오늘날의 일본과 비슷할 수 있다. 초평면超平面, super flat의 세계가 될 것이다"라고 주장했다. 그는 별개의 층들이 하나로 합쳐질 수 있는 애니메이션, 만화, 포스터 아트, 컴퓨터 게임이 보여주듯이 일본에서는 사회, 문화, 관습, 예술이 모두 '극도로 2차원화'되었다고 말한다. 무라카미에게 '초평면'은 '특히 세계 여행을 통해 완전히 서구화되어온 일본인들의 독창적 개념'이 되어 과거, 현재, 미래를 연결하는 세계관을 창출한다. 미술에서 초평면은 미세하게 표현된 격자에 색채가 흘러내리는 극단적 평면성으로 나타난다.[20] 우리가 살펴보았듯이 이 관계는 반대 방향으로도 마찬가지로 중요한데, 서구의 모더니즘 회화에서 평면성이 탄생한 19세기 중반에 호쿠사이葛飾北斎(일본 에도시대의 목판화가 - 옮긴이)가 마네Manet에게 미친 영향이 전형적인 예다. 초평면은 1960년대의 미술 이론에 나오는 미국의 평면성 개념, 그리고 탈근대적인 시선 이론과 관련성이 있음직해 보이지만 본질적으로 순수하게 일본이 창조한 개념이라고 주장된다. 무라카미는 '일본'을 기이한 경로를 따라 시선이 스치는 이질적인 면들로 구성된 '초평면' 이미지로 묘사했다.

아즈마 히로키東浩紀(일본의 비평가이자 소설가 - 옮긴이)는 '초평면' 개념이 1999년에 열린 「그라운드 제로 재팬Ground Zero Japan」이라는 미술 전시회에서 등장했고 '고급문화와 하위문화의 평준화, 장르 간의 경계 해체, 무관한 기존의 학문과 비판으로의 연속적 하강, 무無로 돌아감'을 가리킨다고 주장했다. 이 개념은 2000년에 찾아올 새로운 1,000년의 문턱, 제로zero로 돌아가는 것과 관계된다.[21] 그러나 '초평면'은 1980년대 초에 콘크리트 바닥을 연마하여 평평하게 만드는 것과 관련해 처음 사용된 용어다. 이는 평평함에 대한 일상의 실용적 이해가 비유적 의미와 교차하여, 평면성에 수반되는 도전적인 추상화가 어떻게 본질적으로 직관적이고 자연스러운 개념이 되는지를 보여준다.

'초평면'은 물리적 속성이나 심지어 물질성의 부재를 나타내지 않으며, 오히려 직선성이 거의 의미가 없는 세계관이다. 그리고 육안과 위상공간의 시각화 사이에 탈근대화적인 괴리가 존재한다. 이런 괴리는 서구의 근대성과 일본의 탈근대성 사이에 대립을 유발하지만, 르네상스 시대의 1점 원근법 개념이 근본적으로 현대화하고

있다는 가설에 의지한다. 또한 평면성의 두 가지 핵심 요소인 반복/
연속성, 부재/비어 있음의 재검토를 시사한다.

연속성은 여기서 종종 변화나 차이의 부재, 지질학적이건 역
사적이건 지질구조상의 사건들 사이에 존재하는 긴 침묵이라고 부
정적으로 묘사된다. 혹은 연속성은 과거와 현재, 거친 것과 매끄러
운 것을 결합하는 연결 사슬로 이해될 수 있다. 그러나 현대의 평면
성은 종종 자본주의와 식민주의의 원인 역할을 하여 재생 불가능
한 '인공적인' 물질들을 풍경에 전파시키고 이전에 존재했던 것들
을 봉쇄하며 정신적 연속성을 부인하고 자연 세계의 미덕을 감소시

제프리 스마트의 「미로Labyrinth」.(2011년, 캔버스에 유화, 100x100cm)

키는 한편 이를 획일적이고 황량한 표면으로 바꾼다.[22] 인간이 편하게 걷고 운전하고 소통하고 놀 수 있는 평평한 표면을 만들기 위해, 이익과 즐거움을 추구하기 위해, 그리고 문명의 형성 과정에서 지구의 층위가 재배열된다. 따라서 겉모습이 어떠하건 모든 평평함은 지구에서의 일상생활의 특징을 결정하는 여러 얼굴의 역할을 계속하는 것으로 보인다. 이렇게 평평함은 열망의 대상이면서 두려운 무언가다.

## 제1장 당연한 듯 특별한 평평함의 세계

1   David Summers, *Real Spaces: World Art History and the Rise of Western Modernism* (London, 2003), p. 343.

2   Yi-Fu Tuan, *Topophilia: A Study of Environmental Perception, Attitudes, and Values* (Englewood Cliffs, NJ, 1974), p. 86.

3   Richard Trim, 'Conceptual Networking Theory in Metaphor Evolution: Diachronic Variations in Models of Love', in *Historical Cognitive Linguistics*, ed. Kathryn Allan, Heli Tissari and Margaret E. Winters (Berlin, 2010), p. 225 (pp. 223~60).

4   S. C. Woodhouse, *English-Greek Dictionary: A Vocabulary of the Attic Language* (London, 1954).

5   Terry Regier, *The Human Semantic Potential: Spatial Language and Constrained Connectionism* (Cambridge, MA, 1996), pp. 18~19; David P. Wilkins, 'Towards an Arrernte Grammar of Space', in *Grammars of Space: Explorations in Cognitive Diversity*, ed. Stephen C. Levinson and David P. Wilkins (Cambridge, 2006), p. 62 (pp. 24~62).

6   C. W. Huntington Jr, *The Emptiness of Emptiness: An Introduction to Early Indian Mādhyamika* (Honolulu, HI, 1989), p. 59; Steven W. Laycock, *Nothingness and Emptiness: A Buddhist Engagement with the Ontology of Jean-Paul Sartre* (Albany, NY, 2001), pp. 96~7.

7   Susanna Millar, *Space and Sense* (Hove, 2008), p. 18.

8   Vitruvius, *Ten Books on Architecture*, trans. Ingrid D. Rowland (Cambridge, 1999), p. 74.

9    Michael Seul, Lawrence O'Gorman and Michael J. Sammon, *Practical Al-gorithms for Image Analysis* (Cambridge, 2000), p. 76.

10   Rachel Kaplan and Stephen Kaplan, *The Experience of Nature: A Psycho-logical Perspective* (Cambridge, 1989), pp. 37~8.

## 제2장 평면은 어떻게 받아들여질까?

1    Edwin Abbott Abbott, *Flatland: A Romance in Many Dimensions* (Prince-ton, NJ, 1991), pp. 3~4.

2    John O'Keefe, 'Kant and the Sea-horse: An Essay in the Neurophiloso-phy of Space', in *Spatial Representation: Problems in Philosophy and Psy-chology*, ed. Naomi Eilan, Rosaleen McCarthy and Bill Brewer (Oxford, 1993), p. 61 (pp. 43~64).

3    Jean Piaget and Bärbel Inhelder, *The Child's Conception of Space* [1948] (London, 1956), pp. 447~51; Stanislas Dehaene, Véronique Izard, Pierre Pica and Elizabeth Spelke, 'Core Knowledge of Geometry in an Amazo-nian Indigene Group', *Science*, CCCXI (20 January 2006), pp. 381~4.

4    George Lakoff and Rafael E. Núñez, *Where Mathematics Comes From: How the Embodied Mind Brings Mathematics into Being* (New York, 2000), pp. xii~xiii.

5    Jeremy Gray, *Henri Poincaré: A Scientific Biography* (Princeton, NJ, 2013), pp. 97~9.

6    D'Arcy Wentworth Thompson, *On Growth and Form* (Cambridge, 1917); Wallace Arthur, *The Origin of Animal Body Plans: A Study in Evolutionary Developmental Biology* (Cambridge, 1997).

7    Yi-Fu Tuan, *Space and Place: The Perspective of Experience* (Minneapolis, MN, 1977), pp. 36~40; Jay Appleton, *The Symbolism of Habitat: An Interpre-tation of Landscape in the Arts* (Seattle, WA, 1990), pp. 28~32.

8    David R. Olson and Ellen Bialystok, *Spatial Cognition: The Structure and Development of Spatial Relations* (Hillsdale, NJ, 1983), pp. 69~77; Jean M. Mandler, 'On the Birth and Growth of Concepts', *Philosophical Psycholo-gy*, XXI/2 (2008), pp. 207~30.

9    Olson and Bialystok, *Spatial Cognition*, p. 69.

10   Jan L. Souman, Ilja Frissen, Manish N. Sreenivasa and Marc E. Ernst, 'Walking Straight into Circles', *Current Biology*, XIX/18 (29 September 2009), pp. 1~5.

11   J. M. Kinsella-Shaw, Brian Shaw and M. T. Turvey, 'Perceiving "Walk-on-

able" Slopes', *Ecological Psychology*, IV/4 (1992), pp. 223~39.

12    I. P. Howard and W. B. Templeton, *Human Spatial Orientation* (London, 1966), pp. 71~138.

13    George Mather, *Foundations of Sensation and Perception* (Hove, 2009), p. 170; Howard and Templeton, *Human Spatial Orientation*, pp. 43~6; John Wylie, 'Depths and Folds: On Landscape and the Gazing Subject', *Environment and Planning D: Society and Space*, XXIV/4 (2006), pp. 519~35.

14    Margaret Livingstone, *Vision and Art: The Biology of Seeing* (New York, 2002), p. 100; Jenny C. A. Read and Bruce G. Cumming, 'Does Depth Perception Require Vertical-Disparity Detectors?', *Journal of Vision*, VI/12 (2006), pp. 1323~55.

15    Mather, *Foundations of Sensation and Perception*, pp. 299~300; Mark Wagner, *The Geometries of Visual Space* (Mahwah, NJ, 2006), pp. 30~49.

16    James E. Cutting and Robert T. Millard, 'Three Gradients and the Perception of Flat and Curved Surfaces', *Journal of Experimental Psychology*, CXIII/2 (1984), pp. 198~216; Sibylle D. Steck, Horst F. Mochnatzki and Hanspeter A. Mallot, 'The Role of Geographical Slant in Virtual Environment Navigation', in *Spatial Cognition III: Routes and Navigation, Human Memory and Learning, Spatial Representation and Spatial Learning*, ed. Christian Freksa, Wilfried Brauer, Christopher Habel and Karl F. Wender (Berlin, 2003), pp. 62~76.

17    Lynn S. Liben, 'Perceiving and Representing Horizontals: From Laboratories to Natural Environments and Back Again', *Ecological Psychology*, XXVI/1~2 (2014), pp. 158~66.

18    Edmund Leach, *Culture and Communication: The Logic by which Symbols are Connected: An Introduction to the Use of Structural Analysis in Social Anthropology* (Cambridge, 1976), pp. 51~2; Tim Ingold, *Lines: A Brief History* (London, 2007), p. 155.

19    Peter Janich, *Euclid's Heritage: Is Space Threedimensional?* (Dordrecht, 1992), p. 4.

20    Ludwig Boltzmann, *Theoretical Physics and Philosophical Problems* (Dordrecht, 1974), p. 259.

21    James Franklin, *An Aristotelian Realist Philosophy of Mathematics: Mathematics as the Science of Quantity and Structure* (London, 2014), p. 157.

22    Susanna Millar, *Space and Sense* (Hove, 2008); Edward Relph, 'Geographical Experiences and Being-in-the-world: The Phenomenological Origins of Geography', in *Dwelling, Place and Environment: Towards a Phenomenology of Person and World*, ed. David Seamon and Robert

Mugerauer (Dordrecht, 1985), pp. 15~31.

23 Vesselin Petkov, ed., *Relativity and the Dimensionality of the World* (Dordrecht, 2007).

24 Tony Robbin, *Shadows of Reality: The Fourth Dimension in Relativity, Cubism, and Modern Thought* (New Haven, CT, 2006), pp. 45~7.

25 Immanuel Kant, *Critique of Pure Reason* [1781, 1787], trans. Norman Kemp Smith (London, 2007), pp. 67~70; O'Keefe, 'Kant and the Sea-horse', p. 45.

26 Dean Rickles and Maria Kon, 'Interdisciplinary Perspectives on the Flow of Time', *Annals of the New York Academy of Sciences*, MCCCXXVI/1~8 (2014), pp. 1~8; Claudia Zaslavsky, *Africa Counts: Number and Pattern in African Culture* (Boston, MA, 1973); Iain Morley and Colin Renfrew, eds, *The Archaeology of Measurement: Comprehending Heaven, Earth and Time in Ancient Societies* (Cambridge, 2010).

27 Olson and Bialystok, *Spatial Cognition*, p. 250.

28 Franklin, *Aristotelian Realist Philosophy of Mathematics*, p. 150; Janich, *Euclid's Heritage*, pp. 15~16; Carl B. Boyer, *A History of Mathematics* (New York, 1968), pp. 111~18.

29 Boyer, *History of Mathematics*, p. 94; Germaine Aujac, 'The Foundations of Theoretical Cartography in Archaic and Classical Greece', in *The History of Cartography*, vol. I, ed. J. B. Harley and David Woodward (Chicago, IL, 1987), p. 137 (pp. 130~47).

30 Raymond P. Mercier, 'Geodesy', in *The History of Cartography*, vol. II, Book One, ed. J. B. Harley and David Woodward (Chicago, IL, 1992), p. 175 (pp. 175~88).

31 Joseph Needham, *Science and Civilisation in China*, vol. III: *Mathematics and the Sciences of the Heavens and the Earth* (Cambridge, 1959), pp. 91~5; Michael P. Closs, ed., *Native American Mathematics* (Austin, TX, 1986); Zaslavsky, *Africa Counts*.

32 David A. Singer, *Geometry: Plane and Fancy* (New York, 1998), pp. 1~6.

33 G. Waldo Dunnington, *Carl Friedrich Gauss: Titan of Science* (New York, 1955), pp. 28, 122~5, 137~8; Tord Hall, *Carl Friedrich Gauss* (Cambridge, MA, 1970), pp. 21~4; W. K. Bühler, *Gauss: A Biographical Study* (Berlin, 1981), p. 96.

34 Dunnington, *Carl Friedrich Gauss*, p. 164; Bühler, Gauss, pp. 100~103.

35 Thomas F. Banchoff, 'Flatland: A New Introduction', in Edwin Abbott Abbott, *Flatland: A Romance in Many Dimensions* (Princeton, NJ, 1991), p. 34.

282 평면의 역사

36  Hermann von Helmoltz, *Popular Lectures on Scientific Subjects* (New York, 1881), p. 34.

37  Marvin Jay Greenberg, *Euclidean and NonEuclidean Geometries: Development and History* (San Francisco, CA, 1980), pp. 140~48.

38  Jeffrey R. Weeks, *The Shape of Space* (New York, 2002), p. 37.

39  Karl Friedrich Gauss, *General Investigations of Curved Surfaces* (New York, 1965), p. 47.

40  Abbott, *Flatland*; K. G. Valente, 'Transgression and Transcendence: *Flatland* as a Response to "A New Philosophy"', *Nineteenthcentury Contexts*, XXVI/1 (2004), p. 61 (pp. 61~77).

41  Burkard Polster and Günter Steinke, *Geometries on Surfaces* (Cambridge, 2001), p. 11.

42  Abbott, *Flatland*, p. 72.

43  위의 책, p. 93.

44  위의 책, pp. 8~17; Rosemary Jann, 'Abbott's *Flatland*: Scientific Imagination and "Natural Christianity"', *Victorian Studies*, XXVIII/3 (1985), pp. 475~6 (pp. 473~90); Christopher White, 'Seeing Things: Science, the Fourth Dimension, and Modern Enchantment', *American Historical Review*, CXIX/5 (2014), p. 1482 (pp. 1466~91).

45  Jann, 'Abbott's *Flatland*', p. 473; Thomas F. Banchoff, 'From *Flatland* to Hypergraphics: Interacting with Higher Dimensions', *Interdisciplinary Science Reviews*, XV/4 (1990), pp. 364~72; Dionys Burger, *Sphereland: A Fantasy about Curved Spaces and an Expanding Universe* (New York, 1965); A. K. Dewdney, *The Planiverse: Computer Contact with a Two-dimensional World* (London, 1983); Ian Stewart, *Flatterland: Like Flatland Only More So* (London, 2001).

46  Marcel Berger, *Geometry Revealed: A Jacob's Ladder to Modern Higher Geometry* (Heidelberg, 2010), pp. 250, 381~4; Ulrich Dierkes, Stefan Hildebrandt and Friedrich Sauvigny, *Minimal Surfaces* (Berlin, 2010).

47  William H. Meeks III, Antonio Ross and Harold Rosenberg, *The Global Theory of Minimal Surfaces in Flat Spaces* (Berlin, 2002).

48  Martin H. Trauth, *MATLAB® Recipes for Earth Sciences* (Berlin, 2006), p. 35; Peter H. Westfall, 'Kurtosis as Peakedness, RIP', *American Statistician*, LXVIII/3 (2014), pp. 191~5.

49  K. Drouiche, 'A Test for Spectrum Flatness', *Journal of Time Series Analysis*, XXVIII/6 (2007), pp. 793~806; N. Madhu, 'Note on Measures for Spectral Flatness', *Electronics Letters*, XLV/23 (5 November 2009), pp. 1195~6.

50  BlueScope Steel Ltd, *Product Dimensional Tolerance Handbook* (Sydney,

2003).

51  Berger, *Geometry Revealed*, p. 399.

52  U. Prisco and W. Polini, 'Flatness, Cylindricality and Sphericity Assessment Based on the Seven Classes of Symmetry of the Surfaces', *Advances in Mechanical Engineering*, II (2010), article 154287.

53  Philip Stein, 'How Flat Is Flat?', *Quality Progress*, XXXV (2002), pp. 77~81.

54  Joseph Whitworth, 'On Plane Metallic Surfaces, or True Planes' [1840], in Joseph Whitworth, *Miscellaneous Papers on Mechanical Subjects* (London, 1858); Frédéric Bosché and Emeline Guenet, 'Automating Surface Flatness Control Using Terrestrial Laser Scanning and Building Information Models', *Automation in Construction*, XLIV (2014), p. 213 (pp. 212~26).

55  Joan D. Hayhurst and J. W. Bell, *Calculation of the Flatness of Surfaces by Electronic Computer* (Melbourne, 1968), pp. 3~4.

56  Bosché and Guenet, 'Automating Surface Flatness', pp. 212~26.

57  Lionel R. Baker, *Metrics for Highquality Specular Surfaces* (Bellingham, WA, 2004), pp. 29~35; Gerhard K. Ackermann and Jürgen Eichler, *Holography: A Practical Approach* (Weinheim, 2007), p. 203; G. Ehret, M. Schulz, M. Stavridis and C. Elster, 'Deflectometric Systems for Absolute Flatness Measurements at PTB', *Measurement Science and Technology*, 23 (2012), pp. 1~8.

58  Mercier, 'Geodesy', pp. 182~4.

59  M. A. R. Cooper, *Modern Theodolites and Levels* (London, 1982), pp. 1~5.

60  C. Fleming, S. H. Marsh and J. R. A. Giles, eds, *Elevation Models for Geoscience* (London, 2010); John P. Wilson and John C. Gallant, eds, *Terrain Analysis: Principles and Applications* (New York, 2000), p. 3.

61  N. Gonga-Saholiariliva, Y. Gunnell, C. Petit and C. Mering, 'Techniques for Quantifying the Accuracy of Gridded Elevation Models and for Mapping Uncertainty in Digital Terrain Analysis', *Progress in Physical Geography*, XXXV/6 (2011), pp. 739~64.

62  Erwin Raisz, *General Cartography* (New York, 1948), p. 279; K. M. Clayton, *Slopes* (Edinburgh, 1972), pp. 183~4; Ian S. Evans, 'An Integrated System of Terrain Analysis and Slope Mapping', *Zeitschrift für Geomorphologie*, Supp. 36 (1980), p. 279 (pp. 274~95).

63  Vernor C. Finch and Glenn T. Trewartha, *Elements of Geography: Physical and Cultural* (New York, 1942), p. 305; Arthur N. Strahler, *Physical Geography* (New York, 1951), p. 110.

64  Edwin H. Hammond, 'Small-scale Continental Landform Maps', *Annals*

65  *of the Association of American Geographers*, XLIV/1 (1954), pp. 33~42.

65  Glenn T. Trewartha, Arthur H. Robinson and Edwin H. Hammond, *Fundamentals of Physical Geography* [1961] (New York, 1968), pp. 227~30.

66  Clayton, *Slopes*, pp. 172~4.

67  Brian T. Bunting, *The Geography of Soil* (London, 1967), p. 67.

68  R. A. G. Savigear, 'A Technique of Morphological Mapping', *Annals of the Association of American Geographers*, LV/3 (1965), pp. 514~38; Bunting, *Geography of Soil*, p. 72.

69  Jerome E. Dobson and Joshua S. Campbell, 'The Flatness of U.S. States', *Geographical Review*, CIV/1 (2014), pp. 2~3 (pp. 1~9).

70 · Paul Henderson and Gideon M. Henderson, *The Cambridge Handbook of Earth Science Data* (Cambridge, 2009), p. 35; Frank Close, *Nothing: A Very Short Introduction* (Oxford, 2009), p. 36.

71  Barry Smith and David M. Mark, 'Do Mountains Exist? Towards an Ontology of Landforms', *Environment and Planning B: Planning and Design*, XXX/3 (2003), pp. 411~27.

## 제3장 지구는 정말로 둥글까?

1  Jill Ker Conway, *The Road From Coorain* (New York, 1989), p. 5.

2  Yi-Fu Tuan, *Topophilia: A Study of Environmental Perception, Attitudes, and Values* (Englewood Cliffs, NJ, 1974), pp. 35~6; Kim Plofker, 'Humans, Demons, Gods, and Their Worlds: The Sacred and Scientific Cosmologies of India', in *Geography and Ethnography: Perceptions of the World in Pre-modern Societies*, ed. Kurt A. Raaflaub and Richard J. A. albert (Chichester, 2010), pp. 32~42.

3  Mineke Schipper, 'Stories of the Beginning: Origin Myths in Africa South of the Sahara', in *Imagining Creation*, ed. Markham J. Geller and Mineke Schipper (Leiden, 2008), p. 110 (pp. 103~38); Abdullah Yusuf Ali, *The Holy Qur'an: Text, Translation and Commentary* (Lahore, 1938), vol. II, pp. 640 (15:19), 800 (20:53); Tarif Khalidi, *The Qur'an: A New Translation* (New York, 2008), pp. 250 (20:53), 430 (51:48), 481 (71:19), 494 (78:6).

4  Nicolas Wyatt, 'A Royal Garden: The Ideology of Eden', *Scandinavian Journal of the Old Testament*, XXVIII/1 (2014), pp. 8~10 (pp. 1~35); Jean Delumeau, *History of Paradise: The Garden of Eden in Myth and Tradition* (New York, 1995), pp. 5~17, 50~55, 98; Monique Mosser, 'The Saga of Grass: From the Heavenly Carpet to Fallow Fields', in *The American*

*Lawn*, ed. Georges Teyssot (New York, 1999), pp. 41~2 (pp. 41~63).

5  Nicholas Campion, *Astrology and Cosmology in the World's Religions* (New York, 2012), p. 29; David A. Leeming, *Creation Myths of the World: An Encyclopedia* (Santa Barbara, CA, 2010), pp. 1~24; George Fowler, *The Biblical Heavens and Earth, And a Controversy on, Is The Earth Flat?* (Sydney, c. 1925).

6  W. G. Lambert, *Babylonian Creation Myths* (Winona Lake, IN, 2013), p. 198; Leeming, *Creation Myths of the World*, pp. 1~24.

7  Arthur Demarest, *Ancient Maya: The Rise and Fall of a Rainforest Civilization* (Cambridge, 2004), p. 179; Miguel Leon-Portilla, *Time and Reality in the Thought of the Maya* (Norman, OK, 1988), p. 57.

8  Tuan, *Topophilia*, pp. 31~44.

9  M. R. Wright, *Cosmology in Antiquity* (London, 1995); Malcolm Schofield, 'The Ionians', in *Routledge History of Philosophy*, vol. I: *From the Beginning to Plato*, ed. C. C. W. Taylor (London, 1997), pp. 48~50 (pp. 47~87).

10  Daniela Dueck, *Geography in Classical Antiquity* (Cambridge, 2012), pp. 69~70; David Sedley, *Creationism and Its Critics in Antiquity* (Berkeley, CA, 2007), pp. 97, 118; E. J. Dijksterhuis, *The Mechanization of the World Picture: Pythagoras to Newton* (Princeton, NJ, 1986), pp. 32~5.

11  Joseph Needham, *Science and Civilisation in China*, vol. III: *Mathematics and the Sciences of the Heavens and the Earth* (Cambridge, 1959), pp. 210~21.

12  Barbara Ryden, *Introduction to Cosmology* (San Francisco, CA, 2003), pp. 192~5; Andrew Liddle, *An Introduction to Modern Cosmology* (Hoboken, NJ, 2013), pp. 47~52; P. M. Okouma, Y. Fantaye and B. A. Bassett, 'How Flat is Our Universe Really?', *Physics Letters B*, 719 (2013), pp. 1~4.

13  Carl B. Boyer, *A History of Mathematics* (New York, 1968), pp. 650~53; George F. Ellis, 'The Shape of the Universe', *Nature*, CDXXV (9 October 2003), pp. 566~7.

14  Richard Lieu, 'Has Inflation Really Solved the Problems of Flatness and Absence of Relics?', *Monthly Notices of the Royal Astronomical Society*, CDXXXV (2013), pp. 575~83.

15  León-Portilla, *Time and Reality in the Thought of the Maya*, pp. 85~6; Mary W. Helms, *Ulysses' Sail: An Ethnographic Odyssey of Power, Knowledge, and Geographical Distance* (Princeton, NJ, 1988), pp. 33~49.

16  Hans C. Ohanian, 'The Real World and Space-Time', in *Relativity and the Dimensionality of the World*, ed. Vesselin Petkov (Dordrecht, 2007), p. 99 (pp. 81~100).

17  Liddle, *Introduction to Modern Cosmology*, p. 16.

18  J.-Ch. Hamilton, 'What Have We Learned from Observational Cosmology', *Studies in the History and Philosophy of Modern Physics*, XLVI (2014), pp. 70~85.

19  Jeffrey Burton Russell, *Inventing the Flat Earth: Columbus and Modern Historians* (New York, 1991), pp. 74~5; Valerie I. J. Flint, *The Imaginative Landscape of Christopher Columbus* (Princeton, NJ, 1992), pp. 23~6; C. Raymond Beazley, *The Dawn of Modern Geography* [1897] (New York, 1949), vol. I, pp. 273~81.

20  Natalia Lozovsky, *'The Earth is Our Book': Geographical Knowledge in the Latin West, CA. 400~1000* (Ann Arbor, MI, 2000), pp. 120~22; Naomi Reed Kline, *Maps of Medieval Thought: The Hereford Paradigm* (Woodbridge, 2001), pp. 30~34.

21  Christine Garwood, *Flat Earth: The History of an Infamous Idea* (New York, 2007), pp. 36~45.

22  Fowler, *The Biblical Heavens and Earth*.

23  Garwood, *Flat Earth*, pp. 201~6.

24  위의 책, p. 256; David Adam, 'Flat Earth Society', *The Guardian* (24 February 2010).

25  Kendrick Oliver, *To Touch the Face of God: The Sacred, the Profane, and the American Space Program, 1957~1975* (Baltimore, MD, 2013), pp. 46~51.

26  Edward R. Tufte, *Visual Explanations: Images and Quantities, Evidence and Narratives* (Cheshire, CT, 1997), p. 24.

27  Ala Samarapungavan, Stella Vosniadou and William F. Brewer, 'Mental Models of the Earth, Sun, and Moon: Indian Children's Cosmologies', *Cognitive Development*, XI/4 (1996), pp. 491~521; Georgia Panagiotaki, Gavin Nobes and Robin Banerjee, 'Is the World Round or Flat? Children's Understanding of the Earth', *European Journal of Developmental Psychology*, III/2 (2006), pp. 124~41.

28  Schipper, 'Stories of the Beginning', p. 110; Peter Sutton, ed., *Dreamings: The Art of Aboriginal Australia* (New York, 1989), p. 91; T. G. H. Strehlow, *Central Australian Religion* (Adelaide, 1978), pp. 14~16.

29  Andrea Seri, 'The Role of Creation in Enūma eliš', *Journal of Ancient Near Eastern Religions*, XII (2012), pp. 8~16 (pp. 4~49).

30  Campion, *Astrology and Cosmology in the World's Religions*, pp. 24, 29.

31  Marjorie Hope Nicolson, *Mountain Gloom and Mountain Glory: The Development of the Infinite* [1959] (New York, 1963), pp. 81~90.

32  Alessandro Scafi, *Mapping Paradise: A History of Heaven on Earth* (Chi-

cago, IL, 2006), pp. 160~62; Dijksterhuis, *Mechanization of the World Picture*, pp. 92~3.

33    Nicolson, *Mountain Gloom and Mountain Glory*, p. 161.

34    Clarence J. Glacken, *Traces on the Rhodian Shore: Nature and Culture in Western Thought from Ancient Times to the End of the Eighteenth Century* (Berkeley, CA, 1967), pp. 406~9; Nicolson, *Mountain Gloom and Mountain Glory*, chapters 5 and 6.

35    Dijksterhuis, *Mechanization of the World Picture*, pp. 464~80.

36    John Ray, *Three Physico-theological Discourses*, 3rd edn [1713] (New York, 1978), p. 34~5, 356~7.

37    Robert Macfarlane, *Mountains of the Mind* (New York, 2003), p. 149.

38    John Ruskin, *Modern Painters*, vol. IV: *Of Mountain Beauty* [1856] (London, 1897), p. 98; Nicolson, *Mountain Gloom and Mountain Glory*, pp. 4~5; Alicia Lubowski-Jahn, 'A Comparative Analysis of the Landscape Aesthetics of Alexander von Humboldt and John Ruskin', *British Journal of Aesthetics*, LI/3 (2011), pp. 321~33.

39    Ruskin, *Modern Painters*, vol. IV: *Of Mountain Beauty*, pp. 86, 94~6, 399.

40    Needham, *Science and Civilisation in China*, vol. III, p. 598; Jacques Gernet, *China and the Christian Impact: A Conflict of Cultures* (Cambridge, 1985), pp. 201~13.

41    Gina L. Barnes, 'Buddhist Landscapes of East Asia', in *Archaeologies of Landscape: Contemporary Perspectives*, ed. Wendy Ashmore and A. Bernard Knapp (Oxford, 1999), p. 113 (pp. 101~23).

42    George F. Adams, ed., *Planation Surfaces: Peneplains, Pediplains, and Etchplains* (Stroudsburg, PA, 1975), p. 1; Nicolson, *Mountain Gloom and Mountain Glory*, pp. 111~12.

43    Walther Penck, *Morphological Analysis of Land Forms: A Contribution to Physical Geology* (London, 1953), pp. 120~21, 138; Richard J. Chorley, Antony J. Dunn and Robert P. Beckinsale, *The History of the Study of Landforms or The Development of Geomorphology* (London, 1964~2008); K. M. Clayton, Slopes (Edinburgh, 1972), pp. 25~40.

44    Adams, *Planation Surfaces*, p. 1.

45    William Morris Davis, *Elementary Physical Geography* (Boston, MA, 1902), p. 133.

46    Yoav Rappaport, D. F. Naar, C. C. Barton, Z. J. Lui and R. N. Hey, 'Morphology and Distribution of Seamounts Surrounding Easter Island', *Journal of Geophysical Research*, CII (1997), pp. 713~29.

47    Jonathan I. Lunine, *Earth: Evolution of a Habitable World* (Cambridge,

1999), pp. 208~9; Geoffrey F. Davies, *Dynamic Earth: Plates, Plumes and Mantle Convection* (Cambridge, 1999), p. 77.

48 Peter John Cattermole, *Mars: The Mystery Unfolds* (Oxford, 2001), p. 19; Paul D. Lowman Jr and James B. Garvin, 'Planetary Landforms', in *Geomorphology from Space: A Global Overview of Regional Landforms*, ed. Nicholas M. Short and Robert W. Blair, Jr (Washington, DC, 1986), p. 610.

## 제4장 매우 평평한 그곳에 서면

1 Maxim Gorky, *On the Russian Peasantry* (Berlin, 1922), in *Journal of Peasant Studies*, IV (1976), p. 13 (pp. 11~27).

2 John Ruskin, *Modern Painters*, vol. IV: *Of Mountain Beauty* (London, 1897), p. 356.

3 Gordon H. Orians, 'Habitat Selection: General Theory and Applications to Human Behavior', in *The Evolution of Human Social Behavior*, ed. Joan S. Lockard (New York, 1980), p. 60 (pp. 49~66); Susan R. Schrepfer, *Nature's Altars: Mountains, Gender, and American Environmentalism* (Lawrence, KS, 2005), pp. 1~2.

4 Don Hinrichsen, *Coastal Waters of the World: Trends, Threats, and Strategies* (Washington, DC, 1998), p. 1.

5 Don Mitchell, 'The Lure of the Local: Landscape Studies at the End of a Troubled Century', *Progress in Human Geography*, XXV/2 (2001), p. 270 (pp. 269~81); Kenneth Robert Olwig, *Landscape, Nature, and the Body Politic: From Britain's Renaissance to America's New World* (Madison, WI, 2002), pp. 214~16; Jay Appleton, *The Symbolism of Habitat: An Interpretation of Landscape in the Arts* (Seattle, WA, 1990), p. 21.

6 Anna A. Adevi and Patrik Grahn, 'Preferences for Landscapes: A Matter of Cultural Determinants or Innate Reflexes that Point to Our Evolutionary Background?', *Landscape Research*, XXXVII/1 (2012), pp. 27~49; Steven C. Bourassa, Martin Hoesli and Jian Sun, 'What's in a View?', *Environment and Planning A*, XXXVI (2004), p. 1446 (pp. 1427~50).

7 Samuel Johnson, *Dictionary of the English Language*, HeinOnline World Constitutions Illustrated (1785 edition). 영어 외의 언어들에 'landscape'의 이 의미들에 직접적으로 해당되는 단어가 항상 있는 것은 아니다. Katrin Gehring and Ryo Kohsaka, '"Landscape" in the Japanese Language: Conceptual Differences and Implications for Landscape Research', *Landscape Research*, XXXII/2 (2007), pp. 273~83.

8   Rob J. F. Burton, 'Understanding Farmers' Aesthetic Preference for Tidy Agricultural Landscapes: A Bourdieusian Perspective', *Landscape Research*, XXXVII/1 (2012), pp. 51~71, ref on pp. 65~6.

9   Orians, 'Habitat Selection', pp. 51~4; Steven C. Bourassa, *The Aesthetics of Landscape* (London, 1991), p. 67.

10  Orians, 'Habitat Selection', p. 64; Anthony Vidler, *Warped Space: Art, Architecture, and Anxiety in Modern Culture* (Cambridge, MA, 2000), pp. 25~50.

11  Jay Appleton, *The Experience of Landscape* (Chichester, 1975), pp. 68~74; Adevi and Grahn, 'Preferences for Landscapes', p. 28; Bourassa, *Aesthetics of Landscape*, pp. 83~8; Rachel Kaplan and Stephen Kaplan, *The Experience of Nature: A Psychological Perspective* (Cambridge, 1989).

12  Kenneth R. Olwig, 'Liminality, Seasonality and Landscape', *Landscape Research*, XXX/2 (2005), pp. 259~71.

13  Ellen Churchill Semple, *Influences of Geographic Environment: On the Basis of Ratzel's System of Anthropo-geography* (New York, 1911), pp. 477~82, 521; Arthur N. Strahler, *Physical Geography* (New York, 1951), p. 109; Ellsworth Huntington, *Principles of Human Geography* (New York, 1951, first edition 1920), pp. 218, 227; Albert L. Seeman, *Physical Geography* (New York, 1942), pp. 96~100, 156~60.

14  John Pethick, *An Introduction to Coastal Geomorphology* (London, 1984), pp. 58~60, 214.

15  A. G. Bolam, *The Trans-Australian Wonderland* (Melbourne, 1924), p. 47; Peter Bishop, 'Gathering the Land: The Alice Springs to Darwin Rail Corridor', *Environment and Planning D: Society and Space*, XX/3 (2002), p. 307.

16  Adrian A. Borsa, Bruce G. Bills and Jean-Bertrand Minster, 'Modeling the Topography of the Salar de Uyuni, Bolivia, as an Equipotential Surface of Earth's Gravity', *Journal of Geophysical Research-Solid Earth*, CXIII (2008), article 10408; Thomas T. Veblen, Kenneth R. Young and Antony R. Orme, eds, *The Physical Geography of South America* (Oxford, 2007), p. 70.

17  Eric Fielding, Bryan Isacks, Muawia Barazangi and Christopher Duncan, 'How Flat is Tibet?', *Geology*, XXII/2 (1994), pp. 163~7; R. Gloaguen and L. Ratschbacher, eds, *Growth and Collapse of the Tibetan Plateau* (London, 2011).

18  Mark Fonstad, William Pugatch and Brandon Vogt, 'Kansas Is Flatter Than a Pancake', *Annals of Improbable Research*, IX (2003), pp. 16~17.

19  Jerome E. Dobson and Joshua S. Campbell, 'The Flatness of U.S. States',

*Geographical Review*, CIV (2014), pp. 1~8; Edwin H. Hammond, 'Small-scale Continental Landform Maps', *Annals of the Association of American Geographers*, XLIV/1 (1954), pp. 33~42.

20   Charles Dickens, *American Notes for General Circulation* [1842] (Harmondsworth, 2004), pp. 201~2; Dorothy Anne Dondore, *The Prairie and the Making of Middle America: Four Centuries of Description* [1926] (New York, 1961), pp. 267, 292~3, 340; Walter Prescott Webb, *The Great Plains* (Boston, MA, 1931), pp. 488~9.

21   Orians, 'Habitat Selection', p. 60.

22   William Morris Davis, *Elementary Physical Geography* (Boston, MA, 1902), pp. 158~60; Webb, *Great Plains*, pp. 3~5, 495~6.

23   David J. Wishart, ed., *Encyclopedia of the Great Plains* (Lincoln, 2004), pp. 373, 385~6; Robert L. Dorman, 'From the Middle of Nowhere to the Heartland: The Great Plains and American Regionalism', in *Literature and Place, 1800~2000*, ed. Peter Brown and Michael Irwin (Oxford, 2006), pp. 179~98; Jay Appleton, *How I Made the World: Shaping a View of Landscape* (Hull, 1994), p. 163; Marilynne Robinson, *Gilead* (London, 2005), p. 281.

24   Gerald Friesen, *The Canadian Prairies: A History* (Toronto, 1984), pp. 5~6.

25   Yi-Fu Tuan, *Space and Place: The Perspective of Experience* (Minneapolis, MN, 1977), pp. 52, 56; Gorky, *On the Russian Peasantry*, p. 12.

26   Valerie A. Kivelson, 'Mapping Serfdom: Peasant Dwellings on Seventeenth-century Litigation Maps', in *Picturing Russia: Explorations in Visual Culture*, ed. Valerie A. Kivelson and Joan Neuberger (New Haven, CT, 2008), pp. 47~50; Valerie A. Kivelson, *Cartographies of Tsardom: The Land and Its Meanings in Seventeenth-century Russia* (Ithaca, NY, 2006), pp. 61, 71~2.

27   Kivelson, *Cartographies of Tsardom*, pp. 67~70.

28   David Jackson and Patty Wageman, eds, *Russian Landscape* (Schoten, Belgium, 2003).

29   Anton Chekhov, 'Across Siberia', in *The Unknown Chekhov: Stories and Other Writings*, trans. A. Yarmolinsky (New York, 1969), pp. 267 and 295, quoted in Valerii Tiupa, 'The Mythologeme of Siberia: On the Concept of a Siberian Motif in Russian Literature', *Orbis Litterarum*, LXI (2006), pp. 443~60.

30   Glenn T. Trewartha, Arthur H. Robinson and Edwin H. Hammond, *Fundamentals of Physical Geography* [1961] (New York, 1968), p. 231.

31   N. R. Wills, ed., *Australia's Power Resources* (Melbourne, 1955), pp. 63, 74.

32  J. N. Jennings and J. A. Mabbutt, 'Physiographic Outlines and Regions', in *Australia: A Geography*, ed. D. N. Jeans (Sydney, 1977), p. 38. Emphasis in original.

33  *Year Book of Australia*, No. 70 (Canberra, 1986), p. 28.

34  John F. McCoy, *Geo-data: The World Geographical Encyclopedia* (Detroit, MI, 2003), p. 31; David Johnson, *The Geology of Australia* (Cambridge, 2004), pp. 11~12.

35  Geoscience Australia, *Shaping a Nation: A Geology of Australia* (Canberra, 2012), pp. 25~6, 234~48.

36  Henk van Os, *The Discovery of the Netherlands: Four Centuries of Landscape Painting by Dutch Masters* (Rotterdam, 2008), p. 14; Steve Meacham, 'Better Red than Dead', *Sydney Morning Herald* (15 December 2004), p. 16.

37  Jill Ker Conway, *The Road from Coorain* (New York, 1989), pp. 5, 24~5, 98~9, 184~5, 201.

38  Graham Swift, *Waterland* (London, 1984), pp. 2, 34; Peter Toohey, *Boredom: A Lively History* (New Haven, CT, 2011), p. 27.

39  Appleton, *How I Made the World*, pp. 30, 90, 162.

## 제5장 왜 평평하게 만들어야 할까?

1  Pierre von Meiss, *Elements of Architecture: From Form to Place* (London, 1990), p. 143.

2  Stuart Piggott, *The Earliest Wheeled Transport: From the Atlantic Coast to the Caspian Sea* (Ithaca, NY, 1983), p. 63; Salvatore Ciriacono, *Building on Water: Venice, Holland and the Construction of the European Landscape in Early Modern Times* (New York, 2006); David Bourdon, *Designing the Earth: The Human Impulse to Shape Nature* (New York, 1995), p. 57.

3  Roger LeB. Hooke, 'On the History of Humans as Geomorphic Agents', *Geology*, XXVIII/9 (2000), pp. 843~6.

4  Andrew Goudie, *The Human Impact on the Natural Environment* (Oxford, 1990), p. 206; Hooke, 'On the History of Humans as Geomorphic Agents', p. 844.

5  Arthur N. Strahler, 'The Nature of Induced Erosion and Aggradation', in *Man's Role in Changing the Face of the Earth*, ed. William L. Thomas, Jr (Chicago, IL, 1956), pp. 621~38.

6  Jijun Zhao and Jan Woudstra, '"In Agriculture, Learn from Dazhai": Mao

Zedong's Revolutionary Model Village and the Battle against Nature', *Landscape Research*, XXXII/2 (2007), p. 194 (pp. 171~205).

7   John Clancy, *Site Surveying and Levelling* (London, 2011), p. 301.

8   Adam Rome, *The Bulldozer in the Countryside: Suburban Sprawl and the Rise of American Environmentalism* (Cambridge, 2001), p. 151.

9   H. C. Darby, *The Draining of the Fens* (Cambridge, 1956), pp. 28, 38~45, 94~119.

10  Michael Williams, *Deforesting the Earth: From Prehistory to Global Crisis* (Chicago, IL, 2003), pp. 420~21.

11  위의 책, pp. 37~8; John F. Richards, 'Land Transformation', in *The Earth as Transformed by Human Action: Global and Regional Changes in the Biosphere over the Past 300 Years*, ed. B. L. Turner II (Cambridge, 1990), p. 164 (pp. 163~78).

12  R. Douglas Hurt, *American Farm Tools from Hand-power to Steam-power* (Manhattan, KS, 1985), p. 111.

13  Thorstein Veblen, *The Theory of the Leisure Class: An Economic Study of Institutions* (New York, 1953), pp. 98~9.

14  Virginia Scott Jenkins, *The Lawn: A History of an American Obsession* (Washington, DC, 1994), p. 3; Maggie Keswick, *The Chinese Garden: History, Art and Architecture* (London, 1986), p. 18.

15  Jean Delumeau, *History of Paradise: The Garden of Eden in Myth and Tradition* (New York, 1995), pp. 121~8.

16  Karen R. Jones and John Wills, *The Invention of the Park: Recreational Landscapes from the Garden of Eden to Disney's Magic Kingdom* (Cambridge, 2005), pp. 21~4.

17  위의 책, pp. 47~52; Kenneth T. Jackson, *Crabgrass Frontier: The Suburbanization of the United States* (New York, 1985), pp. 54~61.

18  Jenkins, *The Lawn*, p. 63.

19  P. J. Hurley, *An Encyclopaedia for Australian Gardeners* (Sydney, 1949), p. 139; J. L. Rees, *Lawns, Greens, and Playing Fields: Their Making and Maintenance* (Sydney, 1962), pp. 91~2; Geoff Stebbings, *Lawns and Ground Cover* (London, 1999), p. 16.

20  Rees, *Lawns, Greens, and Playing Fields*, pp. 208~9.

21  Paul Robbins, *Lawn People: How Grasses, Weeds, and Chemicals Made Us Who We Are* (Philadelphia, PA, 2007); Jenkins, *The Lawn*, p. 63; Georges Teyssot, 'The American Lawn: Surface of Everyday Life', in *The American Lawn*, ed. Georges Teyssot (New York, 1999), pp. 10, 30~31 (pp. 1~39).

22  Ken Worpole, *Last Landscapes: The Architecture of the Cemetery in the*

*West* (London, 2003), p. 144.

23   David Charles Sloane, *The Last Great Necessity: Cemeteries in American History* (Baltimore, MD, 1991), pp. 159~71.

24   Robin T. Underwood, *Road Engineering Practice* (Melbourne, 1995), p. 91.

25   Joseph A. Amato, *On Foot: A History of Walking* (New York, 2004), pp. 230~31.

26   K. D. White, *Greek and Roman Technology* (Ithaca, NY, 1984), pp. 93~7; Hooke, 'On the History of Humans as Geomorphic Agents', pp. 843~4.

27   James J. Flink, *The Automobile Age* (Cambridge, MA, 1988), pp. 169~70.

28   William F. Laurance et al., 'A Global Strategy for Road Building', *Nature*, DXIII (11 September 2014), pp. 229~32.

29   Christof Mauch and Thomas Zeller, eds, *The World Beyond the Windshield: Roads and Landscapes in the United States and Europe* (Athens, OH, 2008); Michael Martone, *The Flatness and Other Landscapes* (Athens, GA, 2000), p. 2.

30   John A. Jakle and Keith A. Sculle, *Lots of Parking: Land Use in Car Culture* (Charlottesville, VA, 2004), pp. 1~10.

31   위의 책, p. 108.

32   Wolfgang Schivelbusch, *The Railway Journey: The Industrialization of Time and Space in the 19th Century* (Berkeley, CA, 1986), p. 22.

33   Vaclav Smil, *Making the Modern World: Materials and Dematerialization* (Chichester, 2014), p. 28.

34   Schivelbusch, *Railway Journey*, pp. 57~60.

35   William L. Graf, 'Dam Nation: A Geographic Census of American Dams and their Large-scale Hydrologic Impacts', in *Physical Geography*, vol. IV, ed. K. J. Gregory (London, 2005), pp. 153~66.

36   Bourdon, *Designing the Earth*, pp. 70~72; Charles R. Ortloff, *Water Engineering in the Ancient World: Archaeological and Climate Perspectives on Societies of Ancient South America, the Middle East, and South-east Asia* (Oxford, 2009), pp. 64~6.

37   R. D. Martienssen, *The Idea of Space in Greek Architecture* (Johannesburg, 1956), p. 3; Amos Rapoport, *House Form and Culture* (Englewood Cliffs, NJ, 1969), pp. 28~31; David Leatherbarrow, *Uncommon Ground: Architecture, Technology, and Topography* (Cambridge, MA, 2000), pp. 10~11.

38   Rapoport, *House Form and Culture*, p. 36; Francis D. K. Ching, *Architecture: Form, Space, and Order* (New York, 1996), pp. 3, 18~19; Leatherbarrow, *Uncommon Ground*, p. 10.

39   Robert Venturi, *Complexity and Contradiction in Architecture* (New York,

1977), p. 52.

40    Richard Weston and John Pardey, 'Platform: Explorations of an Architec-
      tural Idea', *Architectural Research Quarterly*, VI/2 (2002), pp. 145~57; Rich-
      ard Weston, 'From Place to Planet: Jørn Utzon's Earthbound Platforms
      and Floating Roofs', in *Constructing Place: Mind and Matter*, ed. Sarah
      Menin (London, 2003), pp. 241~52.

41    Jørn Utzon, 'Platforms and Plateaus', *Zodiac*, X (1962), pp. 113~41; Grant
      Hildebrand, *Origins of Architectural Pleasure* (Berkeley, CA, 1999), pp.
      21~2, 68~70.

42    Edward Popko, *Geodesics* (Detroit, MI, 1968), p. 7; Hugh Kenner, *Geodesic
      Math and How to Use It* (Berkeley, CA, 2003), pp. 48~53.

43    Leatherbarrow, *Uncommon Ground*, pp. 27~8; von Meiss, *Elements of Ar-
      chitecture*, p. 143.

44    John Huxley, 'The Very Height of Ambition', *Sydney Morning Herald* (13
      January 2006), p. 9.

45    Wang Jun, *Beijing Record: A Physical and Political History of Planning
      Modern Beijing* (Singapore, 2011), pp. 27~33, 146, 370~78.

46    Bernd Hüppauf, 'Spaces of the Vernacular: Ernst Bloch's Philosophy of
      Hope and the German Hometown', in *Vernacular Modernism: Heimat,
      Globalization, and the Built Environment*, ed. Maiken Umbach and Bernd
      Hüppauf (Stanford, CA, 2005), p. 97 (pp. 84~113).

47    Bill Hubbard Jr, *American Boundaries: The Nation, the States, the Rectan-
      gular Survey* (Chicago, IL, 2009), p. 183; David M. Scobey, *Empire City: The
      Making and Meaning of the New York City Landscape* (Philadelphia, PA,
      2002), pp. 120~31.

48    Le Corbusier, *The City of Tomorrow and Its Planning* (London, 1971), pp.
      16~22, 280, 297, italics in original; Richard Weston, 'From Place to Planet:
      Jørn Utzon's Earthbound Platforms and Floating Roofs', in *Constructing
      Place: Mind and Matter*, ed. Sarah Menin (London, 2003), pp. 241~52; A.
      J. Brown and H. M. Sherrard, *Town and Country Planning* (Melbourne,
      1951), p. 43.

49    Peter Hall, ed., *Von Thunen's Isolated State* (Oxford, 1966), p. 7; Peter
      Haggett, *Locational Analysis in Human Geography* (London, 1965), pp.
      21~2, 162; Alfred Weber, *Theory of the Location of Industries* (Chicago, IL,
      1929), pp. 42~7.

50    Walter Christaller, *Central Places in Southern Germany* (Englewood
      Cliffs, NJ, 1966), pp. 28, 43~5; August Lösch, *The Economics of Location*
      (New Haven, CT, 1954), pp. 109~10.

51  George Kingsley Zipf, *Human Behavior and the Principle of Least Effort: An Introduction to Human Ecology* (New York, 1949), pp. 348~9.

52  Trevor J. Barnes and Claudio Minca, 'Nazi Spatial Theory: The Dark Geographies of Carl Schmitt and Walter Christaller', *Annals of the Association of American Geographers*, CIII/3 (2013), pp. 669~87; Constantinos A. Doxiadis, *Ekistics: An Introduction to the Science of Human Settlements* (London, 1968), pp. 133~40.

53  Isla Forsyth, 'Designs on the Desert: Camouflage, Deception and the Militarization of Space', *Cultural Geographies*, XXI/2 (2014), pp. 247~65; Rachel Woodward, 'Military Landscapes: Agendas and Approaches for Future Research', *Progress in Human Geography*, XXXVIII (2014), pp. 40~61; Gareth L. Pawlowski, *Flat-tops and Fledglings: A History of American Aircraft Carriers* (New York, 1971), pp. 17~23.

54  Edward T. Linenthal, Jonathan Hyman and Christine Gruber, eds, *The Landscapes of 9/11: A Photographer's Journey* (Austin, TX, 2013), pp. 133, 167.

55  I. L. Finkel and M. J. Seymour, eds, *Babylon: Myth and Reality* (London, 2008), p. 219.

56  L. J. Hogan, *Man-made Mountain: Your Life, Your Land Australia* (Sydney, 1979), pp. 69~74; *Sydney Morning Herald* (22 August 2011), p. 20.

57  Wang Jun, *Beijing Record: A Physical and Political History*, pp. 200~201.

58  John Romer, *The Great Pyramid: Ancient Egypt Revisited* (Cambridge, 2007), pp. 269, 310~15, 451; Christopher Bartlett, 'The Design of the Great Pyramid of Khufu', *Nexus Network Journal*, XVI/2 (2014), pp. 299~311.

## 제6장 평평한 운동장이 낳은 것들

1  Bernard Cache, *Earth Moves: The Furnishing of Territories* (Cambridge, MA, 1995), p. 25.

2  John Bale, *Landscapes of Modern Sport* (Leicester, 1994), pp. 67~8; David A. Singer, *Geometry: Plane and Fancy* (New York, 1998), p. 148.

3  J. A. Mangan and Fan Hong, *Sport in Asian Society: Past and Present* (London, 2003).

4  John Vrooman, 'Two to Tango: Optimum Competitive Balance in Professional Sports Leagues', in *The Econometrics of Sport*, ed. Plácido Rodríguez, Stefan Késenne and Jaume García (Cheltenham, 2013), pp. 3~5 (pp. 3~34).

5  'Soccer Corruption Indictments', www.c-span.org, 27 May 2015.

6  David Gilman Romano, *Athletics and Mathematics in Archaic Corinth: The Origins of the Greek Stadion* (Philadelphia, PA, 1993), pp. 16~17, 21, 33, 77.

7  Bale, *Landscapes of Modern Sport*, pp. 108~9.

8  John A. Hawley, ed., *Running: Olympic Handbook of Sports Medicine* (Chichester, 2008), p. 36.

9  Bale, *Landscapes of Modern Sport*, pp. 59~60.

10  위의 책, p.68.

11  C. B. Daish, *The Physics of Ball Games* (London, 1972), pp. 16, 73, 92.

12  Matt Caple, Iain James and Mark Bartlett, 'Spatial Analysis of the Mechanical Behaviour of Natural Turf Sports Pitches', *Sports Engineering*, XV/3 (2012), pp. 143~57.

13  Bale, *Landscapes of Modern Sport*, p. 23.

14  Jacques Gernet, *A History of Chinese Civilization* (Cambridge, 1982), pp. 283, 331.

15  Bale, *Landscapes of Modern Sport*, p. 72.

16  D. M. James, M. J. Carre and S. J. Haake, 'Predicting the Playing Character of Cricket Pitches', *Sports Engineering*, VIII/4 (2005), pp. 193~207.

17  Hilary McD. Beckles, 'The Origins and Development of West Indies Cricket Culture in the Nineteenth Century: Jamaica and Barbados', in *Liberation Cricket: West Indies Cricket Culture*, ed. Hilary McD. Beckles and Brian Stoddart (Kingston, Jamaica, 1995), p. 42 (pp. 33~43).

18  J. M. Taylor, *Geography of New South Wales* (Sydney, 1912), p. 33.

19  Robert Wainwright, 'Holes on the Road Won't Handicap Journey', *Sydney Morning Herald* (30~31 October 2004), p. 11.

20  H. J. R. Murray, *A History of Chess* (Oxford, 1913); R. C. Bell, *Board and Table Games from Many Civilizations* (London, 1960); Andrew Topsfield, ed., *The Art of Play: Board and Card Games of India* (Mumbai, 2006).

21  Martin van Creveld, *Wargames: From Gladiators to Gigabytes* (Cambridge, 2013), pp. 20~22, 140~42.

## 제7장 평평한 물질들

1  Edward R. Tufte, *Envisioning Information* (Cheshire, CT, 1990), p. 9.

2  Le Corbusier, *The City of Tomorrow and Its Planning* (London, 1971), pp. 28~9; Tufte, *Envisioning Information*, p. 12.

3  Parviz Tanavoli, *Persian Flatweaves: A Survey of Flatwoven Floor Covers*

and *Hangings and Royal Masnads* (Woodbridge, Suffolk, 2002), p. 30; Arend Bandsma and Robin Brandt, *Flatweaves of Turkey* (Bathurst, Australia, 1995), p. 13.

4    Bernard Maurin and Rene Motro, 'Textile Architecture', in *Flexible Composite Materials: In Architecture, Construction and Interiors*, ed. René Motro (Basel, 2013), pp. 26~38; Michele Emmer, 'Minimal Surfaces and Architecture: New Forms', *Nexus Network Journal*, XV/2 (2013), pp. 227~39; Andrea Casale, Graziano Mario Valenti, Michele Calvano and Jessica Romor, 'Surfaces: Concept, Design, Parametric Modelling and Prototyping', *Nexus Network Journal*, XV/2 (2013), pp. 271~83.

5    Mimi Sheller, *Aluminum Dreams: The Making of Light Modernity* (Cambridge, MA, 2014), p. 147; Edward S. Hoffman, David P. Gustafson and Albert J. Gouwens, *Structural Design Guide to the ACI Building Code* (Boston, MA, 1998), p. 76; Vaclav Smil, *Making the Modern World: Materials and Dematerialization* (Chichester, 2014), pp. 41~2.

6    Bob Cameron, *Illumination and Decoration of Flat Surfaces* (Collingwood, Australia, 2009).

7    Robert Venturi, *Complexity and Contradiction in Architecture* (New York, 1977), p. 16; Anthony Vidler, *Warped Space: Art, Architecture, and Anxiety in Modern Culture* (Cambridge, MA, 2000), pp. 6~8.

8    Jaroslav Černý, *Paper and Books in Ancient Egypt* (Chicago, IL, 1985); Roger S. Bagnall, ed., *The Oxford Handbook of Papyrology* (Oxford, 2009), pp. 3~29; Albertine Gaur, *A History of Writing* (London, 1992).

9    Smil, *Making the Modern World*, p. 50.

10   Walter J. Ong, *Orality and Literacy: The Technologizing of the Word* (London, 2015), first published 1982, pp. 121~6.

11   M. T. Clanchy, *From Memory to Written Record: England, 1066~1307* (Oxford, 1993), p. 120.

12   Dard Hunter, *Papermaking: The History and Technique of an Ancient Craft* (New York, 1947); Joseph A. Dane, *What Is a Book? The Study of Early Printed Books* (Notre Dame, IN, 2012), pp. 49~50.

13   Yasuko Obana, 'Vertical or Horizontal? Reading Directions in Japanese', *Bulletin of the School of Oriental and African Studies*, LX (1997), pp. 86~94.

14   Alicia Imperiale, *New Flatness: Surface Tension in Digital Architecture* (Basel, 2000), p. 15.

15   Peter Stoicheff and Andrew Taylor, eds, *The Future of the Page* (Toronto, 2004); Fulvio Domini, Rajesh Shah and Corrado Caudek, 'Do We Perceive a Flattened World on the Monitor Screen?', *Acta Psychologica*, CXXXVIII

(2011), pp. 359~66.

16  Joost Holscher and Joost Baardman, *Structural Package Designs* (Amsterdam, 2003).

17  Staffan Bengtsson, *IKEA: The Book* (Stockholm, 2010).

18  R. L. Zielasko, 'Ceramic Flat Packs: Design and Construction', *American Ceramic Society Bulletin*, XLVI (1967), p. 385.

19  Han Slawik, Julia Bergmann, Matthias Buchmeier and Sonja Tinney, eds, *Container Atlas: A Practical Guide to Container Architecture* (Berlin, 2010).

## 제8장 그림은 평면화를 넘어설 수 없을까?

1  Clement Greenberg, 'After Abstract Expressionism', *Art International*, VI (25 October 1962), p. 30.

2  Alicia Imperiale, *New Flatness: Surface Tension in Digital Architecture* (Basel, 2000), p. 8.

3  Stephen Grossberg, 'The Art of Seeing and Painting', *Spatial Vision*, XXI/3~5 (2008), p. 463 (pp. 463~86); John Milnor, 'A Problem in Cartography', *American Mathematical Monthly*, LXXVI/10 (1969), p. 1101.

4  Bob Nickas, *Painting Abstraction: New Elements in Abstract Painting* (London, 2009), p. 5; Mark Wagner, *The Geometries of Visual Space* (Mahwah, NJ, 2006), p. 24.

5  Michel Henry, *Seeing the Invisible: On Kandinsky* (London, 2009), pp. 57~9.

6  Tim Ingold, *The Perception of the Environment: Essays on Livelihood, Dwelling and Skill* (London, 2000), p. 241.

7  Alan M. MacEachren, *How Maps Work: Representation, Visualization, and Design* (New York, 2004), pp. 370~76.

8  Peter Sutton, ed., *Dreamings: The Art of Aboriginal Australia* (New York, 1989), p. 19; David Turnbull, *Masons, Tricksters and Cartographers: Comparative Studies in the Sociology of Scientific and Indigenous Knowledge* (Amsterdam, 2000), pp. 97~8; Howard Morphy, 'Seeing Indigenous Australian Art', in *Anthropologies of Art*, ed. Mariët Westermann (Williamstown, MA, 2005), pp. 126~7 (pp. 124~42).

9  Catherine Delano Smith, 'Cartography in the Prehistoric Period in the Old World: Europe, the Middle East, and North Africa', in *The History of Cartography*, ed. J. B. Harley and David Woodward (Chicago, IL, 1987),

vol. I, pp. 54~101. The several volumes of *The History of Cartography* provide a comprehensive account of the subject.

10   Germaine Aujac, 'The Foundations of Theoretical Cartography in Archaic and Classical Greece', in *The History of Cartography*, ed. Harley and Woodward, vol. I, pp. 130~47.

11   J. Lennart Berggren and Alexander Jones, *Ptolemy's 'Geography': An Annotated Translation of the Theoretical Chapters* (Princeton, NJ, 2000); O. A. W. Dilke, 'The Culmination of Greek Cartography in Ptolemy', in *The History of Cartography*, ed. Harley and Woodward, vol. I, pp. 177~200.

12   David Woodward, 'Medieval *Mappaemundi*', in *The History of Cartography*, ed. Harley and Woodward, vol. I, pp. 318~21 (pp. 286~370); Alessandro Scafi, *Mapping Paradise: A History of Heaven on Earth* (Chicago, IL, 2006), pp. 160~63.

13   Emilie Savage-Smith, 'Celestial Mapping', in *The History of Cartography*, ed. Harley and Woodward, vol. II, Book 1, pp. 18, 34~6 (pp. 12~70); Gerald R. Tibbetts, 'Later Cartographic Developments', in *The History of Cartography*, ed. Harley and Woodward, vol. II, Book 1, pp. 148~50 (pp. 137~55).

14   Joseph Needham, *Science and Civilisation in China*, vol. III: *Mathematics and the Sciences of the Heavens and the Earth* (Cambridge, 1959), pp. 539, 586.

15   Gari Ledyard, 'Cartography in Korea', in *The History of Cartography*, ed. Harley and Woodward, vol. II, Book 1, p. 256 (pp. 235~345).

16   George P. Kellaway, *Map Projections* (London, 1946), p. 37.

17   John P. Snyder, *Flattening the Earth: Two Thousand Years of Map Projections* (Chicago, IL, 1993).

18   위의 책, pp. 98~9.

19   Mark Monmonier, *How to Lie with Maps* (Chicago, IL, 1991), p. 1.

20   Kendrick Oliver, *To Touch the Face of God: The Sacred, the Profane, and the American Space Program, 1957~1975* (Baltimore, MD, 2013), pp. 82~6.

21   Adnan Morshed, 'The Cultural Politics of Aerial Vision: Le Corbusier in Brazil (1929)', *Journal of Architectural Education*, LV/4 (2005), pp. 201~10; Anthony Vidler, *Warped Space: Art, Architecture, and Anxiety in Modern Culture* (Cambridge, MA, 2000), p. 10; Robert Wohl, *A Passion for Wings: Aviation and the Western Imagination, 1908~1918* (New Haven, CT, 1994), pp. 253~5.

22   David Leatherbarrow, *Uncommon Ground: Architecture, Technology, and Topography* (Cambridge, MA, 2000), pp. 13~15.

23   Elliott L. Vanskike, '"Seeing Everything as Flat": Landscape in Gertrude

Stein's *Useful Knowledge* and *The Geographical History of America'*, *Texas Studies in Literature and Language*, XXXV/2 (1993), p. 152 (pp. 151~67).

24   Fred Dubery and John Willats, *Perspective and Other Drawing Systems* (London, 1972); Robert W. Gill, *Basic Perspective* (London, 1974).

25   Samuel Y. Edgerton, *The Mirror, the Window, and the Telescope: How Renaissance Linear Perspective Changed Our Vision of the Universe* (Ithaca, NY, 2009), pp. xiii~xv; Hans Belting, *Florence and Baghdad: Renaissance Art and Arab Science* (Cambridge, MA, 2011), pp. 1~3; Veronica della Dora, *'Topia*: Landscape before Linear Perspective', *Annals of the Association of American Geographers*, CIII/3 (2013), pp. 688~709.

26   Margaret Livingstone, *Vision and Art: The Biology of Seeing* (New York, 2002), pp. 100~104.

27   Daryn Lehoux, *What Did the Romans Know? An Inquiry into Science and Worldmaking* (Chicago, IL, 2012), pp. 111~16; Belting, *Florence and Baghdad*, pp. 42~5.

28   Yi-Fu Tuan, *China* (London, 1970), pp. 1~6; Needham, *Science and Civilisation in China*, vol. III, p. 593.

29   François Jullien, *The Great Image Has No Form, or On the Nonobject through Painting* (Chicago, IL, 2009), pp. 76~7, 85~6, 121~2.

30   Christopher S. Wood, *Albrecht Altdorfer and the Origins of Landscape* (London, 1993), p. 9; Alan Chong, 'Landscape', in *Dutch Art: An Encyclopedia*, ed. Sheila D. Muller (New York, 1997), pp. 213~16.

31   David L. Ransel, 'Neither Nobles nor Peasants: Plain Painting and the Emergence of the Merchant Estate', in *Picturing Russia: Explorations in Visual Culture*, ed. Valerie A. Kivelson and Joan Neuberger (New Haven, CT, 2008), pp. 76~80; John Willats, *Art and Representation: New Principles in the Analysis of Pictures* (Princeton, NJ, 1997), pp. 228~35.

32   Denise Von Glahn, *The Sounds of Place: Music and the American Cultural Landscape* (Boston, MA, 2003), pp. 17~27.

33   Rosalind E. Krauss, *The Originality of the Avant-garde and Other Modernist Myths* (Cambridge, MA, 1985), pp. 131~3.

34   Wohl, *A Passion for Wings*, pp. 158~78; Didier Maleuvre, *The Horizon: A History of Our Infinite Longing* (Berkeley, CA, 2011), p. 270.

35   Wassily Kandinsky, *Point and Line to Plane* (New York, 1979), p. 115; Henry, *Seeing the Invisible*, pp. 57~9; Willats, *Art and Representation*, pp. 221, 247.

36   Hannah B. Higgins, *The Grid Book* (Cambridge, MA, 2009), pp. 266~9.

37   Jonathan Harris, *Writing Back to Modern Art: After Greenberg, Fried and*

*Clark* (London, 2005), p. 64; James Meyer, *Minimalism: Art and Polemics in the Sixties* (New Haven, CT, 2001), pp. 111, 213; Johanna Drucker, *Theorizing Modernism: Visual Art and the Critical Tradition* (New York, 1994), p. 65; Clement Greenberg, *Homemade Esthetics: Observations on Art and Taste* (New York, 1999), pp. 125~6. Cf. Joseph Masheck, 'The Carpet Paradigm: Critical Prolegomena to a Theory of Flatness', *Arts Magazine*, LI (1976), pp. 82~109.

38    Lucian Krukowski, *Art and Concept: A Philosophical Study* (Amherst, MA, 1987), p. 40.

39    T. J. Clark, *Farewell to an Idea: Episodes from a History of Modernism* (New Haven, CT, 1999), pp. 204~5.

40    Maleuvre, *The Horizon*, pp. 269~71, 283; Linda Dalrymple Henderson, *The Fourth Dimension and Non-Euclidean Geometry in Modern Art* (Princeton, NJ, 1983), p. 275; Tony Robbin, *Shadows of Reality: The Fourth Dimension in Relativity, Cubism, and Modern Thought* (New Haven, CT, 2006), pp. 28~40.

41    Harry Holtzman and Martin S. James, eds, *The New Art-The New Life: The Collected Writings of Piet Mondrian* (Boston, MA, 1986), pp. 9~14; Wolfgang Stechow, *Dutch Landscape Painting of the Seventeenth Century* (Oxford, 1966); Aaron Betsky and Adam Eeuwens, *False Flat: Why Dutch Design is so Good* (London, 2004), p. 358; Nancy J. Troy, *The Afterlife of Piet Mondrian* (Chicago, IL, 2013), pp. 13~14; Nickas, *Painting Abstraction*, pp. 96~103.

42    Philip Leider, 'Literalism and Abstraction: Frank Stella's Retrospective at the Modern', in *Abstract Art in the Late Twentieth Century*, ed. Frances Colpitt (Cambridge, 2002), p. 19 (pp. 11~24); Frank Stella, *Working Space* (Cambridge, MA, 1986), p. 28; Wally Caruana, *Aboriginal Art* (London, 1993), pp. 22~5.

43    Edward S. Casey, *Earth-Mapping: Artists Reshaping Landscape* (Minneapolis, MN, 2005), pp. 47~75; David Bourdon, *Designing the Earth: The Human Impulse to Shape Nature* (New York, 1995), p. 8.

44    Gerhard K. Ackermann and Jürgen Eichler, *Holography: A Practical Approach* (Weinheim, 2007), pp. 4~7.

45    Edgerton, *The Mirror, the Window, and the Telescope*, p. 172.

46    Sophie Volpp, *Worldly Stage: Theatricality in Seventeenth-century China* (Cambridge, MA, 2011), pp. 71~7; Nicholas Wood, 'Flatness and Depth: Reflections', in *The Potentials of Spaces: The Theory and Practice of Scenography and Performance*, ed. Alison Oddey and Christine White (Bris-

tol, 2006), pp. 61~5.

47  Harris, *Writing Back to Modern Art*, p. 172.

48  Esther Leslie, *Hollywood Flatlands: Animation, Critical Theory and the Avant-garde* (London, 2002), pp. 148~9, 299.

49  Thomas Lamarre, *The Anime Machine: A Media Theory of Animation* (Minneapolis, MN, 2009), pp. 111, 126~7.

50  Rachel June Torbett, 'The Quick and the Flat: Walter Benjamin, Werner Herzog', in *Essays on Boredom and Modernity*, ed. Barbara Dalle Pezze and Carlo Salzani (New York, 2009), pp. 155~76.

51  Alan Ackerman, 'Samuel Beckett's *Spectres du Noir*: The Being of Painting and the Flatness of Film', *Contemporary Literature*, XLIV/3 (2003), p. 438 (pp. 399~441).

52  E. M. Forster, *Aspects of the Novel* (London, 1949), pp. 65~75; George R. Clay, 'In Defense of Flat Characters', *Midwest Quarterly*, XLII/1~2 (2001), pp. 271~80.

53  John Beagles, 'Fear of a Flat Planet', *Sight and Sound*, XXIII/7 (2013), pp. 52~3.

54  Denise Von Glahn, *The Sounds of Place: Music and the American Cultural Landscape* (Boston, MA, 2003), pp. 27, 252~60.

55  Peter Sculthorpe, *Sun Music: Journeys and Reflections from a Composer's Life* (Sydney, 1999), pp. 199~200, 263; Vincent Plush, 'Notes from the Great South Land: The Origins of Contemporary Music in Australia, 1788 to the 1950s', in *Australia: Exploring the Musical Landscape*, ed. Caitlin Rowley (Sydney, 1998), p. 48.

56  Maleuvre, *The Horizon*, pp. 272~3; Robert Fink, 'Going Flat: Posthierarchical Music Theory and the Musical Surface', in *Rethinking Music*, ed. Nicholas Cook and Mark Everist (Oxford, 1999), p. 117 (pp. 102~37).

57  Julia Robinson, 'John Cage and Investiture: Unmanning the System', in *John Cage*, ed. Julia Robinson (Cambridge, MA, 2011), pp. 193~5 (pp. 171~216); Liz Kotz, *Words to Be Looked At: Language in 1960s Art* (Cambridge, MA, 2007), pp. 18~22; John Cage, 'Experimental Music', in *Silence: Lectures and Writings by John Cage* (Middletown, CT, 2011), p. 8.

58  Fredric Jameson, *Postmodernism, or, The Cultural Logic of Late Capitalism* (Durham, NC, 1991), p. 9; Fink, 'Going Flat', p. 102.

59  Keith Potter, *Four Musical Minimalists: La Monte Young, Terry Riley, Steve Reich, Philip Glass* (Cambridge, 2000), pp. 10~17; Mark Prendergast, *The Ambient Century: From Mahler to Trance–The Evolution of Sound in the Electronic Age* (New York, 2000), pp. 91~5.

60  Prendergast, *Ambient Century*, p. 297; David Buckley, *Kraftwerk Publikation: A Biography* (London, 2012), p. 56; Thomas Zeller, 'Building and Rebuilding the Landscape of the Autobahn, 1930~70', in *The World Beyond the Windshield: Roads and Landscapes in the United States and Europe*, ed. Christof Mauch and Thomas Zeller (Athens, OH, 2008), p. 125 (pp. 125~42).

61  David Joselit, 'Notes on Surface: Toward a Genealogy of Flatness', *Art History*, XXIII/1 (2000), pp. 19~34; Jane Piper Clendinning, 'Postmodern Architecture/Postmodern Music', in *Postmodern Music/Postmodern Thought*, ed. Judy Lochhead and Joseph Auner (New York, 2002), pp. 119~40.

## 제9장 다가올 평면성의 명암

1   Takashi Murakami, *Super Flat* (Tokyo, 2000), p. 1.
2   Bruce Lincoln, '"The Earth Becomes Flat"–A Study of Apocalyptic Imagery', *Comparative Studies in Society and History*, XXV/1 (1983), pp. 136~53.
3   위의 책, pp.136~53.
4   Christopher Connery, 'There was No More Sea: The Supersession of the Ocean from the Bible to Cyberspace', *Journal of Historical Geography*, XXXII/3 (2006), p. 498 (pp. 494~511); John F. A. Sawyer, 'Isaiah', in *The Oxford Handbook of the Reception History of the Bible*, ed. Michael Lieb, Emma Mason and Jonathan Roberts (Oxford, 2011), pp. 54~5.
5   C. Raymond Beazley, *The Dawn of Modern Geography* (New York, 1949), vol. I, p. 293 (first published 1897); Darren Oldridge, *The Devil: A Very Short Introduction* (Oxford, 2012), p. 84.
6   Connery, 'There was No More Sea', pp. 494~511.
7   David Pugh, *Changing Sea Levels: Effects of Tides, Weather and Climate* (Cambridge, 2004), p. 1.
8   Fred Hoyle, *October the First is Too Late* (Harmondsworth, 1968), p. 84.
9   위의 책, pp. 76~95, 140~43, 164~6.
10  Jerome F. Shapiro, *Atomic Bomb Cinema: The Apocalyptic Imagination on Film* (New York, 2002).
11  위의 책, p.12.
12  Mark Wigley, 'The Electric Lawn', in *The American Lawn*, ed. Georges Teyssot (New York, 1999), p. 189 (pp. 155~95).
13  E. Relph, *Place and Placelessness* (London, 1976), p. 117.

14  Christian Norberg-Schulz, 'Meaning in Architecture', in *Meaning in Architecture*, ed. Charles Jencks and George Baird (New York, 1970), p. 228 (pp. 214~29); Relph, *Place and Placelessness*, p. 79.

15  John Demos, *Circles and Lines: The Shape of Life in Early America* (Cambridge, MA, 2004); David Summers, *Real Spaces: World Art History and the Rise of Western Modernism* (London, 2003), p. 344.

16  Hannah B. Higgins, *The Grid Book* (Cambridge, MA, 2009), pp. 275~7.

17  Joseph A. Castellano, *Liquid Gold: The Story of Liquid Crystal Displays and the Creation of an Industry* (Hackensack, NJ, 2005); S. M. Kelly and J. A. Connor, *Flat Panel Displays: Advanced Organic Materials* (Cambridge, 2000).

18  Harm de Blij, *The Power of Place: Geography, Destiny, and Globalization's Rough Landscape* (Oxford, 2009), pp. 3~5.

19  Thomas L. Friedman, *The World is Flat: A Brief History of the Globalized World in the Twenty-first Century* (London, 2005); Edward E. Leamer, 'A Flat World, a Level Playing Field, a Small World After All, or None of the Above? A Review of Thomas L. Friedman's *The World is Flat*', *Journal of Economic Literature*, XLV (2007), pp. 87, 122 (pp. 83~126).

20  Murakami, *Super Flat*, pp. 1~11.

21  Hiroki Azuma, 'Super Flat Speculation', in Murakami, *Super Flat*, p. 139.

22  Murakami, *Super Flat*, pp. 23~5; Michael Darling, 'Plumbing the Depths of Superflatness', *Art Journal*, LX/3 (2001), pp. 76~89; Thomas Lamarre, *The Anime Machine: A Media Theory of Animation* (Minneapolis, MN, 2009), pp. 113~22; Morgan Meyer, 'Placing and Tracing Absence: A Material Culture of the Immaterial', *Journal of Material Culture*, XVII (2012), pp. 103~10; Alicia Imperiale, *New Flatness: Surface Tension in Digital Architecture* (Basel, 2000), p. 9; Edwin Abbott Abbott, *Flatland: A Romance in Many Dimensions* (Princeton, NJ, 1991).

Ackermann, Gerhard K., and Jürgen Eichler, *Holography: A Practical Approach* (Weinheim, 2007)

Appleton, Jay, *The Experience of Landscape* (Chichester, 1975)

—, *How I Made the World: Shaping a View of Landscape* (Hull, 1994)

—, *The Symbolism of Habitat: An Interpretation of Landscape in the Arts* (Seattle, WA, 1990)

Bale, John, *Landscapes of Modern Sport* (Leicester, 1994)

Beazley, C. Raymond, *The Dawn of Modern Geography* (New York, 1949)

Berger, Marcel, *Geometry Revealed: A Jacob's Ladder to Modern Higher Geometry* (Heidelberg, 2010)

Betsky, Aaron, and Adam Eeuwens, *False Flat: Why Dutch Design is so Good* (London, 2004)

Bourassa, Steven C., *The Aesthetics of Landscape* (London, 1991)

Bourdon, David, *Designing the Earth: The Human Impulse to Shape Nature* (New York, 1995)

Boyer, Carl B., *A History of Mathematics* (New York, 1968)

Campion, Nicholas, *Astrology and Cosmology in the World's Religions* (New York, 2012)

Colpitt, Frances, *Minimal Art: The Critical Perspective* (Seattle, 1990)

Dierkes, Ulrich, Stefan Hildebrandt and Friedrich Sauvigny, *Minimal Surfaces* (Berlin, 2010)

Franklin, James, *An Aristotelian Realist Philosophy of Mathematics: Mathematics as the Science of Quantity and Structure* (London, 2014)

Friedman, Thomas L., *The World is Flat: A Brief History of the Globalized World in the Twenty-first Century* (London, 2005)

Garwood, Christine, *Flat Earth: The History of an Infamous Idea* (New York, 2007)

Greenberg, Clement, *Homemade Esthetics: Observations on Art and Taste* (New York, 1999)

Harley, J. B., and David Woodward, eds, *The History of Cartography*, vol. I (Chicago, IL, 1987)

Henderson, Linda Dalrymple, *The Fourth Dimension and Non-Euclidean Geometry in Modern Art* (Princeton, NJ, 1983)

Higgins, Hannah B., *The Grid Book* (Cambridge, MA, 2009)

Howard, I. P., and W. B. Templeton, *Human Spatial Orientation* (London, 1966)

Imperiale, Alicia, *New Flatness: Surface Tension in Digital Architecture* (Basel, 2000)

Janich, Peter, *Euclid's Heritage: Is Space Three-dimensional?* (Dordrecht, 1992)

Jenkins, Virginia Scott, *The Lawn: A History of an American Obsession* (Washington, DC, 1994)

Jones, Karen R., and John Wills, *The Invention of the Park: Recreational Landscapes from the Garden of Eden to Disney's Magic Kingdom* (Cambridge, 2005)

Jullien, Francois, *The Great Image Has No Form, or On the Nonobject through Painting* (Chicago, IL, 2009)

Kandinsky, Wassily, *Point and Line to Plane* (New York, 1979)

Kaplan, Rachel, and Stephen Kaplan, *The Experience of Nature: A Psychological Perspective* (Cambridge, 1989)

Krauss, Rosalind E., *The Originality of the Avant-garde and Other Modernist Myths* (Cambridge, MA, 1985)

Lamarre, Thomas, *The Anime Machine: A Media Theory of Animation* (Minneapolis, MN, 2009)

Le Corbusier, *The City of Tomorrow and Its Planning* (London, 1971)

Leatherbarrow, David, *Uncommon Ground: Architecture, Technology, and Topography* (Cambridge, MA, 2000)

Leslie, Esther, *Hollywood Flatlands: Animation, Critical Theory and the Avant-garde* (London, 2002)

Liddle, Andrew, *An Introduction to Modern Cosmology* (Hoboken, NJ, 2013)

Livingstone, Margaret, *Vision and Art: The Biology of Seeing* (New York, 2002)

Maleuvre, Didier, *The Horizon: A History of Our Infinite Longing* (Berkeley, CA, 2011)

Meiss, Pierre von, *Elements of Architecture: From Form to Place* (London, 1990)

Millar, Susanna, *Space and Sense* (Hove, 2008)

Monmonier, Mark, *How to Lie with Maps* (Chicago, IL, 1991)

Murakami, Takashi, *Super Flat* (Tokyo, 2000)

Needham, Joseph, *Science and Civilisation in China*, vol. III: *Mathematics and the Sciences of the Heavens and the Earth* (Cambridge, 1959)

Nicolson, Marjorie Hope, *Mountain Gloom and Mountain Glory: The Development of the Infinite* [1959] (New York, 1963)

Olson, David R., and Ellen Bialystok, *Spatial Cognition: The Structure and Development of Spatial Relations* (Hillsdale, NJ, 1983)

Prendergast, Mark, *The Ambient Century: From Mahler to Trance–The Evolution of Sound in the Electronic Age* (New York, 2000)

Raisz, Erwin, *General Cartography* (New York, 1948)

Rapoport, Amos, *House Form and Culture* (Englewood Cliffs, NJ, 1969)

Relph, E., *Place and Placelessness* (London, 1976)

Robbin, Tony, *Shadows of Reality: The Fourth Dimension in Relativity, Cubism, and Modern Thought* (New Haven, CT, 2006)

Ruskin, John, *Modern Painters*, vol. IV: *Of Mountain Beauty* [1856] (London, 1897)

Russell, Jeffrey Burton, *Inventing the Flat Earth: Columbus and Modern Historians* (New York, 1991)

Schivelbusch, Wolfgang, *The Railway Journey: The Industrialization of Time and Space in the 19th Century* (Berkeley, CA, 1986)

Shapiro, Jerome F., *Atomic Bomb Cinema: The Apocalyptic Imagination on Film* (New York, 2002)

Smil, Vaclav, *Making the Modern World: Materials and Dematerialization* (Chichester, 2014)

Snyder, John P., *Flattening the Earth: Two Thousand Years of Map Projections* (Chicago, IL, 1993)

Summers, David, *Real Spaces: World Art History and the Rise of Western Modernism* (London, 2003)

Sutton, Peter, ed., *Dreamings: The Art of Aboriginal Australia* (New York, 1989)

Thomas, William L., Jr, ed., *Man's Role in Changing the Face of the Earth* (Chicago, IL, 1956)

Tuan, Yi-Fu, *Space and Place: The Perspective of Experience* (Minneapolis, MN, 1977)

—, *Topophilia: A Study of Environmental Perception, Attitudes, and Values* (Englewood Cliffs, NJ, 1974)

Tufte, Edward R., *Envisioning Information* (Cheshire, CT, 1990)

—, *Visual Explanations: Images and Quantities, Evidence and Narratives* (Cheshire, CT, 1997)

Turner, B. L., II, ed., *The Earth as Transformed by Human Action: Global and Regional Changes in the Biosphere over the Past 300 Years* (Cambridge, 1990)

Vidler, Anthony, *Warped Space: Art, Architecture, and Anxiety in Modern Culture* (Cambridge, MA, 2000)

Von Glahn, Denise, *The Sounds of Place: Music and the American Cultural Landscape* (Boston, 2003)

Wagner, Mark, *The Geometries of Visual Space* (Mahwah, NJ, 2006)

Willats, John, *Art and Representation: New Principles in the Analysis of Pictures* (Princeton, NJ, 1997)

Williams, Michael, *Deforesting the Earth: From Prehistory to Global Crisis* (Chicago, IL, 2003)

Wright, M. R., *Cosmology in Antiquity* (London, 1995)

| 감사의 말 |

이 책을 쓰면서 나는 여기에 인용하거나 인용하지 않은 저자들의
연구 결과, 그리고 언급하거나 언급하지 않은 친구 및 동료들에게 많이
의지했다. 거의 모든 연구를 오스트레일리아 국립대학교에서 진행했
다. 나는 2002년에 이 대학의 사회학 연구학교 역사 프로그램의 일환으
로 열렸던 「평평한 장소로서의 오스트레일리아」에 관한 세미나에서 내
아이디어들 중 일부를 처음 발표했다.

먼저 로렌스 브라운Laurence Brown, 밀튼 캐머런Milton Cameron, 리지
콜링햄Lizzie Collingham, 타냐 콜웰Tania Colwell, 다이애나 우드 콘로이Diana
Wood Conroy, 이언 델지엘Ian Dalziell, 로스 델지엘Ros Dalziell, 크리스티 더글
러스Kirsty Douglas, 마크 폰스테드Mark Fonstad, 톰 그리피스Tom Griffiths, 팻
잘랜드Pat Jalland, 하워드 존슨Howard Johnson, 시노 고니시Shino Konishi, 지
닌 린Jeanine Leane, 재키 로Jacquie Lo, 앨런 맥에천Alan MacEachern, 마틴 패리
Martin Parry, 제임스 로버트슨James Robertson, 돈 롤랜드Don Rowland, 캐럴린
스트레인지Carolyn Strange, 브랜드 J. 보그트Brandon J. Vogt가 해준 제안과 조
언에 감사드린다.

또 사진과 관련해 도움을 준 케이 댄시Kay Dancey, 앤 깁스-조던

Ann Gibbs-Jordan, 해리 길로니스Harry Gilonis, 소피 네이피어Sophie Napier, 카리나 펠링Karina Pelling, 제럴딘 우드해치Geraldine Woodhatch에게도 고마움을 전하고 싶다. 알렉산드라 로드Alexandra Lord, 트레버 맥클러플린Trevor McClaughlin, 앤 맥그랫Ann McGrath, 루스 월러Ruth Waller는 흔쾌히 원고의 전부 혹은 일부를 읽고 많은 도움이 된 소중한 조언과 지적을 해주었다.

그리고 사적인 자리에서 더 구미가 당기는 다른 화제들을 뇌두고 '평평함'에 관해 즐겁게 이야기를 나눠준 많은 친구에게도 고맙다는 말을 해야겠다. 특히 2013년에 카렌 포그 올위그Karen Fog Olwig, 케네스 올위그Kenneth Olwig와 그들의 정원에서 나누었던 대화에 감사드린다. 그날의 대화 덕분에 나는 다른 솔깃한 선택안들보다 먼저 이 책과 씨름하기로 마음먹었다.

이 책의 저자와 출판자들은 삽화 자료를 제공해주고 복제를 허락해주신 곳들에 감사 드린다(본문의 사진 설명에 넣지 못한 출처들도 아래에 제시했다).

under the following conditions: you must attribute the work in the manner specified by the author or licensor, but not in any way that suggests that they endorse you or your use of the work)

p. 117 : William Morris Davis, Elementary Physical Geography(Boston, MA, 1902), photo Australian National University Library

p. 17 : Euclid(ed. David Gregory), Ευκλειδου ta sωζομεva. *Euclidis qua supersunt omnia…*(Oxford, 1703), photo courtesy St Mary's and Newman Colleges, University of Melbourne

p. 149 : photo Famartin(this file is licensed under the Creative Commons Attribution-Share Alike 4.0 International license: any reader is free to shareto copy, distribute and transmit the work, or to remixto adapt the work, under the following conditions: you must attribute the work in the manner specified by the author or licensor, but not in any way that suggests that they endorse you or your use of the work)

pp. 34~5, 128~9 : photos copyright Murray Fredericks

p. 132 : photo Anna Frodesiak

p. 231 : Eric Gaba, Wikimedia Commons user Sting(this file is licensed under the Creative Commons Attribution-Share Alike 2.5 Generic license: any reader is free to shareto copy, distribute and transmit the work, or to remixto adapt the work, under the following conditions: you must attribute the work in the manner specified by the author or licensor, but not in any way that suggests that they endorse you or your use of the work)

pp. 9, 59, 97, 98~9, 148, 181 : photos Ann Gibbs-Jordan

p. 264 : photo Shahee Ilyas(this file is licensed under the Creative Commons Attribution-Share Alike 3.0 Unported license: any reader is free to shareto copy, distribute and transmit the work, or to remixto adapt the work, under the following conditions: you must attribute the work in the manner specified by the author or licensor, but not in any way that suggests that they endorse you or your use of the work)

p. 261 : *Judge*, vol. LXXII(17 March 1917), photo Library of Congress, Washington, DC(Prints and Photographs Division)

p. 150 : William F. Laurance, Gopalasamy Reuben Clements, Sean Sloan, Christine S. O'Connell, Nathan D. Mueller, Miriam Goosem, Oscar Venter, David P. Edwards, Ben Phalan, Andrew Balmford, Rodney Van Der Ree and Irene Burgues Arrea, 'A Global Strategy for Road Building', *Nature*, 513(11 September 2014), reproduced courtesy Nature Publishing Group

p. 119 : photo Michael Leaman

지은이 | B. W. 힉맨 B. W. Higman

오스트레일리아 국립대학교의 역사학과와 서인도대학교의 명예교수이다. 역사와 지리학 박사 학위를 갖고 있는 그는 서인도대학교의 모나 캠퍼스에서 교편을 잡으며 자메이카에서 약 30년간 살았다. 음식의 역사에 관심이 깊었던 그는 2008년에『자메이카 음식 : 역사, 생물학, 문화Jamaican Food: History, Biology, Culture』를 출간했고 이후에는 노예의 역사를 다룬 책을 썼다. 대표적인 저서로『식량이 어떻게 역사를 만들었는가How Food Made History』(2012), 『카리브 해의 역사A Concise History of the Caribbean』(2011) 등이 있다.

옮긴이 | 박우정

경북대학교 영어영문학과를 졸업하고 현재 전문 번역가로 활동하고 있다. 옮긴 책으로『자살의 사회학』,『히틀러의 비밀 서재』,『남성 과잉 사회』,『인문학은 자유다』,『사람은 무엇으로 사는가』,『왜 신경증에 걸릴까』,『불평등이 노년의 삶을 어떻게 형성하는가』,『노예 12년』,『좋은 유럽인 니체』,『톨스토이 단편선』,『스프린트』,『월든』 등이 있다.

## 평면의 역사

**초판 1쇄 인쇄** | 2019년 8월 20일
**초판 1쇄 발행** | 2019년 8월 27일

**지은이** | B. W. 힉맨
**옮긴이** | 박우정
**펴낸이** | 박남숙

**펴낸곳** | 소소의책
**출판등록** | 2017년 5월 10일 제2017-000117호
**주소** | 03961 서울특별시 마포구 방울내로9길 24 301호(망원동)
**전화** | 02-324-7488
**팩스** | 02-324-7489
**이메일** | sosopub@sosokorea.com

ISBN 979-11-88941-30-8 03900
책값은 뒤표지에 있습니다.

이 도서의 국립중앙도서관 출판예정도서목록(CIP)은 서지정보유통지원시스템 홈페이지(http://seoji.nl.go.kr)와 국가자료공동목록시스템(http://www.nl.go.kr/kolisnet)에서 이용하실 수 있습니다. (CIP제어번호 : CIP2019031743)